Perguntar Não Ofende

Perguntar Não Ofende

Usando o poder das perguntas para comunicar, conectar e persuadir

Trey Gowdy
Promotor no sistema de justiça
criminal dos Estados Unidos

ALTA BOOKS
EDITORA
Rio de Janeiro, 2022

Perguntar não Ofende

Copyright © 2022 da Starlin Alta Editora e Consultoria Eireli.
ISBN: 978-65-5520-487-2

Translated from original Doesn't Hurt to Ask You. Copyright © 2020 by Trey Gowdy. ISBN 978-0-5931-3891-5. This translation is published and sold by permission of Crown Forum, an imprint of Random House, a division of Penguin Random House LLC, the owner of all rights to publish and sell the same. PORTUGUESE language edition published by Starlin Alta Editora e Consultoria Eireli, Copyright © 2022 by Starlin Alta Editora e Consultoria Eireli.

Impresso no Brasil — 1ª Edição, 2022 — Edição revisada conforme o Acordo Ortográfico da Língua Portuguesa de 2009.

Dados Internacionais de Catalogação na Publicação (CIP) de acordo com ISBD

G722p Gowdy, Trey
Perguntar Não Ofende: usando o poder das perguntas para comunicar, conectar e persuadir / Trey Gowdy; traduzido por Carlos Bacci. – Rio de Janeiro : Alta Books, 2022.
288 p. ; 16m x 23cm.

Tradução de: Doesn't Hurt to Ask You.
ISBN: 978-65-5520-487-2

1. Comunicação. 2. Perguntas. I. Bacci, Carlos. II. Título.

2022-1025
CDD 302.2
CDU 316.77

Elaborado por Vagner Rodolfo da Silva - CRB-8/9410

Índice para catálogo sistemático:
1. Comunicação 302.2
2. Comunicação 316.77

Todos os direitos estão reservados e protegidos por Lei. Nenhuma parte deste livro, sem autorização prévia por escrito da editora, poderá ser reproduzida ou transmitida. A violação dos Direitos Autorais é crime estabelecido na Lei nº 9.610/98 e com punição de acordo com o artigo 184 do Código Penal.

A editora não se responsabiliza pelo conteúdo da obra, formulada exclusivamente pelo(s) autor(es).

Marcas Registradas: Todos os termos mencionados e reconhecidos como Marca Registrada e/ou Comercial são de responsabilidade de seus proprietários. A editora informa não estar associada a nenhum produto e/ou fornecedor apresentado no livro.

Erratas e arquivos de apoio: No site da editora relatamos, com a devida correção, qualquer erro encontrado em nossos livros, bem como disponibilizamos arquivos de apoio se aplicáveis à obra em questão.

Acesse o site www.altabooks.com.br e procure pelo título do livro desejado para ter acesso às erratas, aos arquivos de apoio e/ou a outros conteúdos aplicáveis à obra.

Suporte Técnico: A obra é comercializada na forma em que está, sem direito a suporte técnico ou orientação pessoal/exclusiva ao leitor.

A editora não se responsabiliza pela manutenção, atualização e idioma dos sites referidos pelos autores nesta obra.

Produção Editorial
Editora Alta Books

Diretor Editorial
Anderson Vieira
anderson.vieira@altabooks.com.br

Editor
José Ruggeri
j.ruggeri@altabooks.com.br

Gerência Comercial
Claudio Lima
claudio@altabooks.com.br

Gerência Marketing
Andrea Guatiello
marketing@altabooks.com.br

Coordenação Comercial
Thiago Biaggi

Coordenação de Eventos
Viviane Paiva
comercial@altabooks.com.br

Coordenação ADM/Finc.
Solange Souza

Direitos Autorais
Raquel Porto
rights@altabooks.com.br

Produtor da Obra
Thiê Alves

Produtores Editoriais
Illysabelle Trajano
Maria de Lourdes Borges
Paulo Gomes
Thales Silva

Equipe Comercial
Adriana Baricelli
Daiana Costa
Fillipe Amorim
Heber Garcia
Kaique Luiz
Maira Conceição
Victor Hugo Morais

Equipe Editorial
Beatriz de Assis
Brenda Rodrigues
Caroline David
Gabriela Paiva
Henrique Waldez
Marcelli Ferreira
Mariana Portugal

Marketing Editorial
Jessica Nogueira
Livia Carvalho
Marcelo Santos
Pedro Guimarães
Thiago Brito

Atuaram na edição desta obra:

Tradução
Carlos Bacci

Copidesque
Guilherme Calôba

Revisão Gramatical
Livia Rodrigues
Fernanda Lutfi

Diagramação
Rita Motta

Capa
Paulo Gomes

Editora afiliada à: ABDR – ASSOCIAÇÃO BRASILEIRA DE DIREITOS REPROGRÁFICOS

ASSOCIADO CBL – Câmara Brasileira do Livro

ALTA BOOKS EDITORA

Rua Viúva Cláudio, 291 – Bairro Industrial do Jacaré
CEP: 20.970-031 – Rio de Janeiro (RJ)
Tels.: (21) 3278-8069 / 3278-8419
www.altabooks.com.br — altabooks@altabooks.com.br
Ouvidoria: ouvidoria@altabooks.com.br

*Para Terri e nossos filhos, Watson e Abigail;
e para meus pais, Hal e Novalene Gowdy*

SUMÁRIO

INTRODUÇÃO: Do Tribunal ao Congresso   ix

PARTE 1
O QUE VOCÊ PRECISA SABER
ANTES DE ABRIR A BOCA

1. Existem, sim, perguntas estúpidas   3
2. A sutil arte da persuasão   21
3. Conheça o objetivo, conheça os fatos, conheça a si mesmo   35
4. Conheça seu júri   51
5. Cabe a você o ônus da prova   67
6. Quando você aprende a fingir sinceridade, não há nada que não possa fazer   83

PARTE 2
O ATO (E A ARTE) DA PERSUASÃO

7.	Corroborar versus contradizer	101
8.	Liderar ou não o caminho	113
9.	Não *esse* tipo de contestação	129
10.	O guia do carona	143
11.	Repetição, repetição, repetição	155
12.	Uma palavra vale mais que mil palavras	165
13.	Coisas boas vêm em pequenas embalagens	179
14.	Cuidado, houve uma virada de mesa	193

PARTE 3
PARA FRENTE E PARA O ALTO

15.	Expectativas não tão grandes assim	211
16.	Como você sabe se entende do riscado?	229
17.	Minha sustentação final	245

AGRADECIMENTOS	257
SOBRE O AUTOR	261

INTRODUÇÃO

DO TRIBUNAL AO CONGRESSO

POR QUE ME DEDIQUEI À PERSUASÃO

Durante 16 anos estive diante de incontáveis grupos de 12 pessoas que não conseguiram escapar de ser jurados. (Certo, talvez eu não esteja sendo justo. Mas admita: dificilmente alguém se vê tomado pelo entusiasmo ao receber uma intimação pelo correio.) No entanto, a experiência que adquiri demonstra que, a despeito do incômodo, a maioria das pessoas acaba apreciando a experiência em si ou, ao menos, a pompa e circunstância do sistema judiciário. O tribunal é um espelho da vida real, refletindo toda dor e alegria, justiça e injustiça e emoções nuas e cruas que resultam da tentativa de controlar e julgar a natureza humana. O seu cotidiano, provavelmente não transcorre em um tribunal, mas os "julgamentos" são igualmente reais. Eles estão presentes em ambientes de negócios, em encontros comunitários, nas escolas e nos lares.

Após quase uma centena de tribunais de júri nos âmbitos federal e estadual — com causas variando de violações do uso de armas de fogo ao tráfico de drogas, de sequestros a roubos de veículos, de agressão sexual a assaltos de todo tipo, de abuso infantil a assassinato — o tribunal se revelou o lugar mais tranquilo e confortável para mim. Amo a lógica. Amo as regras. Amo a estratégia e a necessidade de rapidez de raciocínio. Amo a oportunidade de buscar a verdade. E adoro toda a diversidade humana resumida nas pessoas e procedimentos. Mas, sobretudo, adoro o tribunal porque adoro a arte da persuasão, à qual tenho dedicado todo meu potencial.

Devo isso à minha mãe. Enquanto minhas três irmãs e eu crescíamos, ela trabalhava com um bocado de coisas, mas do que mais gostava era de orientar as vítimas de crimes, e suas famílias, sobre seus direitos em tal condição. Profissionais como ela têm a função de desmistificar o processo penal. Se for necessário, ou solicitado, eles permanecem ao lado da vítima e de suas famílias nos julgamentos, apelos e audiências de sentenças.

Quando eu estava em casa, nas férias da faculdade, minha mãe chegava do trabalho frustrada com o sistema de justiça criminal. Ela se perguntava, em alto e bom som: "Por que alguém acusado de um crime, um réu, pode contratar qualquer advogado que quiser, e a vítima não? Na condição de vítima, a pessoa está vinculada ao promotor designado para o caso. Por que ela não tem o direito de contratar o melhor advogado também?"

Eis aí uma boa pergunta, mãe. Conheço a resposta segundo a doutrina legal — o crime, na verdade, é contra o Estado, não contra o indivíduo —, mas ela não serve de consolo para uma vítima que está sendo interrogada por um advogado de defesa qualificado, enquanto o criminoso pode ou não ser interrogado por um promotor igualmente capacitado. Mãe, você estava certa. As vítimas têm direito a um bom advogado. As vítimas têm direito a um advogado capaz de encaminhar corretamente as expectativas em sua exposição inicial. Têm direito a um advogado que possa comunicar-se bem com o júri, no âmbito verbal e não verbal. Um advogado que faça perguntas diretas e, com habilidade, obtenha testemunhos convincentes e lógicos. Elas têm direito a um advogado que interrogue o réu de modo eficaz, sem precisar consultar suas anotações. Elas têm direito a um advogado que possa amalgamar paixão e razão na argumentação final, levando os jurados a um consenso não obstante precisando superar a mais alta carga probatória reconhecida por nossa cultura, a qual vai além de qualquer dúvida razoável. Têm direito a um advogado que possa antever a argumentação do defensor e se preparar para combatê-la adequadamente. E têm o direito a alguém íntimo dos caminhos sinuosos da persuasão.

Mesmo fora do ambiente de um tribunal, as pessoas desejam ser defendidas com eficácia, por terceiros ou por si próprias. Se no local de trabalho estiver em jogo uma promoção, você com certeza desejará participar das tratativas, e muito disso estará em proporção direta com sua competência como comunicador. Para ser franco, você quer ser considerado elemento indispensável nessa conversação.

Ao longo daqueles 16 anos de tribunal, esforcei-me para ser um advogado que as vítimas escolheriam caso tivessem a oportunidade que minha mãe lhes desejava: optar por serem representadas por qualquer advogado do país. Não é pequeno o ônus envolvido em ser um defensor zeloso da vítima ou de seus familiares. Contudo, esse ônus não é menor que aquele de outras áreas de sua vida — precisar defender com êxito algo ou alguém; convencer os outros a se aproximar do seu ponto de vista a respeito de determinada questão, ou ao menos conhecer as razões que fundamentam suas opiniões. Você e eu tínhamos nosso próprio local de trabalho, que para mim era a sala do tribunal. Ambos necessitávamos elaborar e comunicar informações com competência, algo essencial em nossos respectivos locais de trabalho. O conjunto de habilidades é o mesmo, quer se trate de assassinato, marketing ou maternidade.

Às vezes digo por aí que há trabalhos que merecem que as pessoas façam uma fila para cumprimentar seu autor, do tipo daqueles pelos quais a gente deseja ser lembrado após partir desta para melhor. Pedi duas coisas à minha esposa caso eu morra antes dela: (1) esperar até depois do funeral para começar a namorar, e (2) fazer com que nossos filhos se lembrem de que o pai deles amava ser promotor mais que qualquer outro trabalho. Quero ser lembrado por ter tido a função de maior significado, do mais elevado senso de propósito e do mais desafiador dos objetivos: persuadir o júri sem se afastar das regras da justiça e de acordo com o devido processo legal, a transitar da avaliação de "não culpado" para culpado valendo-se da credibilidade, fatos, raciocínio, paixão, lógica e todo um conjunto bem-articulado de palavras.

Cada um terá sua própria versão de como este arrazoado se relaciona com sua vida em particular, porém nunca é cedo demais para refletir sobre como se deseja impactar o mundo em que se vive, trabalha e ama.

Há outra coisa que espero que minha esposa se lembre:

(3) Garantir que fique na memória de nossos amigos e familiares mais próximos o último caso em que trabalhei e por que o fiz.

Quem visitou meu escritório em Washington, DC, pode ter se perguntado quem era a menina cuja foto coloquei ao lado da de minha família. Ela foi a vítima no derradeiro processo criminal em que atuei. Ela foi a razão pela qual estive diante de um júri uma última vez.

Seu nome: Meah Weidner. Uma linda menina que nasceu com paralisia cerebral. Ela foi brutalmente espancada até a morte pelo namorado de sua mãe, um bombeiro e paramédico sem antecedentes criminais. Ele disse que a menina sofreu vários ferimentos ao cair da cadeira de rodas durante uma convulsão e alegou que podia tê-la machucado acidentalmente ao tentar realizar uma reanimação cardiorrespiratória no intuito de salvar sua vida. Argumentou que fora um acidente, não um crime.

Na ocasião eu já estava praticamente fora, a apenas algumas semanas de ser empossado como parlamentar no Congresso. Certamente outra pessoa poderia assumir esse caso, havia promotores bastante qualificados no escritório, capazes de realizar um bom trabalho por Meah. Mas eu não conseguia tirar da mente a voz de minha mãe: "Por que um réu pode contratar o melhor advogado que o dinheiro pode comprar, e a vítima não?"

A voz de minha mãe, combinada com o que a paternidade faz a uma pessoa, fizeram-me assumir esse caso. Aquela menininha não mais poderia falar, então eu falaria por ela. Aquela garotinha não mais poderia se defender, então eu a defenderia. Ela estivera confinada a uma cadeira de rodas, mas eu andaria de um lado para o outro na frente do júri, atribuindo à vida dela o mesmo valor que eles davam à dos os próprios filhos. Em nome dela, agiria para persuadi-los, porque era justo e certo.

Não era nada simples convencer 12 pessoas de que um homem com um bom emprego e sem histórico criminal poderia ter matado uma criança indefesa. Mas foi o que aconteceu. Para isso, recorri à lógica, utilizei os fatos, e — o mais importante — fiz perguntas.

Fiz perguntas ao júri. Sim, claro, algumas delas destinavam-se a lhes dar o conhecimento necessário para formar uma opinião fundamentada. Algumas eram questões para as quais eu já conhecia as respostas. Todas, porém, foram feitas com o intuito de que eles pudessem chegar à verdade por si mesmos.

Por fim, todos os 12 declararam o homem "culpado", condenando-o pelo assassinato de Meah Weidner. O juiz sentenciou o réu à pena de prisão perpétua, sem recurso à liberdade condicional. O clima na sala e a rapidez com que os jurados chegaram ao veredito deixaram evidente o quanto se comoveram com o que ocorrera com a vida daquela garotinha. Passaram a sentir o que eu demonstrara sentir. Atribuíram à vida de Meah o mesmo valor que atribuíam à de seus próprios filhos ou netos. Decidiram fazer a coisa certa.

A foto de Meah sobre minha mesa era um lembrete para muitas coisas: a fragilidade da vida, a inocência infantil, o quanto vale erguer-se a favor de alguém e a necessidade inerente a cada um de nós de agir em defesa de algo significante. E ainda que utilizar perguntas para inclinar os outros a seguir em uma determinada direção seja reconhecidamente uma forma peculiar de persuadir, estou convencido de que é uma parte indispensável da persuasão em seu mais alto nível. A maioria das pessoas pode tentar persuadir dizendo no que acredita e porquê, no entanto, você consegue persuadir fazendo as perguntas certas, na hora certa e na ordem certa? E, mais importante: Você é capaz de fazer com que a pessoa com quem está conversando convença a si mesma?

Não é condição necessária estar em um tribunal para defender alguém. Nem estar no Congresso para sustentar uma causa. Não faltam oportunidades para persuadir. Estão em todo lugar: do tribunal à sala de visitas; do outro lado do corredor até a mesa para falar com um cliente; ou de convencer um júri a convencer seu chefe. Cada um de nós tem oportunidades, e por vezes a obrigação, de persuadir.

As pessoas mais eficazes na arte da persuasão ouvem tanto quanto falam. Fazem tantas perguntas quanto as que respondem. Fazer perguntas é mais do que um pré-requisito duvidoso para obter informações. Perguntar, do jeito e momento certos, pode se constituir na mais eficaz das ferramentas de que você dispõe quando se trata de fazer alguém compreender melhor seu entendimento sobre algo, ou simplesmente aproximar as pessoas umas das outras.

NO CONGRESSO? PODE SER QUE SIM, PODE SER QUE NÃO

Aqueles 16 anos na promotoria me ensinaram a ser um advogado. Também me fizeram aprender sobre meus concidadãos e como me comunicar com eles. E mais: ensinaram-me a persuadi-los com base em provas contundentes e como desconstruir evidências não confiáveis. A sala do tribunal pode ser vista como uma espécie de placa de Petri cultural e antropológica na qual todas as dimensões do ser humano são testadas, analisadas e julgadas. Exatamente por isso, o que funciona em um tribunal funciona na vida real.

Caso você aplique os procedimentos de nosso sistema judicial em sua sala de estar ou de reuniões, muito provavelmente ouvirá de alguém o óbvio: "Isto não é um tribunal." O falecido Elijah Cummings, um advogado que já era extraordinário antes de sua reconhecida carreira como congressista, em certa ocasião me repreendeu gentilmente durante uma audiência da comissão: "Isto aqui é um tribunal? [...] Estamos usando as Federal Rules of Evidence ['Regras Federais de Provas', em tradução livre] aqui?" John Koskinen, ex-chefe do IRS [sigla da agência do governo dos EUA responsável pela cobrança de impostos], com quem sempre tive um relacionamento cordial fora da sala de reuniões da comissão, certa vez respondeu a uma pergunta com outra: "Isto é um julgamento, alguém está sendo julgado aqui?" Não. As audiências da comissão não são salas de tribunal e não seguem as regras jurídicas que tratam das provas e procedimentos. Mas talvez devessem. As políticas, preceitos, procedimentos e regras não são inerentemente "certos" só por serem usados no tribunal. Eles são usados porque resistiram ao teste do tempo e são aceitos por nós como as melhores ferramentas para chegar à verdade. Em outras palavras, algo não está certo porque é usado no tribunal. É usado no tribunal porque está certo. O fato de estar certo vem em primeiro lugar.

Não obstante eu amar a justiça, a equidade, a busca pela verdade e a persuasão dos jurados, deixei o tribunal porque não pude responder às minhas próprias perguntas a respeito do que se passava do lado de fora. Minhas crenças espirituais eram incompatíveis com o que eu observava diariamente. O ser humano era, consistente e crescentemente, a cada dia mais impiedoso com seus semelhantes. Inocentes sofriam. Pessoas matavam a quem afirmavam amar. Os vulneráveis eram vitimados. Havia violência gratuita, depravação e malícia.

A grande maioria das pessoas, no mundo real, tem boa índole, é gentil, respeita as leis e é solidária. Contudo, no sistema judiciário não é isso que se vê e por lá transita a parcela desajustada da população. Não há julgamento de pessoas boas, decentes ou gentis em um tribunal. Julgamentos são para aqueles que delinquiram, assassinando, estuprando ou roubando. Interagir com esse tipo de gente no dia a dia implica em, rapidamente, adquirir uma visão desarticulada da humanidade. Quando o mal é tudo que se vê, é enorme o risco de crer que ele é tudo o que existe.

Recordo que meu crescente ceticismo com frequência se chocava com um velho ditado cristão (de vaga referência bíblica), segundo o qual "Todas as coisas se associam para alcançar o bem". Quando você cresce em uma região nos EUA onde o protestantismo é amplamente praticado, ouve muito essa frase.

Todas as coisas, é? O que dizer das crianças cujos rostos serviram para apagar a brasa dos cigarros? E daquelas abusadas sexualmente? Ou do casal inocente assassinado a marteladas? Ou, ainda, da filha de três meses de idade costurada novamente porque seu pai a estuprou? E quanto à Meah? É isso que significa dizer que "todas as coisas se associam para alcançar o bem"?

Eu era muito bom em um tribunal. Convencia 12 pessoas além de qualquer dúvida razoável quase sempre que quisesse e precisasse. Ao longo de 16 anos, consegui que 12 completos desconhecidos se reunissem e chegassem a um consenso. Persuadir meus concidadãos ou juízes nunca se constituiu na parte difícil para mim.

Difícil era chegar à noite em casa após o trabalho no tribunal, onde as respostas ficavam aquém das perguntas. No fim do dia, observando a luz perder a batalha para a escuridão, me esforçava para não ver as imagens estampadas nas fotos dos crimes. Na cama enquanto minha família dormia, eu lutava para distinguir o som do vento lá fora, do alarido provocado pelo mal e pela depravação forçando a entrada. Eu tinha muita dificuldade em separar as coisas; eu misturava o trabalho com o restante da vida. E também havia as pessoas mais preciosas para mim. Durante quase um ano, nossa filha arrastava o travesseiro e as cobertas para nosso quarto e os colocava no chão ao lado da cama. Do *meu* lado, claro. Ela sabia que a mãe a faria voltar para seu quarto. E sabia que seu pai não faria isso. Até tentei resolver a questão com Deus, mas o Deus com que fui criado para pedir ajuda em momentos de inquietação ou angústia não estava ouvindo ou não respondia.

Fui derrotado. Não pelo advogado de defesa ou o júri no tribunal, mas pelo advogado e o júri em minha cabeça.

Nunca pude me persuadir de que um Deus amoroso permitiria que uma criança fosse queimada ou espancada até a morte, ou estuprada pelo próprio pai. Nunca pude me persuadir de que um Deus amoroso permitiria que uma criança com paralisia cerebral fosse morta pelo namorado de sua mãe. Nunca consegui me persuadir de que todas as coisas se associariam para o bem no final, pois o fim para muita gente inocente era a morte. E não há como barganhar, transigir ou persuadir a morte. Quanto aos que sobreviveram, a vida foi repleta de dor, medo e desconfiança. Suas perguntas sempre foram superiores às minhas respostas. Eu lhes poderia dizer quem, mas simplesmente jamais poderia dizer adequadamente o porquê.

Então, deixei o tribunal levando comigo nada mais que um vestígio de fé. Saí como um cínico, portando apenas um leve lampejo de luz. Saí antes que as perguntas se transformassem em raiva e esta em completo cinismo. Foi por muito pouco.

E agora? Para onde ir alguém que adora persuadir quando o tribunal deixa de ser uma opção? Um júri ainda maior? Talvez a política? O Congresso, talvez.

Ou talvez não.

Estranhamente, deixei o Congresso com uma opinião sobre a humanidade mais favorável do que ao deixar o tribunal, mas isso não me impediu de sair. Do tribunal eu saí porque as perguntas eram melhores que as respostas. E do Congresso saí porque as perguntas, em política, nunca importam. Quase todos, em Washington, DC, têm a cabeça feita.

Se bem que, fora de Washington, DC, praticamente todo mundo também tem opiniões formadas sobre as coisas. A política é abrangente. Cada dia parece ser um Dia de Eleição. Mais e mais aspectos da vida têm conotações políticas. Os jogos da NFL são politizados. Premiações de música e cinema adquirem um caráter político. Há política envolvendo furacões e vírus. Mesmo em nossas mesas de cozinha a política está à espreita, tentando ocupar um assento.

Nos meus oito anos como congressista, não sou capaz de apontar uma única pessoa que tenha mudado de ideia durante os debates na comissão ou no plenário. A persuasão requer mente aberta, e não é possível mudar a perspectiva de alguém que não deseja fazê-lo. Não é possível persuadir quem não quer ser persuadido. Os jurados, por definição, estão dispostos a ser persuadidos. Quanto aos membros do Congresso, ao menos no moderno ambiente político, não podem ser persuadidos ou, se o forem, não podem admiti-lo.

Depois de todo esse tempo no Congresso, me convenci de que perguntas eram irrelevantes, uma vez que havia pouca chance de persuadir outra pessoa que não fosse eu mesmo. Isso era de uma ineficiência total, porém surpreendentemente informativo. Em minha passagem pelo Congresso tornei-me mais aberto a ser persuadido, o que não deixa de ser estranho. Não em função dos debates no plenário ou das sessões de comissão, mas por estar exposto a pessoas inteligentes e de credibilidade, com argumentos baseados em fatos, que se esforçavam para ser ouvidas e compreendidas, e que estavam dispostas a me ouvir e acompanhar meu raciocínio.

O período que passei em DC me levou a perceber que as pessoas têm diferentes conjuntos de experiências e que suas opiniões derivam delas. Não importa se concordo ou não com elas. Todos são merecedores de ocupar um lugar à mesa e, se tiverem à mão as mesmas ferramentas e conhecimentos para persuadir com sucesso, os argumentos se transformam em diálogo, o diálogo se transforma em perguntas pertinentes, e estas em influência real e significativa.

Foi no piso de mármore do Capitólio que percebi que a persuasão não tem a ver com brandir argumentos vencedores, mas sim com defender com competência e eficácia aquilo que julga verdadeiro. A persuasão é uma metodologia muito mais sutil, por meio da qual a pessoa, ao responder a um conjunto bem-elaborado de perguntas, chega à mesma conclusão que você está tentando definir por conta própria. Persuadir consiste em ter a compreensão do que as pessoas acreditam e por que acreditam e se valer disso para refutar ou confirmar a posição delas. A persuasão é sutil, incremental e deliberada. Tem potencial para mudar vidas.

QUER COMEÇAR?

Em julho de 1986, eu estava na praia com meu melhor amigo de infância, Keith Cox, e sua família. Era o verão depois que me formei na faculdade e eu não tinha ideia do que faria a seguir — um historiador sem direção e sem motivação. A falta de um plano para o resto de minha vida era superada apenas pela falta de desejo de ter um plano para o resto de minha vida. Certa manhã, estávamos acomodados, a família e eu, na varanda da casa, apreciando o oceano Atlântico. A mãe de Keith me pediu para ficar com ela enquanto terminava sua xícara de café. Todos os outros foram para a praia.

"O que você fará depois, querido?", ela me perguntou.

"Não sei, Sra. Cox, talvez eu vá para Las Cruces, no Novo México, trabalhar na construção com um colega da faculdade." Ficamos lá sentados, conversando, e ela gentilmente me fazia perguntas e mais perguntas. Um bocado delas. Mas todas em virtude do amor que uma mãe tem pelo melhor amigo de seu filho, um garoto que ela conhecera quase que a vida inteira. Ela não tentou me convencer de nada. Não era psiquiatra ou advogada. Era uma dona de casa que se importava o bastante para fazer as perguntas certas na ordem certa.

O que ela realizou naqueles 30 minutos mudou minha vida. Ela me levou do trabalho na construção civil em Las Cruces, Novo México, para a faculdade de Direito. Ao ouvir, cuidar, fazer a sequência correta de perguntas, e ter seu objetivo definido antes de me pedir para lhe fazer companhia enquanto os demais iam para a praia, ela foi capaz de dirimir minhas dúvidas e, ao mesmo tempo, me dar um motivo de orgulho. Ela me disse: "Surpreenda os céticos, Trey, e faça algo notável na vida. Só quero que saiba que a mim não surpreenderá, porque vejo isso desde que você era criança. Será nosso segredo. Vá, surpreenda todos os outros!"

Conseguir que alguém faça algo que não planejava fazer. Convencer alguém a comprar uma coisa que nem sabia que estava procurando. *Isso* é persuasão. A mãe de um amigo me levou da construção de casas a estudar infrações legais e direito constitucional na Carolina do Sul, atividades distantes meio país uma da outra. Tudo em 30 minutos. Movida por uma preocupação carinhosa, tendo em mente um resultado final e fazendo as perguntas certas, ela me convenceu a ir além do que apenas cursar uma escola por mais alguns anos. Para ela, não se tratava de que eu fosse ou não para a faculdade de Direito. Tratava-se de cuidar de mim, de que eu fosse para a praia naquela manhã persuadido a ter expectativas pessoais maiores das que tinha ao acordar naquele dia.

É bem possível que você jamais se encontre diante de um júri argumentando por um veredito específico em um processo criminal ou se candidate a um cargo eletivo em uma campanha política. O que você quer é, simplesmente, ser ouvido. Ser compreendido. Você deseja transmitir em sua íntegra e com clareza aquilo em que acredita e porquê, e talvez porque outros também deveriam adotar essa mesma posição. Talvez você nunca esteja em meio a um debate acalorado por uma vaga no Senado. Talvez esteja envolvido em algo muito mais importante, como convencer um jovem a ter aspirações mais elevadas, a esperar mais de si mesmo, a competir com mais empenho. Pode ser que você só queira ser mais eficaz ao expressar sua posição a um colega de trabalho, um familiar ou um cônjuge. Ou, quem sabe, quer expor publicamente o que pensa a respeito de algo, mas não está convicto de que tem estrutura para lidar com eventuais reações irônicas em seu local de trabalho, igreja ou reuniões de classe.

Minha intenção é ajudá-lo a se aprimorar na defesa e promoção daquilo em que acredita, valendo-se para isso da arte de fazer as perguntas certas e no momento, na ordem e na forma certa — independentemente, em alguns casos, de conhecer ou não as respostas a essas perguntas. A persuasão tem como implicação o dever de provar, mas também de fazê-lo mediante a arte de questionar.

Você quer começar?

Desde o início, você deve responder a mais fundamental de todas as perguntas. Trata-se de minha pergunta favorita porque é dirigida a mim mesmo. Como promotor, eu a fiz a policiais e testemunhas leigas. E a fiz a mim mesmo antes de cada audiência no Congresso. Hoje em dia, me faço essa pergunta antes de qualquer discurso, não importa se em uma reunião de advogados ou para os alunos do ensino fundamental de minha esposa.

Aonde você quer chegar?

E as primas dessa pergunta vêm logo a seguir:

Qual é seu objetivo?

Como você mede o sucesso ao final da conversação?

Quem é seu júri?

Qual o nível de dificuldade para provar isto?

Quer esteja tentando convencer um júri a declarar culpado um réu de um crime potencialmente capital, quer sua intenção seja que seu filho adolescente arrume o quarto dele, essas são as perguntas que deve fazer a si mesmo antes de agir — antes até de abrir a boca. Reconheço que, entre as duas, a tarefa mais difícil é convencer o adolescente, mas também é a situação a ser enfrentada mais frequentemente.

Há ocasiões em que a intenção é menos afirmativa. Às vezes você quer trazer quem o ouve para seu lado do perfil ideológico. Talvez a questão não seja fazer com que seu filho limpe o quarto, mas convencê-lo a fazer determinadas escolhas quanto ao curso universitário. Em vez de procurar fechar a questão ("Siga minhas crenças porque elas estão certas!"), ou provar uma proposição ("Sabe, filho, especializar-se em língua inglesa aumenta a chance de conseguir um bom emprego."), você precisa fazer com que a pessoa vá aos poucos se movendo em direção a um objetivo específico que você tenha em mente. Talvez não se trate de ganhar um voto para seu candidato, mas de agir para que a pessoa *não* vote no candidato *dela*. Houve momentos no Congresso em que meu objetivo não era que alguém seguisse meu voto, mas sim que votasse a favor de algo inferior ao que ele queria, ou fizesse uma pausa para um café e se ausentasse de vez da votação na comissão (brincadeira... bem, mais ou menos).

No caso de meu filho, Watson, a questão não era tanto sobre meu desejo de que ele estudasse inglês, mas de que *não* seguisse sua primeira escolha: ciência política. Considerando que nenhum adolescente, ou qualquer outra pessoa, gosta que lhe digam exatamente o que fazer, a maneira mais sutil e eficaz de persuadir é fazer perguntas. Ele queria ciência política. Eu queria inglês. No fim das contas ele escolheu filosofia. Então, acho que ganhei.

Antes de abrir sua boca, é preciso ter total controle de seu objetivo, não importa com quem esteja falando ou quem for seu júri.

Você está procurando iniciar, reparar, aprimorar ou encerrar um relacionamento?

Você está tentando promover a paz ou a fúria?

Seu objetivo é o consenso ou o conflito?

Caso seu propósito seja romper um relacionamento, enfurecer o público ou ratificar em outros uma convicção profunda, mas totalmente equivocada, este livro não lhe será de muita valia. Na maioria de minhas interações com outros indivíduos ou grupos, a proposta é encaminhá-los suavemente para uma nova posição ou obter um entusiasmo renovado pela antiga.

Então, como persuadir? O que funciona? O que não funciona?

Neste livro vamos explorar como persuadir, porque é o conjunto de habilidades mais valioso de que se pode dispor, ferramentas essas que podem fazê-lo se tornar persuasivo nas questões que importam em sua vida e na das pessoas que lhe importam.

Na parte 1, o enfoque estará nas perguntas autodirigidas. Trataremos das bases do essencial: Por que fazer perguntas? O que é de fato a persuasão? Eu o ajudarei a alcançar seu objetivo, conhecer seu júri e estabelecer seu ônus da prova, assim como o orientarei sobre o que funciona ou não quanto a ser um bom comunicador.

Conhecendo esses elementos, já se pode pôr em prática o ato de persuasão. Na Parte 2, as perguntas autodirigidas referem-se e são direcionadas ao *persuadido*. Neste ponto, vamos nos concentrar em tipos específicos de perguntas passíveis de utilização, bem como em ferramentas que auxiliam na formulação das perguntas. Há ocasiões em que as perguntas visam realmente recolher informações. Às vezes, você pode querer fazer perguntas de cunho estratégico para obter a resposta que tem em vista, em outras, a resposta na verdade não importa, e elas foram feitas para provocar uma reação que venha a desmascarar e destituir seu "júri".

A Parte 3 mostra como colocar em ação a arte da persuasão em sua vida cotidiana. Posso, talvez, ser um cínico, mas muito da persuasão tem a ver com idealismo. Tem a ver com pessoas de mente aberta, capazes de dialogar de modo significativo a respeito daquilo que realmente importa. Tem a ver com as pessoas de ambos os lados do balcão que de fato ouvem e estão abertas a ser persuadidas.

É verdade que, quando somos apaixonados por certas coisas nas quais acreditamos, corremos o risco de sermos chamados a fazer proselitismo em nome delas, usando todos os meios ao nosso alcance. A persuasão, contudo, faz isso de forma construtiva. A arte de fazer a pergunta certa, do jeito e no momento certos, é uma arma essencial em seu arsenal de comunicação. Na realidade, a capacidade de fazer as perguntas certas, ouvir as respostas e acompanhar de perto o que se passa é fundamental caso deseje comover corações e mentes das pessoas com quem está falando.

E este deve ser nosso objetivo na persuasão: Esforçar-nos para comunicar e *comover* aqueles com quem nos relacionamos. Para *mover* alguém do sim para o não. Para *inclinar* alguém para um talvez. Para *trazer* alguém para nosso lado. Para *posicionar* alguém em um novo ponto de vista ou perspectiva. Para *tocar* as pessoas, levando-as a sentir o que você sente, vê e pensa. Para *mover* as pessoas em direção à dignidade, bondade e retidão. Para que *considerem* contratar você, dar-lhe uma chance, investi-lo de mais responsabilidade, dar uma oportunidade à sua ideia. *Mova* alguém para investir no que está fazendo tanto quanto você mesmo investiu.

Agora vamos começar.

PARTE 1

O QUE VOCÊ PRECISA SABER ANTES DE ABRIR A BOCA

CAPÍTULO 1

EXISTEM, SIM, PERGUNTAS ESTÚPIDAS

QUAL ERA A COR DA BOLSA AZUL?

Casos de assassinatos são eventos tenebrosos. Já se perdeu uma vida, e outra pessoa está enfrentando um julgamento. Nos Estados Unidos, a legislação prevê que o réu está sujeito a passar a vida na prisão sem possibilidade de liberdade condicional, ou, ainda mais solene, corre o risco de ser condenado à morte. Portanto, como se pode imaginar, não há lugar para o humor em um julgamento criminal. A despeito disso, em meu primeiro julgamento de pena de morte, houve um momento em que a sala inteira chegou a derramar lágrimas de tanto rir. Quem porventura tenha dito que "Não existem perguntas estúpidas" não estava sentado no Tribunal do Condado de Spartanburg no outono de 2001.

Nesse caso, um balconista de uma loja de conveniência foi assaltado e morto por causa de uma insignificante quantia de dinheiro. Ele era um homem decente, trabalhador, uma boa pessoa que havia passado por muita coisa na vida e que teria, de bom grado, dado o dinheiro se o outro apenas exigisse.

Na maioria dos casos assim, há apenas duas pessoas envolvidas e uma delas (a vítima) está morta. Então, você depende de depoimentos assertivos, confissão ou declaração falsa em defesa do réu, bem como de perícias ou quaisquer evidências físicas comprobatórias. Porém, nesse caso em particular, havia uma testemunha. Quando o roubo e os tiros ocorreram, ela estava sentada ali ao lado jogando videopôquer.

Sempre que houver uma testemunha adicional, é preciso encontrar-se com ela com antecedência para ter uma noção do que ela dirá e como se preparará para isso. Encontrei-me com essa testemunha diversas vezes. Ela era vitalmente importante — de fato, essencial — e, embora provavelmente ficasse nervosa ao depor em um julgamento, era séria e confiável.

E chegou a hora de ela testemunhar. Descrever para o júri o cenário onde o crime foi cometido é um elemento importante. Onde a testemunha estava sentada em relação à caixa registradora, sua oportunidade de observar, a ausência de drogas ou álcool que poderiam alterar a capacidade de percepção dela, e todas as perguntas que você possa esperar que os jurados tenham a fazer.

"Havia alguma coisa entre você e a porta da frente da loja?"

"Não, senhor."

"Algo estava obstruindo sua visão?"

"Não, senhor."

"As luzes estavam acesas?"

"Sim, senhor."

"O ar estava enevoado ou havia fumaça no ambiente?"

"Não, senhor."

"Você se encontrava sob influência de álcool?"

"Não, senhor."

"Desculpe-me pela natureza pessoal da pergunta, mas você estava sob influência de algum medicamento, prescrito ou não?"

"Não, senhor."

"Você viu quando o suspeito entrou?"

"Sim, senhor."

"Havia mais alguém dentro da loja quando o suspeito entrou?"

"Não, senhor."

"Você tinha uma visão clara do suspeito?"

"Sim, senhor."

"O que aconteceu depois?"

"Bem, o homem foi até o balconista no balcão e sacou uma arma."

"Você podia ver a arma?"

"Sim, senhor."

"Pode descrever a arma para o júri?"

"Sim, senhor. Era preta e parecia uma pistola, não um revólver."

Era uma excelente testemunha. Segura. Clara. Precisa. Mas aparentemente eu não me dava bem quando tudo estava dando certo.

"Senhor, notei que não está usando óculos. Estava de óculos naquela noite?"

"Não, senhor."

"Sua visão é boa?"

"Sim, senhor. Meu olho direito tem visão perfeita."

O que foi que ele disse? Ora, Sr. Depoente, você não é um ciclope! Tem dois olhos, pensei comigo mesmo.

No que foi que me meti? Como me livro disso? O que pergunto ou digo agora? Deixo passar e torço para que o júri não tenha ouvido? Ou rezo para que os jurados não se lembrem de que todos os humanos têm dois olhos? Faça alguma coisa, Trey, seu idiota, não dá para deixar para lá.

"Claro que sim, Sr. Depoente, claro que sim", foi tudo o que consegui dizer.

"E seu olho esquerdo... é...?"

(Silêncio doloroso.)

"É falso, senhor."

"Ora, claro que é. É uma prótese."

"Não, senhor... é falso", disse ele.

Eu tenho uma testemunha ocular e agora fico sabendo, junto com todo mundo, que é uma testemunha com um olho só.

Fiquei abalado. Desejava, literalmente, estar em qualquer outro lugar do mundo. Alcatraz? Pode ser. Em qualquer outro lugar, menos naquela sala de tribunal, por não haver perguntado à testemunha sobre seus olhos antes de entrarmos lá.

Não podia ficar pior, certo? Só que não há nada que não possa piorar. E foi o que aconteceu.

"E o que houve depois disso?", perguntei.

"Bem, o suspeito estava com uma bolsa azul na mão."

"Certo, e de que cor era a bolsa azul?"

A gargalhada foi geral, e aquele olho me fitava como se eu tivesse perdido a cabeça.

Talvez ele não tivesse me ouvido, então repeti a pergunta.

"Senhor, de que cor era a bolsa azul?"

Mais risadas.

O que está acontecendo? Por que as pessoas estão rindo em um julgamento que pode levar à pena de morte? Antes que eu pudesse fazer pela terceira vez a pergunta mais estúpida da história do mundo anglófono, o juiz foi misericordioso e disse: "Sr. Promotor Público, acho que o júri sabe qual era a cor da bolsa azul agora! Pode prosseguir a arguição."

As perguntas podem ser afirmativas. As perguntas podem representar um genuíno desejo de obter mais informações. As perguntas podem ser corroborativas. Você já conhece a resposta, mas alguém no júri não, então pode usar perguntas para passar informações a outras pessoas, e não a você mesmo. As perguntas podem servir para censurar ou como retórica de desestabilização. As perguntas podem ser defensivas. Elas podem lhe permitir reagrupar-se, desviar-se, redirecionar a atenção de alguém a fim de que você possa seguir em frente para voltar à luta em outro momento ou ocasião.

E podem existir perguntas simplesmente estúpidas.

Há perguntas boas e perguntas ruins. Às vezes, essas duas qualificações podem ser associadas à mesma pergunta, dependendo das circunstâncias em que ela é feita. A pergunta a respeito da visão de minha testemunha ocular seria fantástica... no meu escritório, semanas antes do julgamento.

Minha equipe de procuradores me deu uma foto desse julgamento. Ela foi tirada por um fotógrafo de um jornal local bem na hora em que a testemunha disse "Meu olho direito tem uma visão perfeita". A equipe me deu a foto porque meu rosto não demonstrou nenhuma reação discernível quando a testemunha se referiu a seu único olho. Mas por dentro eu estava morrendo. Quanto ao júri, não tinha se dado conta, quer dizer, até eu engrossar o erro perguntando qual era a cor da bolsa azul. Sobrevivi à primeira pergunta ruim apenas para fazer uma segunda — e saltar da frigideira para cair no fogo.

MECANISMO DE DEFESA

Ninguém nasce sabendo fazer as perguntas certas. Mesmo as pessoas mais brilhantes não necessariamente são boas em fazer perguntas. Circunstâncias e fatores diversos concorrem para a arte de perguntar. No meu caso, convergiram a meu favor e em partes iguais (1) falta de confiança em minhas próprias habilidades, (2) reconhecimento de algo inerente à natureza humana — as pessoas gostam mais de falar do que ouvir, (3) muitas horas gastas em intermináveis diálogos internos e (4) a certeza de que fazer a pergunta certa é um jeito diabólico de virar o jogo a nosso favor.

A principal motivação para usar perguntas em vez de declarações assertivas, no princípio e desde sempre, é que se trata de um mecanismo de defesa para mim. Nunca pensei estar à altura de participar de conversas com pessoas inteligentes, mas me sentia atraído para estar perto delas.

Meu pai era inteligente. Era médico. Então, lhe faria perguntas sobre medicamentos. O que o número mais alto significa para a pressão arterial? Por que 95, quando a pessoa está em repouso, indica uma frequência cardíaca elevada? Como as crianças podem ter leucemia?

Meu melhor amigo, Keith Cox, foi para a Universidade Duke e se tornou um profissional de cirurgia oral. Ele era muito inteligente. Devo deixar que ele descubra que não sou ou disfarço fazendo perguntas?

Randy Bell foi uma das pessoas mais inteligentes que já conheci. Ele era juiz no Tribunal de Apelações da Carolina do Sul. Eleito para a Suprema Corte desse estado, morreu antes de assumir o cargo.

Eu o conheci quando ele estava no Tribunal de Apelações no primeiro ano após me formar na faculdade de Direito. Ele fazia diálise e para fazer as sessões tinha que viajar de Columbia, na Carolina do Sul, para Augusta, na Geórgia. Para isso, precisava de alguém para levá-lo. Então me prontifiquei. Ele era um estudioso do direito e se especializara na cultura romana. Conhecia o direito consuetudinário inglês e tinha condições de conduzir um debate entre o direito natural e o positivismo. É próprio da natureza humana querer impressionar alguém como Randy Bell, falando do que conhece e interagindo em uma conversação. Lembro-me de certa tarde, quando o levava à Augusta no início de nosso relacionamento. Ele falava sobre os Julgamentos de Nuremberg, algo sobre o qual eu nada sabia. Então mudou de assunto, discorrendo sobre a negligência contributiva, que se contrapunha à negligência comparativa, outra coisa que eu desconhecia. Ele foi mudando de um tema para outro — da mitologia romana para a deontologia — tentando encontrar alguma coisa, qualquer uma, para a qual eu pudesse dar minha contribuição.

Ele não conseguiu.

Até que, finalmente, ele perguntou: "Bem, há algo que você *conhece* sobre o qual gostaria de conversar?"

O que eu queria mesmo era falar por que cargas d'água fui parar no carro com um especialista em direito romano, mas acabei dizendo: "NASCAR, me interessei por ela recentemente."

"Ótimo", ele respondeu, "me conte sobre as origens da NASCAR".

Silêncio.

"Gosto de Richard Petty. Isso é tudo que sei, meritíssimo."

Sim, me dei outro tiro no pé. Munido com um diploma de graduação em História e outro de Direito, mas vazio de qualquer real conhecimento de ambos, me encontrava em um carro ao lado de um futuro juiz da Suprema Corte da Carolina do Sul que tentava a todo custo, sem sucesso, encontrar um assunto no mundo que eu conhecesse o suficiente para evitar o silêncio profundo durante a viagem de Columbia, na Carolina do Sul, à Augusta, na Geórgia. E ainda havia a volta. Bateu em mim o mesmo e recorrente sentimento de inadequação: *Simplesmente, sinto que não sou muito inteligente. Como faço para não transparecer isso? Para encobrir? Como participo de conversas ou encontros profissionais sem revelar essa carência enorme de conhecimento?*

Ou você dá um jeito de ficar inteligente o mais rápido possível ou precisa encontrar uma maneira de dissimular totalmente a percepção de falta de conhecimento. Pode preencher as lacunas ou preencher o tempo. Ou talvez, apenas talvez, você possa encontrar um modo de preencher os dois simultaneamente — fazendo perguntas.

Não, nada sei a respeito da mitologia romana, mas tenho algumas lembranças sobre a mitologia grega. Os deuses são diferentes ou são os mesmos, só que com nomes diferentes? Qual é seu deus favorito? Caso pudesse escolher um poder divino, qual deles escolheria, juiz Bell? O senhor me parece ter mais predileção por Roma do que por Atenas; como isso aconteceu? Poderia me contar alguma coisa sobre a cultura espartana? O nome da cidade onde nasci, Spartanburg, parece ter sido escolhido como uma homenagem à Esparta; será que é isso mesmo?

Direito comum inglês? Não sei muito sobre isso. Sei o suficiente, porém, para perguntar as razões pelas quais algumas leis comuns são codificadas ou aprovadas pelas instituições legislativas e outras não. Se uma lei comum e uma lei estatutária estiverem em conflito, qual delas tem prevalência? Há alguma lei federal comum, juiz Bell?

Você pode aprender e passar o tempo tirando proveito de uma das maiores necessidades humanas: o desejo de ser ouvido. Em sua maioria, as pessoas têm a tendência inata de querer falar, então me aproveito disso. Elas querem falar mais do que ouvir e, se eu puder capitalizar essa característica da natureza humana, posso ocultar minhas próprias deficiências. Então, elimino ou reprimo meu próprio desejo de ser ouvido e o substituo pelo desejo de impedir ser percebido como inculto. Não é uma vitória para ambos? Você fala, eu ouço e aprendo, e me livro daquela sensação de naufrágio mental, de não estar à altura. Confie em mim. Fazer perguntas é sempre a mais *segura* das apostas.

MELHOR UMA PERGUNTA ESTÚPIDA DO QUE UMA RESPOSTA ESTÚPIDA

Quando se trata da arte da persuasão, normalmente nos vem à mente a seguinte sequência: declaração de abertura, afirmação, argumentação. Há, então, um extenso fluxo de declarações, afirmações, apresentações, proclamações, pronunciamentos — tudo isso para construir, aos poucos, um argumento com o mínimo de incongruências possível, e tantas afirmações poderosas quantas se pode fazer sem perder o fôlego. Esse é o modelo tradicional. Mas e se houver uma maneira melhor?

É raro pensarmos na persuasão como sendo um rosário de perguntas. As perguntas são consideradas mais reativas do que proativas, não é? Às vezes, são vistas como prova de que aquele que as faz não sabe a resposta para alguma coisa. Elas podem envolvê-lo em uma aura de fraqueza, fazendo-o parecer mal informado, carente de conhecimento e incerto sobre suas crenças. Isso pode ser o que os outros desejam que acreditemos. No entanto, contradiz totalmente minha própria experiência. Ao fazer perguntas, pode-se reunir o tempo, as informações e as inter-relações pessoais que permitem persuadir de um jeito que simplesmente proclamar o que se crê não pode realizar.

Já vimos que o velho ditado "Não existem perguntas estúpidas" provou-se errado no meu caso, mas é preciso reconhecer que há alguma verdade nele. Existem, de fato, perguntas mal elaboradas, mal colocadas e insensatas, mas até a pergunta mais estúpida é mil vezes melhor do que uma afirmação estúpida.

Declarações e comentários afirmativos pronunciados por você são de sua inteira propriedade, mas as perguntas lhe proporcionam uma saída. Por esse motivo, elas talvez sejam, antes de tudo, o caminho mais seguro na arte da persuasão.

Seja lá o que for que você pergunte, sempre pode dizer, caso esteja equivocado: "Eu não sabia, por isso perguntei." Não lhe cabe culpa de nada a não ser de buscar mais informações. É a diferença entre parecer estúpido e ser estúpido.

Parecer estúpido pode ser: Quem é o autor de *Crime e Castigo*?

Ser estúpido é: Leon Tolstoi é o autor de *Crime e Castigo*.

O primeiro revela desconhecimento, claro, mas o segundo mostra que você pensa que sabe algo que na verdade não sabe. Isso põe sob suspeição tudo o que disser dali para a frente. No primeiro caso é admissível ter havido um lapso de memória; no segundo, contudo, trata-se de um lapso desonesto de inteligência.

A quem você daria crédito, daquele momento em diante, o sujeito sincero que faz perguntas justas, ou o outro, que afirma coisas que obviamente não são verdadeiras? O sujeito que é curioso, ou aquele que mente com convicção? Todos já estivemos em uma reunião de negócios na qual alguém faz uma afirmação falsa esperando fechar uma venda ou reforçar determinado ponto e, de imediato ou mais tarde, é pego na mentira. No instante em que você faz uma declaração falsa, perde credibilidade com quem está falando ou ouvindo.

Com certeza mergulharemos mais fundo nessa questão; enquanto isso, há perguntas com um índice menor de estupidez que reúnem todas as melhores razões para ir atrás da arte de questionar. Digamos que você se encontra em meio a uma conversa em que se está discutindo, por exemplo, *Crime e Castigo*, e não tem nenhum interesse ou conhecimento sobre o assunto, mas deseja se garantir, pois vai fazer uma longa e dolorosa viagem de carro comigo e sabe que esse é meu livro favorito. As melhores perguntas a se fazer são as seguintes:

- Em sua opinião, do que o autor *realmente* quis tratar com *Crime e Castigo*?
- Por que você acha que esse livro foi escrito?
- *Crime e Castigo*? Puxa vida, que interessante. Como isso se relaciona com sua experiência profissional no sistema judicial, Sr. Gowdy?
- De que mais gosta em *Crime e Castigo*?

Uma pergunta ruim quase sempre é menos pior do que uma afirmação falsa. Certa vez estava ouvindo uma gravação de um sermão de Páscoa e o pregador colocou Lucas na sala da Última Ceia. *Lucas*? Ora, ele nem estava por ali naquela ocasião e, se estava, com certeza não era um dos Doze Discípulos. Teria sido muito melhor se o pregador aludisse a isso fazendo uma pergunta: "Lucas estava presente?" Ou: "Vocês podem me ajudar a nomear os discípulos?" Ou ainda: "Como vocês se sentiriam estando na sala onde aconteceu a Última Ceia?" Perguntas lhe disponibilizam uma saída — tudo o que você procurava eram informações. Fazer declarações afirmativas o faz perder o júri caso estiverem erradas ou não comprovadas. Pode-se até introduzir essas afirmações com um "em minha opinião", mas a presença de Lucas na Última Ceia não é algo aberto a opinião, não é mesmo?

Para um pregador, o trabalho de persuadir é, literalmente, o de converter. É uma das mais difíceis tarefas e um grande fardo a carregar. Uma afirmação como aquela pode levar o ouvinte a desacreditar toda a tentativa de persuasão até então, e deixá-lo desinteressado de tudo que se segue, não importa quão inocente seja o erro ou o quanto for convincente o que restar de sua argumentação.

É realmente importante se um pregador comete um erro honesto ao colocar um dos quatro evangelistas em uma sala na qual muitos podem ter presumido que ele estaria? Provavelmente, não. Minha reação ao ouvir que Lucas era um dos comensais na Última Ceia talvez possa ter sido uma projeção de minha própria batalha espiritual em que alguém supostamente sabe mais do que eu. Há erros na vida que são gratuitos, alguns têm um peso muito forte e muitos estão no meio termo. Porém, existem erros que nos obrigam a enfrentar nossos próprios demônios mentais, levando-nos a uma profunda análise introspectiva. *Para um ouvinte nervoso, qual seria o significado de um erro inócuo, mas óbvio, como aquele? Que outras discrepâncias factuais podem acontecer quando se espalha uma suposta verdade bíblica?* É aí que as perguntas se movem para dentro.

PERSUASÃO AUTODIRECIONADA

Lembra-se de meu pai, médico e inteligente? Ele é fã ardoroso do Gamecock, um time de futebol americano universitário da Carolina do Sul. Tenho certeza de que seu amor pelo Gamecock supera o que ele tem por mim e minhas irmãs (embora em sua defesa ele negue). Ele nos empilhava em uma perua daquelas grandes com painéis de madeira revestindo parte da carroceria umas seis horas antes do jogo, para que pudéssemos sair pela porta traseira sem pressa e ficar nas arquibancadas para assistir... a banda ir se aquecendo. Sim, você leu direito. Não para acompanhar o aquecimento dos jogadores. Mas para acompanhar o aquecimento da banda antes mesmo da entrada dos jogadores em campo. Era um programa para o sábado inteiro e nunca nos atrasamos. Exceto uma vez.

Saímos da garagem de casa no lado leste de Spartanburg e, em vez de dobrar à esquerda para pegar a estadual em direção a Columbia para ir ao jogo, viramos à direita e chegamos à estrada onde ficava a casa de Lana e Randy Mahaffey, pais de Clay e David, que eram um pouco mais novos que eu. Conhecia-os muito bem. Lana e Randy eram os amigos mais chegados de meus pais. Eles eram professores. Os Mahaffeys frequentavam a mesma igreja que nós. Randy foi e continua sendo um jogador de golfe espetacular, mesmo em seus 80 anos. Por inúmeras noites, ele ficou me observando lidar com o taco, sob um poste de luz, tentando ajustar os movimentos. Nós o chamávamos de "o professor". Ele lecionou física no ensino médio e o fez de modo divertido, algo realmente muito difícil de conseguir. Lana ensinava inglês no ensino médio e parte de meu amor pela leitura se deve aos contos que li em suas aulas. Nossos quintais davam um para o outro, e eram grandes o bastante para comportar um jogo de futebol americano completo. Ainda que Clay e David fossem um pouco mais novos, brincávamos juntos e, quando cheguei à adolescência, fui até babá deles.

Estranhei o fato de papai passar na casa deles no dia do jogo. Por que mamãe estava sentada no banco da frente com um olhar vazio? Por que ela não respondeu quando quisemos saber quanto tempo papai ficaria dentro da casa? Por que as lágrimas escorriam pelo rosto de minha mãe?

Papai estava lá dentro contando a seu melhor amigo que o filho mais novo deles, David, tinha leucemia.

Quem? O quê? Quando? Onde? Como? Essas perguntas, que envolvem grande parte da vida, apequenam-se, perdem relevância quando comparadas com a pergunta mais difícil de todas: *Por quê?*

David Mahaffey lutou, mas não resistiu e morreu. E com ele se foi aquela inocência infantil da qual cada um de nós desfruta ao menos por um tempo na vida. Para mim, essa perda seria preenchida por uma vida inteira de perguntas.

Mudamos para outra casa em Spartanburg, a mais ou menos 1km de distância. Ela tinha três andares e um escorredor interno por onde poderíamos jogar a roupa suja do último andar e elas apareceriam magicamente no porão. Mas a característica mais importante de todas para mim: um pequeno armário de casacos onde ninguém pensaria em me procurar. Foi lá que o diálogo interno começou:

De onde viemos? Havia um reservatório de almas de onde Deus escolhia uma para viver aqui? Por que nasci nesta família? As almas são recicladas? David poderia voltar como filho de outra pessoa? Onde ele estava agora? Por que não tenho um irmão? Por que Deus levou David se Lana e Randy só tinham dois filhos? Por que Ele não me levou ou a uma de minhas irmãs? Meus pais ainda teriam três filhos se Ele fizesse isso?

Não, não necessariamente eu gostava de aparar a grama por horas a fio, mas era uma ocasião em que podia falar comigo mesmo, e disso eu gostava. Não, não gostava de viajar sozinho no terceiro assento da perua, mas podia falar comigo mesmo, e disso eu gostava. E não, não gostava de levantar às 4h da madrugada para entregar jornais de bicicleta motorizada, mas não havia mais ninguém acordado e eu podia falar comigo mesmo, e disso eu gostava.

Aquele diálogo tornou-se recorrente e permanece até hoje. Estou constantemente me fazendo perguntas e ensaiando as que gostaria de fazer aos outros. Cada sustentação final feita em um tribunal foi dada semanas antes, empurrando um cortador de grama. Cada discurso que fiz no Congresso foi feito primeiro enquanto eu dirigia sozinho minha caminhonete ao ir ou voltar do aeroporto. Coloco o enredo em ação em minha cabeça antes que aconteça na vida real. Como posso perguntar isto? E se ela disser isto ou aquilo? O que você faz se esta ou aquela for a resposta? Como você pode processar um "sim" ou um "não" com a mesma velocidade e acuidade?

Então, sim, fazer perguntas era a natural e provável junção de vários fatores: (1) falta de confiança em minhas próprias habilidades; (2) de início, a compreensão e, posteriormente, reconhecimento de algo que está no cerne da natureza humana: todos imploram para ser ouvidos, então me valho disso, me calo e fico escutando; (3) horas passadas em um interminável diálogo interno procurando entender em que eu acreditava, porque acreditava nisto ou naquilo, e se essas crenças seriam capazes de resistir ao caldeirão da exibição pública; e, por último, (4) o passar do tempo tornou essa estratégia uma forma diabólica de virar o jogo a meu favor durante uma conversa ou esfriar fervuras e abortar um conflito iminente. Fazer perguntas parecia a melhor maneira de me comunicar e persuadir, ao mesmo tempo em que diminuía o risco de expor quaisquer fraquezas pessoais.

No entanto, e acima de tudo, as perguntas têm sido, desde que me lembro, o modo como convenço as pessoas, porque as perguntas têm sido o modo como, desde que me lembro, convenço a mim mesmo.

3 x 0 = 3

Já disse a vocês que Lana e Randy Mahaffey tiveram dois filhos, Clay e David. Clay é meu amigo até hoje. Não jogamos golfe tanto quanto antes. Ele se casou há muito tempo (com uma mulher maravilhosa chamada Stacey). Foi para a Universidade de Clemson (ninguém é perfeito) e se formou engenheiro. Dá para perceber uma certa simetria na vida se a olharmos de perto. O pai de Clay ajudou a fazer do golfe um amor eterno para mim. Eu estava lá quando Clay fez seu primeiro buraco com uma tacada só. É por isso que só eu, e mais ninguém, o chamo de "Ás" e não de Clay.

Ele e Stacey têm filhos. Deram ao primeiro filho o nome de David, David II, um universitário forte e inteligente. Ele também joga golfe e praticou no mesmo campo onde nossas famílias jogaram, juntas, um sem número de partidas por mais de meio século.

David Mahaffey teve uma pontuação mais alta em matemática no SAT [nos EUA, um exame semelhante ao ENEM, só que existente desde 1926] do que eu em todas as matérias. Não ria, não é exagero, estou longe de ser o único. Por isso, então, vou envolvê-lo em uma conversa sobre matemática, tá? Gosto de desafios. Gosto de enfrentar Golias.

Fazer perguntas matemáticas a mim mesmo é fácil: não sei se minhas respostas estão ou não certas. Uma conversa dessas não é nada difícil. Mas fazer perguntas a alguém que sabe matemática é bem diferente. É um desafio e tanto persuadir alguém com mais conhecimento que nós. Porém, é disso que se trata a arte da persuasão.

"Quanto é 3 x 0?", perguntei ao jovem David Mahaffey.

Ele me olhou como se eu tivesse perdido o juízo. "Zero, Sr. Gowdy. Todo mundo sabe disso."

"Sei não, David. Acho que não. Que 0 x 3 seja zero eu concordo. Mas 3 x 0 não é zero."

"Sinto muito, Sr. Gowdy, mas é."

"Quem disse?"

"Todos, Sr. Gowdy."

"E eu não sou alguém, David? Você está negando minha existência porque tenho uma visão do nada diferente da sua? Eu não sou alguém? Eu não importo?"

"Ora, Sr. Gowdy, qualquer coisa multiplicada por zero é zero", respondeu ele.

"Não, David, não acredito nisso. 3 x 0 é 3. Não dá para fazer o que eu já tinha desaparecer. Eu tinha 3 de alguma coisa. Multipliquei por nada, mas meu 3 não desapareceu, e não posso permitir que você aja como se algo não existisse quando já admitiu na equação que existia. Não dá para aceitar isso, não dá para tolerar isso. Seria errado, David. Você gostaria que eu agisse como se algo que existe não existisse mais?"

A essa altura, os golfistas — os profissionais, os assistentes, os jogadores — e meia dúzia de funcionários presentes na sala estavam de pé à nossa volta. Eu adoro esses momentos!

"David, amo você, cara. Conheço sua família desde sempre. Seu avô me ensinou física. Sua avó me ensinou inglês. Eu estava presente quando seu pai fez o primeiro buraco com uma tacada só. Falando nisso, você está me dizendo que seu pai não fez essa jogada porque você não estava lá para ver? É isso que quer dizer com nada? 0 x 3 é zero, tudo bem. Se começo com nada, nada três vezes ainda é nada. Mas 3 x 0 não é nada. Tenho 3 de alguma coisa. E você diz que não? Nega que tenho 3 de alguma coisa? Está deixando a realidade de lado porque quer vencer uma discussão matemática na frente de sua turma? David, onde está o meu 3? Para onde foi? Como você pode agir como se isso não existisse? Não há uma fórmula matemática que você possa inventar que me convença a ignorar algo que sei que existe. Não, você não pode querer isso, e estou surpreso e francamente decepcionado de você tentar. Onde está meu 3, David?!"

Pobre David Mahaffey. Como você argumenta com um doido? Como discute matemática com alguém que pensa que a ordem dos fatores altera o produto, que 3 x 0 contra 0 x 3 realmente impactará a resposta? David olhou para mim quando terminei de limpar o último taco e disse: "Sr. Gowdy, não tenho uma resposta para dar, mas sei que estou certo. Quando estiver em casa pedirei a meus pais para me ajudar a formular uma resposta, mas sei muito bem que multiplicar qualquer coisa por zero dá zero. Simplesmente não consigo explicar agora."

À medida que eu saía do estacionamento do campo de golfe, sentia a simetria da vida bater forte em mim, e em diversos níveis.

Antes de mais nada, vamos ressaltar o óbvio: o sujeito que tirou um "D" na última aula de matemática do colégio, e foi um fracasso no curso de matemática na faculdade, arrogou ser um gênio nessa disciplina. Vamos ao menos comemorar por um momento!

A verdadeira simetria, no entanto, revelava-se nos mais de 50 anos de relações estreitas entre as famílias Mahaffey e Gowdy. Caso você só possa se lembrar de uma única coisa, não se esqueça de que a arte da persuasão não consiste em trazer as pessoas para seu lado, mas de aproximá-las umas das outras. O poder das perguntas, se usado da forma correta, está em sua característica inerente de dar e receber, de falar e ouvir na mesma proporção. Eu poderia, por certo, ter perguntado a David como ele estava se saindo no beisebol e no golfe. Ou poderia querer saber no que iria se formar. Contudo, decidi ser implacável e questioná-lo sobre o que aconteceu com o 3 que eu já tinha. Queria que esse rapaz, que conhecia tão bem matemática, fosse bom em se comunicar. Você tem certeza de que a resposta certa é zero. Convença-me de que é zero. Faça isso em público. Faça sob pressão. Persuada. Comunique. Defenda. Conecte.

Tenho certeza de que ao voltar para casa naquele dia David perguntou a seus pais como comunicar um conceito simples a alguém que já deveria sabê-lo. Mas não é isso mesmo que tem que acontecer? Não é isso que todos queremos? Comunicarmo-nos eficazmente. Apaixonadamente.

Estou plenamente convicto de que os Mahaffeys divertiram-se muito em casa naquela noite, imaginando como alguém poderia ter sido eleito como congressista com tão pouco conhecimento de verdades matemáticas tão elementares. E não duvido de que Clay, em algum momento tenha dito: "Um congressista que não conhece matemática… Isso diz muito sobre a política fiscal de nosso país."

Coisas das quais entendo completamente são muito poucas. Por que estou aqui neste mundo. Por que coisas ruins acontecem a pessoas boas. A ideia de que "Todas as coisas — não importa quão más ou obscuras sejam — trabalham juntas para o bem". Não consigo me convencer inteiramente disso e desconfio que nunca o farei. Porém, *tenho* me convencido de que não custa deixar essa questão de lado e curtir a arte de fazer perguntas como meio de conexão e comunicação. Aquelas perguntas que fiz a mim mesmo em um armário escuro como nanquim no lado leste de Spartanburg ao pensar no primeiro David Mahaffey parecem fazer um pouco mais de sentido que outrora. Aprendi a não me intimidar com perguntas difíceis: muitas vezes elas o levarão à verdade.

No início, você corre o risco de fazer algumas perguntas verdadeiramente estúpidas. Do tipo: "Qual é a cor da bolsa azul?" ou "A cidade em que nasci, Spartanburg, recebeu esse nome em homenagem à Esparta?" Mas não desista, continue firme, perguntando. Primeiro a você mesmo. Depois, a outros. Pergunte a respeito de sua existência, sobre os outros, sobre tudo. Pode acontecer que a pessoa que você venha a persuadir seja você mesmo, e creia, às vezes, esse é o mais difícil de todos os júris.

CAPÍTULO 2
A SUTIL ARTE DA PERSUASÃO

MOVIMENTOS INCREMENTAIS

Tudo começou com uma carona no carro do senador Tim Scott. Tínhamos saído para um almoço rápido em um restaurante em Charleston, na Carolina do Sul. Ao sair do carro, notei a placa no sedan dele: US SENATOR 2.

Zombei. "Por que esta placa? Você acelera um pouco demais, ou muda de faixa sem sinalizar, ou ouve música muito alto e pronto: alguém liga para a televisão ou algum repórter o denuncia. Sem contar aqueles que não gostaram de seu voto em algum projeto de lei e riscarão a lataria de seu carro com a chave deles. Isso não lhe passou pela cabeça na hora de encomendar essa placa exclusiva?"

Ele riu, mas só um pouquinho. "Quantas vezes a polícia mandou você parar no ano passado, Trey?", perguntou ele.

"Acho que só uma vez, quando eu voltava de Aiken."

"Você ficou com medo?"

"Só de que meu seguro aumentasse, só isso."

Tim Scott, normalmente bem-humorado e expansivo, estava agora mais pensativo e sério. "Trey, fui parado sete vezes em um ano como autoridade eleita. Sete. Quero que os policiais saibam que não represento uma ameaça para eles e assim nada de ruim acontece comigo. Quero me sentir seguro, Trey, e continuar vivo."

Ele é uma das pessoas mais gentis, amáveis e respeitosas que já conheci na vida. É assim com todos. Tem um sorriso permanente no rosto. O que ele quer dizer sobre desejar que os policiais saibam que ele não é uma "ameaça para eles para que nada de ruim lhe aconteça"?

Começou assim, graças a alguém que me é muito querido, minha caminhada rumo à minha própria persuasão em questões tão relevantes como a reforma da justiça criminal, o racismo e o modo como determinadas comunidades veem a aplicação da lei. A persuasão começou naquela tarde com uma mera pergunta: *Quantas vezes eu fora parado pelos agentes da lei no ano passado?*

Eu me importava com ele, e por isso me importava com a resposta dele a essa mesma pergunta e quais foram suas experiências. A maneira pela qual ele apresentou sua experiência de vida — comedida, factual, legítima — mexeu comigo. Uma vez contra sete vezes. Aquele dia representou o pontapé inicial de uma odisseia de um ano para eu ser persuadido pelo fato de que até mesmo um senador dos EUA teve uma experiência diferente com a aplicação da lei porque era negro. A mudança foi incremental. E demorou. Mas, por fim, acabei mudando.

Persuasão é isso.

Tim Scott me persuadiu a olhar para a forma como as leis eram aplicadas pelos olhos de outras pessoas, e não apenas pela perspectiva de um filho de um médico branco, que trabalhava como promotor e teve apenas experiências positivas com homens e mulheres fardados. Ele me convenceu a considerar o motivo pelo qual as comunidades não brancas são menos propensas a colaborar, a dar o benefício da dúvida e a aceitar sem questionar a visão da aplicação da lei em tiroteios envolvendo policiais. Ele me moveu de uma posição para outra, de modo sutil e gradual, mas verdadeiro e consequentemente duradouro.

No processo de me persuadir, ele se valeu do exemplo próprio, dispondo-se a ser persuadido ou convencido, uma característica das mais necessárias para um advogado ou mensageiro convincentes. Da boca de Tim Scott ninguém ouvirá a frase "verificação de trânsito de rotina" ao se referir à aplicação da lei. Não mais. Nem o ouvirá se referir a uma "ligação para o 911 [equivalente nos EUA ao 190] de violência doméstica" como uma "ligação normal" no cotidiano de um policial. Tim Scott lhe dirá que foi persuadido a não crer em uma "verificação de trânsito de rotina" quando se é o único que inicia a operação. Ele dirá a você que, não obstante a frequência com que os policiais respondem às ligações de emergência, elas são algumas das ligações mais perigosas respondidas para todos os envolvidos. O próprio vocabulário empregado por Tim Scott demonstra a capacidade que ele tem de fazer perguntas importantes a si mesmo e seu grau pessoal de persuasão.

Por intermédio de seu procedimento de me convencer a observar como as comunidades não brancas enxergam nosso sistema de justiça e a aplicação da lei, ele fez o que de mais persuasivo se pode fazer. Ele também se permitiu renovar o olhar sobre o dia a dia de um policial, nos riscos presentes nessas ligações "rotineiras" e no que passa pela mente dele quando, tendo abordado um carro para uma verificação de trânsito, a porta é aberta ligeiramente do lado do motorista.

Ele me mudou, e mudou a si mesmo, de uma perspectiva para outra. E a mudança foi singular, distinta, e é disso que se trata a arte da persuasão.

OS MAIS PERSUASIVOS SÃO OS SUSCETÍVEIS À PERSUASÃO

Quero que você faça uma pergunta a si mesmo e a responda privadamente, com toda a sinceridade. Você está aberto, genuinamente aberto, a mudar de posição, a refazer a maneira como encara uma certa questão ou a levar em consideração um ponto de vista diferente?

Se você não estiver disposto a fazer isso, por que os outros estariam? Não estou lhe pedindo para deixar para lá uma convicção profundamente arraigada. Apenas esteja aberto para olhar para essa convicção de uma maneira diferente.

Eis, a seguir, um exemplo.

Ao longo de minha carreira como promotor, solicitei a pena de morte meia dúzia de vezes. Caso você me perguntasse, quando eu era jovem, por que apoiava a pena de morte, lhe diria que era para demover alguém da intenção de matar uma pessoa. Poderia até mesmo argumentar que era biblicamente defensável. Na ocasião parecia fazer sentido: tire uma vida, perca a sua, acabe com os sonhos de alguém, despeça-se dos seus. Para um jovem, parecia haver uma simetria nisso, o que bastava.

Mas, no fim da adolescência, entrando em meus vinte anos, me persuadi de que estava errado — que a pena de morte não era justa nem biblicamente justificável. E fui além: tentei convencer os outros. Minha mãe me enviava o jornal local de Spartanburg, na época em que eu estudava na faculdade no Texas, para que eu ficasse a par do que acontecia lá. Em um deles havia a notícia de que o advogado local pedira a pena de morte para um homem chamado Jesse Keith Brown. Eu nada sabia sobre os fatos, nem sobre os antecedentes criminais do réu, e muito menos a respeito das circunstâncias da vida da vítima ou dos que se enlutaram com a morte dela. Todos esses elementos são da maior relevância, mas não para quem tem 20 anos e está em busca de um tipo diferente de simetria desde sua juventude. Assim, escrevi ao advogado e lhe pedi que reconsiderasse sua decisão de pedir a sentença de morte naquele caso.

Escrevi a carta em letra de forma, não cursiva, em uma folha arrancada de um caderno. Era educada, porém mais conclusiva do que analítica. Você talvez se pergunte como posso me lembrar disso tão claramente. Porque acabei concorrendo a promotor enfrentando o próprio homem a quem aquela carta fora remetida, e que fora estampada na primeira página do jornal local uma semana antes das eleições! A versão de 35 anos de idade de mim mesmo lia as crenças da minha versão de 20 anos de idade, e estava chocada com minha caligrafia ruim, entre outras coisas. Eu estava certo de que a tentativa de preencher um cargo eletivo estava condenada. Lá estava, em preto no branco, que o candidato a promotor-chefe, aquele que tomaria a decisão de solicitar ou não a pena de morte, não acreditava, quando universitário, na pena de morte.

A vida tem por característica nos fazer avaliar e reavaliar no que acreditamos e por que acreditamos. O Trey de 20 anos de idade, que refletia sobre o significado da vida e da morte, transformou-se em um Trey de 35 anos que tinha uma esposa, dois filhos e um vazio na alma causado pelo assassinato de um amigo da família. Aquela versão mais recente de mim mesmo viu recair sobre si a impossível tarefa de explicar a uma mãe como e por qual motivo seu filho fora morto por servir de testemunha em um caso de drogas em que eu trabalhava como promotor. No decorrer da vida, nós mudamos, e as pessoas aceitam essa mudança na medida em que lhes damos explicações razoáveis e sensatas.

Hoje meus dois filhos estão na faixa dos 20 anos. Um deles está cursando Direito, e alguns de seus diálogos internos assemelham-se aos meus na idade dela. Minha filha sabe que seu pai defendeu a aplicação da pena de morte em certos casos, e sabe também que em determinada fase da vida eu era contrário a ela, então, quer saber o que penso a respeito agora. O Trey de 55 anos de idade está convicto de que alguns crimes são de tal modo hediondos e praticados por pessoas cujas extensas fichas corridas demonstram sua indiferença à dor que provocam em outras pessoas, que serem condenados à pena de morte é a única punição apropriada. Deveriam ser poucas e esparsas? Sim. Deveriam ser seletivas, aplicáveis apenas em casos particularmente horripilantes, dissolutos, envolvendo depravação absoluta, com pouca ou nenhuma atenuante para o réu? Sim.

Foi aonde cheguei em minha própria persuasão interna e estou sempre aberto a ouvir argumentos alternativos, ainda que originários de minha própria mente.

E, então, você é persuasível? Está disposto a ouvir outros argumentos factual e logicamente embasados? Está aberto a ouvir sobre uma nova maneira de pensar? Caso esteja, já deu o passo mais largo rumo à arte da persuasão. Se não, com a sinceridade necessária, pergunte-se: O que *seria capaz* de persuadi-lo?

Ser suscetível à persuasão significa franquear sua mente a novos fatos, ideias, a uma perspectiva diferente. Mas não, não significa ser ingênuo, crédulo ou irresoluto; significa ter enormes desejo e capacidade de carrear mais informações e não limitar seus horizontes. Quando você é persuasível, faz a si mesmo perguntas difíceis e examina todas as facetas do argumento no esforço de chegar à verdade e, ao buscá-la, muitas vezes muda de perspectiva. Já quando sua busca é simplesmente pela vitória, você se distancia da verdade. Pessoas persuasivas adotam a primeira opção: correm atrás da verdade e verificam todos os lados da questão, se tornando empáticas, mas não apenas isso — tornam-se mestres em persuadir.

O QUE É PERSUASÃO – E O QUE NÃO É

Se há um fórum ao mesmo tempo mais fácil e mais difícil de persuadir, é o tribunal. Fácil porque os jurados, aqueles a quem você tenta persuadir, *precisam* ter a mente aberta, caso contrário não poderiam compor um júri. Trata-se na verdade da única característica indispensável para um cidadão ser convocado para servir no júri. Quanto mais dogmático, menor a probabilidade de um indivíduo ser escolhido por qualquer dos lados para formar o corpo de jurados.

E é difícil porque, nos EUA, o promotor ou o advogado de defesa precisa convencer todos os 12 jurados e fazê-lo com um elevado grau de convencimento.* É necessário persuadi-los *além de qualquer dúvida razoável*. Em virtude de "além de qualquer dúvida razoável" não ser um conceito simples de apreender, às vezes utilizamos em substituição a frase "firmemente convencido". Seu trabalho é convencer firmemente todos os 12 jurados da mesma coisa para obter um veredito de culpado em um caso criminal.

Reflita sobre isso.

Na política, trazer para seu lado mais de 65% das pessoas com quem está falando é considerada uma vitória *arrasadora*. Hinos em seu louvor serão entoados. Você pode ter seu rosto esculpido em mármore de carrara ou até vê-lo gravado no lado cara de uma moeda. Na vida, vencer 65% de suas conversas é algo admirável. Imagine, então, escolher o restaurante ou o filme 65% das vezes. Já em um tribunal você perde toda vez que convence 65% dos jurados. Até mesmo convencer 99% dos membros do júri é um fracasso. É 100% ou você perde.

Então, o que você pensa sobre persuasão? Quais palavras cruzam sua mente? Acha que se trata de forçar alguém a adotar sua posição? Você pensa que é ganhar uma discussão? Considera que se trata de deter habilidades retóricas e de debate muito superiores

---
* NT: No Brasil, para obter um veredito, basta uma maioria simples.

às dos outros? No meu caso, eu comumente confundia persuasão com discutir ou pressionar alguém para fazer alguma coisa, mas quase 30 anos de prática da arte da persuasão me fizeram ter uma perspectiva absolutamente diferente.

PERSUASÃO NÃO É COERÇÃO

Persuadir não é fazer com que alguém aceite sua maneira de pensar vencendo-o pelo cansaço. Como diz um provérbio: "Pode-se levar um cavalo até a água, mas não se pode obrigá-lo a beber." Persuadir alguém a beber de sua água é uma arte. Você persuade uma pessoa de algum assunto relevante por meio de suas afirmações consistentes, suas perguntas, seu comportamento, autenticidade e experiência, levando-a a chegar à conclusão por conta própria. Você abre caminhos rumo a um destino predeterminado, até mesmo cortando rotas de fuga, de modo que se a pessoa simplesmente se mantiver andando, procurando, falando, fatalmente chegará aonde você quer, ainda que pense ter sido dela a decisão o tempo todo.

A verdadeira engenhosidade da arte da persuasão consiste em ensinar sem que seja possível a ninguém identificar quem é o professor e quem é o aluno.

PERSUADIR NÃO É DEBATER

A despeito da opinião popular, das fileiras dos melhores debatedores não saem os melhores políticos ou advogados, e certamente eles não são os melhores em persuadir. Debater é ciência. Persuasão é arte. Em um debate, você consulta o relógio para saber quando é sua vez de falar. Na persuasão não há relógio, mas uma capacidade de perceber uma brecha e, mais ainda, de sentir o momento de aproveitá-la. Debater é para quem fala melhor.

Persuadir é para o melhor ouvinte. Ted Cruz poderia ser considerado muito habilidoso em debates, assim como Elizabeth Warren [ambos são senadores pelos partidos Republicano e Democrata, respectivamente]. Eles estruturam seus argumentos de uma forma que poderíamos qualificar de científica. Parecem ter domínio sobre os fatos e serem confiantes em suas virtudes retóricas.

Alguns dos membros do Congresso que considerei mais persuasivos não sairiam vencedores de concursos de debates, aliás, nem se inscreveriam em um. Kevin McCarthy era persuasivo, porque eu sabia que ele seria sincero sobre a legislação que discutíamos, ainda que isso significasse que eu não poderia votar do jeito que ele queria. John Ratcliffe era persuasivo, porque estava disposto a avaliar a possibilidade de que talvez houvesse uma maneira melhor de alcançar um objetivo comum. Elise Stefanik era persuasiva graças à sua humildade, empatia e autenticidade. Peter Welch era persuasivo por ser um ótimo ouvinte, atento e comprometido. Jim Himes era persuasivo porque cedia quando devia ceder, procurando por vontade própria pontos de concordância.

No tribunal, eu não temia os advogados de defesa mais inteligentes, nem os mais estrepitosos e vibrantes. Não temia os advogados de defesa que pareciam conhecer melhor as regras de qualificação das provas; temia os que se conectavam ao júri em um nível pessoal levando-os a crer que nunca os enganaria intencionalmente. Eu temia os advogados de defesa que tinham um senso inato de saber quais eram exatamente as perguntas dos jurados, mesmo que estes não conseguissem verbalizá-las. Entre habilidade e autenticidade, escolha a autenticidade. Entre a superioridade técnica e a simpatia, escolha a simpatia. Entre o debate e a persuasão, opte pela persuasão.

PERSUADIR NÃO É DISCUTIR

Conheço muita gente que é boa em discutir. Mesas de refeição com tudo para proporcionarem ótima ocasião para conversas agradáveis podem virar uma zona de guerra, porque essas pessoas gostam de discutir, de argumentar. De suas bocas saem declarações afirmativas uma após a outra, com frequência em alto e agudo bom som, e muitas vezes interrompendo a pessoa com quem pretendem se comunicar. Discutir não é persuasivo — é, simplesmente, discutir. Discussões não podem ser vencidas, nem foram planejadas para serem vencidas. Foram concebidas para inflamar e, embora seja inevitável tê-las na vida, não deveriam ser minimizadas. O que é desejável, e de potencial muito mais duradouro, é aquele tipo de comunicação capaz de mudar quem dela participa.

Sei o que é chamado de "argumentos finais" no tribunal. Mas creia em mim: tendo feito isso inúmeras vezes, digo que não há nada de argumentativo na sustentação final. É o puro transcurso de uma narrativa. Você está procurando fazer com que pessoas que não o conheciam, ou uns aos outros, cheguem a um consenso, ainda que em meio à negatividade e dor. Eles não querem gritos; querem ser adulados. Não querem lições; querem um arrazoado. Eles não querem que lhes digam o que fazer (as pessoas reagem instintivamente a isso); querem ser conduzidos por alguém em quem confiam, para ir em uma direção que já pensam seguir, ou mudar de rumo com base em fatos e lógica.

Há uma grande diferença entre poder e influência. Você pode ter o *poder* de obrigar seu filho a ficar em casa na sexta-feira à noite. A *influência*, no entanto, pode funcionar ainda melhor e com resultados mais perenes (e fazer com que seus filhos — olhe só — realmente *gostem* de você).

Enquanto vivermos, os argumentos nos encontrarão. É algo impossível de evitar. Às vezes, apenas estamos em um dia ruim ou a pessoa com quem estamos nos comunicando está dificultando muito nossa vida. Porém, na medida em que substituímos o argumento pela persuasão, aprimoramos nossa comunicação e o cotidiano flui bem melhor. Quer seja para levar alguém a ter um novo ponto de vista sobre algum assunto, ou convencer um colega de trabalho cético sobre um projeto seu, ou fazer a pessoa no avião ceder o lugar dela para que sua esposa se sente a seu lado ou, ainda, para levar seus pais a reconhecer que, sim, Bono é realmente um poeta, a vida real proporciona diariamente oportunidades a rodo para a prática da persuasão.

A PERSUASÃO É INCREMENTAL

Pense na persuasão como uma mudança. Como movimento. Pense nela como algo incremental. O nível em que isso se dá, e que pode ser eficazmente medido, é tópico para mais tarde (para ser exato, no Capítulo 5), mas por ora apenas assimile que o caráter da persuasão é de migração para um lugar diferente.

Conversões em massa ocorrem — e talvez sejam objeto de atenção desproporcional —, mas são raras. Há exemplos de pessoas que abandonam um conjunto de profundas convicções religiosas por outro muito distinto. Há exemplos de progressistas se tornando conservadores e vice-versa. Há exemplos de vira-casacas, torcedores de um time de futebol norte-americano que passam a torcer por outro, mas só consigo pensar de um em minha vida e que, infelizmente para mim, foi meu pai, que de uma hora para outra trocou o America's Team pelo Washington.

Haverá mais sucesso em pequenas mudanças, movimentos leves, puxões e empurrões sutis.

Persuasão é conseguir levar a esposa a um evento esportivo em vez de ir ao cinema assistir uma comédia romântica. Persuasão é garantir que, se a família concordar em incluir canais esportivos na assinatura de TV a cabo, também concordaremos em incluir canais de filmes. Persuasão significa fazer seu chefe lhe dar um bônus para recompensar seu trabalho árduo, em vez de um pequeno aumento de salário por seus longos anos na empresa. Persuasão é o que faz seu filho adolescente chegar em casa às 22h da noite em vez das 23h, porque tem muita coisa para fazer no dia seguinte. Nosso cotidiano é constituído de situações como essas. Pequenos movimentos incrementais que levam da neutralidade para uma nova posição, de uma posição anterior para outra, ou simplesmente olhar uma questão familiar de um modo ligeiramente diferente.

No ambiente político atual, os movimentos são, tipicamente, pouco expressivos. Persuadir de maneira absoluta é algo muito difícil. Há exceções dignas de nota, mas a capacidade de persuadir é restrita, em parte devido à pequena disposição para ser persuadido.

Kyrsten Sinema, uma senadora progressista pelo Arizona, é uma democrata dos pés à cabeça. Também é notável por ser persuasível. Quando ambos estávamos no Congresso, a senadora Sinema vinha me encontrar no plenário, sentava-se a meu lado e dizia: "Estou avaliando este projeto de lei. Vamos conversar a respeito." Sua indecisão era genuína e ela estava disposta a levar argumentos opostos em consideração. E, por outro lado, esperava ser ouvida sem preconceito ao dar sua visão sobre um assunto. Havia um punhado de outros congressistas dispostos a persuadir ou ser persuadidos. Não era algo comum (mas era revigorante).

Nos corredores do Congresso, o potencial para mudanças de porte na política é mínimo e é provável que seja igualmente mínimo nos corredores de sua própria casa, se o assunto for de natureza claramente política. Um exemplo é a necessidade de educação, com a qual a concordância é geral entre todos, pais e filhos. O consenso, entretanto, se esvai rapidamente quando são postas sobre a mesa as questões envolvendo igualdade de acesso, definição do currículo e gratuidade do ensino universitário (sem contar definir o que significa "gratuidade"). Conversas sobre educação, vinculadas a fatos e civilidade, podem e devem ocorrer, mas a persuasão é reconhecidamente mais difícil quando a questão passa da educação em si para quem pode pagar por ela: nesse ponto, entra-se no campo da política.

Na vida real, persuadimos as pessoas o tempo todo, quer tenhamos ou não ciência disso. *Vamos ou não comer fora esta noite? Passear pela cidade ou pelo interior? Comprar um gato ou um cachorro? Dá para você (finalmente) aparar a grama do jardim? Que bela canção, quer ouvir?!* Digamos que é bem mais difícil mudar de opinião sobre a reforma criminal.

Ao tentar persuadir uma pessoa sobre um assunto do qual ela já tem uma posição firmemente assentada, urge reunir os fatos envolvendo a questão, conhecer o público a quem você se dirige e o que é importante para ele. Tim Scott apresentou fatos e provas capazes de colocar em xeque minha posição e, por saber qual era meu pensamento quanto à reforma criminal, viu-se na condição de, sutilmente, fazer perguntas que continuaram a me desafiar nesse assunto. Ele me comoveu com autenticidade, a melhor e, possivelmente, a única maneira de persuadir.

O mundo será um lugar mais silencioso e menos hostil se trocarmos a vontade de gritar pela vontade de sermos ouvidos, se abdicarmos do desejo de vencer discussões em prol da vontade de comover quem deseja discutir, e se reservarmos a nós mesmos algumas das perguntas mais difíceis que possamos imaginar.

CAPÍTULO 3

CONHEÇA O OBJETIVO, CONHEÇA OS FATOS, CONHEÇA A SI MESMO

O JÚRI DE 30 MINUTOS

Dana Satterfield era uma esposa e mãe jovem e bonita. Tinha um salão de beleza em Roebuck, na Carolina do Sul. Sempre atarefada, era muito querida por sua família e clientes.

A primeira imagem de Dana que vi foi seu corpo sem vida, nu e pendurado pela alça de uma sacola de cosméticos no alto de um aquecedor de água no banheiro de sua casa móvel, onde o salão funcionava.

Ela foi morta em julho de 1995. Passaram-se cerca de dez anos sem que o caso fosse solucionado. Ainda me lembro perfeitamente do dia em que o delegado Chuck Wright me ligou para dizer que, após todo esse tempo, finalmente estavam em condições de efetuar uma prisão. "Trey, você está sentado?", perguntou ele. Eu não estava. Naquele momento estava fora da cidade, jogando golfe com alguns amigos em um torneio. Mas meu amigo delegado nem me deu chance de sentar antes de gritar no telefone: "Vamos fazer uma prisão pelo assassinato de Dana Satterfield!"

Em 1995, quando Dana foi morta, nem Chuck Wright era o delegado nem eu o procurador, mas qualquer pessoa viva do interior da Carolina do Sul naquela época sabia do caso. Após a descoberta de seu corpo, a repercussão na mídia foi intensa. As mais delirantes teorias sobre o autor do crime começaram a surgir, incluindo seu próprio marido e rumores de que teria sido uma autoridade local. Infelizmente, assassinatos não são coisa rara. Mas, e o assassinato de uma jovem mulher em sua casa e local de trabalho, em uma parte modorrenta da cidade como aquela, às margens de uma rodovia? Isso era raro. Quanto mais tempo o caso permanecia sem solução, mais os rumores se espalhavam por nossa cidade natal, e maior se tornava o pesadelo pelo qual a família dela passava.

Jonathan Vick foi preso pelo assassinato de Dana. Na ocasião, ele tinha uns 17 anos — um aluno do último ano do ensino médio. Ele não tinha ficha criminal e seu DNA fora encontrado no local. Por quê? Por que razão esteve lá? Eles se conheciam? Como o advogado de defesa lidaria com o fato de que na época Dana e o marido tinham desavenças conjugais? Onde se encontrava a vendedora de porta em porta de fora da cidade, que dissera ter visto alguém fugindo do salão na hora do assassinato? Seria possível localizá-la dez anos depois? Ela ainda estaria viva? O que fazer com as centenas de indícios e inúmeros outros suspeitos que haviam sido investigados com variados graus de sucesso? E, mais que tudo, como superar a anotação nas fichas da investigação feita pelo principal detetive encarregado, segundo a qual "Jonathan Vick não cometeu este crime"?

Todos nós já vimos pessoas de quem gostamos ficarem obcecadas por alguma coisa. Obcecadas em entrar em uma certa faculdade. Obcecadas romanticamente por uma pessoa. Ou por um determinado emprego, automóvel ou relacionamento. A linha que separa persistência e obsessão é tênue. Se há algo pelo qual a obsessão é compreensível, seria buscar justiça para uma jovem mãe assassinada em seu local de trabalho por um estranho de 17 anos de idade.

Entre a prisão e o julgamento, marcado para o outono de 2006, um ano se passou. Durante esse período examinei cada fato isolado que pudesse estar relacionado à Dana e ao caso. E dediquei ainda mais tempo para antecipar o que a defesa faria para defender Jonathan Vick.

Nessa ocasião, em meados da década de 2000, lembro-me de que, no verão, meus pais levavam a família toda para passar uma semana na praia. Meus filhos, que tinham entre 9 e 13 anos, adoravam brincar na praia, enfrentar as ondas e construir castelos de areia com a mãe. Era como se a mãe deles, minha esposa, fosse novamente solteira naquela semana. Claro, eu estava fisicamente lá, mas não *de verdade*. Estava afundado até o pescoço no monte de material que levara comigo a fim de fazer um bom trabalho para Dana Satterfield e sua família mais à frente, no outono. Nunca trabalhei tão arduamente em um caso como fiz no de Dana. Em parte, porque sabia que a defesa jogaria a culpa no marido dela, e não há nada pior do que perder a esposa e ainda ser culpado por seu assassinato. Em parte, pelos filhos de Dana, em especial Ashley, agora uma jovem mulher e cuja vida fora dominada, desde que conseguia se lembrar, pelo assassinato não resolvido da mãe. Porém, trabalhei duro para Dana principalmente porque gostaria que alguém fizesse o mesmo caso com uma pessoa querida, que tivesse sido vítima de um assassinato atroz, sendo agredida, parcialmente despida e colocada pendurada em um aquecedor de água.

Fiquei obcecado. Passava horas atrás de toda informação que pudesse obter. Cada vez que estava dirigindo, cada caminhada pelo campo de golfe, cada momento livre, meus pensamentos se voltavam para os fatos, em reflexões de como me preparar para apresentá-los e antecipar todos os possíveis contra-argumentos, saber de antemão cada palavra dita pelo advogado de defesa ou pelo próprio réu, preconcebendo a resposta ou refutação.

Questionava por horas a fio:

O DNA de Vick estava no estômago dela e em nenhum outro lugar: como fora parar lá?

Vick alegará que foi uma prova plantada ou que houve um erro no processamento da cena do crime? Diria que era um cliente e o DNA fora deixado em uma visita anterior? Ou que fizera sexo consensual com ela e que o "verdadeiro assassino" deve ter entrado mais tarde?

No que se refere às dificuldades conjugais, como lidar com isso? Minha convicção era que o marido era inocente. Estava convencido de que, por ser um homem corpulento, não havia como ele sair pela pequena janela de uma casa móvel como fizera o assassino. Mas como convencer os jurados e fazer isso de maneira respeitosa, mas minuciosa e sincera? Haveria perguntas delicadas para o marido de Dana. Como fazer perguntas difíceis sem torná-lo antipático? E como faríamos isso de cara, ao longo do julgamento, de modo a fazer com que o júri não acreditasse que escondíamos alguma coisa? Normalmente, é melhor, como promotor, antecipar-se ao advogado de defesa no levantamento e trato de informações potencialmente espinhosas, pois isso aumenta a confiança do júri. É como tirar um peso das costas, mas como fazer isso naquela situação?

E quanto às impressões digitais? As de Vick não foram encontradas em lugar algum do salão de beleza. Promotores e policiais sabem que nem todo mundo deixa suas impressões digitais ao tocar em alguma coisa, e que algumas das impressões podem durar bastante tempo. Entretanto, os jurados, em média, assistem programas de TV como os da franquia *CSI*, nos quais a técnica forense é privilegiada. Esta é a expectativa deles: provas forenses. Assim sendo, como atender a essas expectativas ou lhes explicar a diferença entre uma série de ficção e a vida real?

E os pelos? O que dizer sobre eles? Os pelos encontrados em Dana não "batiam" com os de Vick. Qual o significado disso? Ela teria levado suas roupas para uma lavanderia? Isso explicaria os pelos? Tal fato viria ao encontro da tese da defesa de que houve problemas conjugais e, portanto, abrindo a possibilidade de acusação de outros eventuais assassinos com motivo? Os pelos encontrados na vítima precisariam ser analisados, mas de que maneira? Tratava-se de algo de singular dificuldade de explicação, ou seja, a presença de pelos em Dana quando eles não eram de Jonathan Vick.

Lembro-me nitidamente de estar sentado na varanda da frente daquela casa de praia olhando a todo instante as mesmas fotos da cena do crime. *Tem alguma coisa aqui, só preciso descobrir.* Enquanto isso, os dois promotores que atuavam comigo no caso — Barry J. Barnette e Cindy S. Crick — faziam o mesmo. O olhar de Barry era o de um cientista, algo de que eu precisava, pois penso como um artista. Cindy era excelente em ambos os quesitos. Precisaríamos de Cindy com essa sua habilidade no tribunal se a linha da defesa seguisse o caminho do sexo consensual entre Vick e Dana antes que o "verdadeiro assassino" aparecesse. Segundo as fotos da cena do crime, e também pela autópsia forense, descobrimos que Dana estava menstruada por ocasião de seu assassinato. Poderíamos convencer um júri de que aquele não seria o momento no qual uma jovem mãe casada, durante a menstruação, transaria com um cliente de 17 anos em sua loja, no chão de um banheiro?

E, então, eu vi. Nas fotos do chão do banheiro, tiradas pela polícia na noite do crime. O banheiro ficava no outro lado do salão onde ela fazia os cortes de cabelo das clientes. A imagem do corpo dela estava no alto da fotografia, mas meus olhos foram atraídos para a parte de baixo. Bem perto da porta. Fios. Fios de cabelo. Mas não vindos dos cortes de cabelo que se espera encontrar em um salão de cabeleireiro. Eram o que se esperaria encontrar no chão de um banheiro aberto aos clientes. Pelos públicos. Eu tinha uma explicação pela qual pelos pubianos não provenientes de Vick estavam no corpo nu de Dana. Eles eram difíceis de ver. A foto precisaria ser ampliada para poder ser utilizada no julgamento. Mas eles estavam lá, e eram a resposta para o aspecto mais intratável do julgamento que enfrentaríamos. A vítima foi arrastada pelo chão do banheiro até o aquecedor de água e os pelos pubianos encontrados nela vinham daí. Não eram do assassino. Eram pelos que foram grudando em seu corpo conforme o assassino a arrastava pelo chão.

Eu tinha certeza de que Jonathan Vick havia matado Dana Satterfield. Mas sabia também que não era nada comum que o primeiro crime cometido por jovens de 17 anos de idade fosse um assassinato. Por que, então, ele fizera aquilo? O que estávamos deixando passar que explicaria que a primeira incursão dele na criminalidade foi o assassinato violento de uma jovem mãe?

E o que pensar daquela anotação nos arquivos do caso? *Jonathan Vick não cometeu esse crime.* Essa era uma afirmação decisivamente conclusiva. E não viera da mãe do réu. Viera da pessoa responsável pela investigação. Como faríamos para demonstrar o quão errado estava aquele investigador?

E quanto às inúmeras outras pistas perseguidas durante os últimos dez anos? A polícia entrevistou um bocado de pessoas que poderiam dar informações a respeito do caso. Até falaram com Vick, mas não o consideraram suspeito. Como explicar tal meticulosidade da investigação sem suscitar a dúvida razoável de que talvez alguém entre aqueles outros "suspeitos" realmente possa ter sido o assassino? Afinal de contas, o principal investigador encarregado escreveu que Vick não era o assassino!

O júri deliberou em menos de 30 minutos. Nem mesmo o bastante para uma refeição ou pausa para fumar.

Um veredito tomado pelo júri em menos de 30 minutos pode significar que o ano que passei imerso no caso de Dana Satterfield não era necessário. Trinta minutos podem significar que por mais de um ano me preocupei sem motivo. Ou, quem sabe, tenha sido justamente o contrário. Talvez porque levei um ano de minha vida estudando, preparando, antevendo e me detendo em cada aspecto, cada contraponto, durante cada banho, cada caminhada e enquanto dirigia, talvez por isso o júri precisou de menos de 30 minutos para chegar à conclusão, dez anos depois, que Jonathan Vick realmente assassinou Dana Satterfield.

Jonathan Vick foi considerado culpado e condenado à prisão perpétua.

O caso do assassinato de Dana Satterfield não foi ganho na sustentação final diante do júri. Ocorreu meses e meses antes. Um período de tempo em que três promotores deixaram suas vidas em suspenso, dedicando-se a saber mais sobre o que se passou na última noite da vida dela do que quaisquer outras pessoas, e se preparando para apresentar isso da maneira mais eficaz possível a 12 cidadãos que nada sabiam sobre o caso.

Você sabe do que está tentando persuadir alguém? Sabe *realmente*? Conhece a questão em pauta? Estudou-a minuciosamente, examinou cada aspecto dela e ponderou os prós e contras em sua mente? Caso queira, de verdade, levar as pessoas a uma nova maneira de pensar, não basta saber com exatidão o que espera realizar com seus esforços persuasivos, mas também conhecer a fundo a questão, o padrão factual ou a crença que deseja incutir.

Quem mora ou trabalha comigo conhece meu ditado favorito. O corpo deles se encolhe, pressentindo quando estou à beira de citá-lo pela trilionésima vez: "O acaso favorece a mente preparada." Concordo com Louis Pasteur, o autor dessa frase. Raramente, algo apenas acontece. Raramente, você apenas dá "sorte" em alguma coisa. A vida recompensa a preparação. Não se trata de uma garantia de sucesso; no entanto, é a melhor estratégia para evitar o fracasso. E como se começa a fazer isso? Reunindo os fatos.

VÁ DIRETO AOS FATOS

Um fato, por definição, é algo que realmente existe e essa existência é objetiva. Às vezes, os fatos podem ser provados. Mas nem sempre (o que é frustrante, mas verdadeiro). Um fato que não pode ser provado afeta negativamente sua capacidade de persuasão, mas ele existe apesar disso. Então, quais são os fatos? Você consegue distinguir fato de crença? Fato de opinião? Fato de teoria? Fato de sentimento? Crenças, teorias e sentimentos são componentes da vida, mas o elemento fundamental, decisivo para estruturar um argumento ou posição vitoriosa são os fatos.

No caso de que seu objetivo seja persuadir, você necessita ter controle absoluto sobre os fatos. Você percebe a distinção entre o que você *pensa* sobre as alíquotas dos impostos dos *fatos* sobre as alíquotas dos impostos? É capaz de distinguir o que acredita sobre formar-se em sociologia a partir dos fatos, daquilo que os formados em sociologia podem ou não fazer com o diploma na mão? Sociologia é uma ótima área de estudo e especialização. Contudo, se alguém em sua vida disser que "graduados em Sociologia saem-se melhor que os graduados em direito", pode-se saber se isso se comprova observando os fatos. Se alguém disser acreditar que "a sociologia o prepara melhor para a faculdade de direito", trata-se de uma boa crença, mas essa crença estaria subordinada a *fatos*, quaisquer que sejam eles. Se alguém disser que acha que "os formados em sociologia vão bem na faculdade de direito", essa é uma expressão muito boa para definir sua emoção, mas não importa o quanto a pessoa "sinta" isso, ainda está subordinada aos fatos e eu argumentaria até mesmo estar subordinada a uma crença. Então, você transita em meio aos fatos? Examina a fundo sua posição ou crença antes de declará-la? Como faz isso? Como investiga sua posição antes de assumi-la?

Quando eu era mais jovem, e falando francamente, a maior parte do que acreditava devia-se ao que meus pais ou algum outro adulto me disseram para acreditar. Meus pais são pessoas inteligentes e sensatas, então parti da presunção de que aquilo que me transmitiam tinha, no mínimo, boa intenção, ainda que baseado em crença, emoção ou modo de pensar, em vez de fatos. Meu pai é médico e essa vocação é centrada em fatos, e isso era muito relevante na fundamentação de quaisquer posições que ele viesse a assumir. Além disso, ambos, meu pai e minha mãe, também são conservadores e ligados em questões espirituais, algo que mescla fato, crença, pensamento e emoção. Todas essas coisas são dignas de ser avaliadas, consideradas e reorganizadas. Contudo, ao me tornar adulto, me dei conta de que, para mim, os fatos eram mais fáceis de atestar ou refutar. Assim, preferi me concentrar neles.

Em 1650, Oliver Cromwell, implorando à Assembleia Geral da Igreja da Escócia para que esta se liberasse da promessa de lealdade à causa monarquista, disse: "Suplico-vos, nas entranhas de Cristo, que penseis na possibilidade de estardes equivocados."* Em outras palavras, considerar a possibilidade remota de estar enganado. Não sei quanto a implorar nas entranhas de qualquer coisa, mas seja como for é um conselho ao qual não se pode ficar indiferente. Com que frequência reavaliamos nossas posições? Com que frequência levamos em conta uma nova informação em nosso processo de tomada de decisão? Um simples fato pode, às vezes, alterar completamente nossa perspectiva ante um determinado problema.

Saber que alguém bateu em outra pessoa pode levar você a uma conclusão. Se for acrescentado o fato de que foi em legítima defesa, você pode chegar a uma conclusão diferente. Se a essa situação for acrescentado o fato de que a pessoa que bateu o fez para defender uma criança, provavelmente você concluiria algo muito diferente. Os fatos repercutem nas conclusões. A menos que os fatos sejam todos conhecidos e processados, sempre haverá fatos a serem descobertos: é preciso, então, continuar a descobri-los.

---

* Thomas Carlyle, ed; *Oliver Cromwell's Letters and Speeches*, vol. 1 (Nova York: Harper, 1855), 448.

Tenho um processo que implemento em mim mesmo toda vez que estou prestes a declarar um fato ou externar um ponto de vista. Vale a pena considerar se esse processo ou paradigma pode funcionar para você também. Se não, crie o seu próprio. Porém, o importante é ter um processo para chegar a uma conclusão e saber o que espera realizar a partir dela.

A primeira coisa que faço é me perguntar: *O que eu sei?*

Depois: *Como eu sei?*

Por fim: *Quais são os limites de meu conhecimento?*

Isso também é válido para as crenças.

Em que eu acredito?

Por que acredito nisto?

Que outras opções considerei?

Vejamos uma determinada questão, nos EUA, em que pessoas razoáveis podem divergir e efetivamente o fazem: créditos fiscais para pais que querem transferir seus filhos de uma escola pública para uma particular. O que você conhece sobre esse assunto? Quais são suas fontes de informação? Que evidências mostram que a escolha das escolas é melhor para os alunos? Qual é o impacto do crédito tributário nas escolas públicas? Você vê as escolas públicas como um bem do qual a comunidade em geral se beneficia, independentemente de participar ou não delas? Se você tem uma conclusão sobre esta versão de escolha da escola, tem uma conclusão sobre se esse crédito fiscal deve vir como uma adição ou substituto de alguma coisa? Em outras palavras, se você escolhe mandar seu aluno para uma escola particular, seus impostos ainda devem ir para a escola pública ou receber um crédito na base de um por um para enviar seu aluno para onde quiser? Se é melhor para seu aluno, é melhor para outros alunos? É melhor para a comunidade em geral? Essa responsabilidade é sua?

Não tenho uma posição fechada sobre essa questão. Compreendo os dois lados dela. Meu melhor amigo na política, Tim Scott, estudou o assunto à exaustão e é apaixonado por questões envolvendo escolha educacional. Minha melhor amiga na vida, Terri, é professora do primeiro ano de uma escola pública. Eu talvez seja tendencioso em alguma medida devido à influência de Terri, mas me esforço para tratar dos fatos de forma objetiva e com isso extrair deles conclusões razoáveis.

Nossa geração tem poucas desculpas para não reunir fatos. Poucas mesmo! A informação está ali, facilmente disponível em nossos malditos celulares! Vai longe o tempo em que nossos pais atualizavam periodicamente as enciclopédias. Ir necessariamente às bibliotecas públicas à procura de informações é coisa do passado. A informação está nas pontas dos dedos. Instantaneamente.

Dissertações. Estudos. Trabalhos acadêmicos. Livros didáticos. Fontes respeitáveis. Relatos em primeira mão de especialistas. Tudo isso disponível para acesso imediato. Nunca foi tão fácil encontrar fatos. Discernir entre o que é ou não factual pode ser um desafio, mas investir tempo para separar uma coisa da outra não é um preço exagerado a pagar, se o objetivo for comunicar-se de maneira eficaz e com precisão. Tudo que se precisa ter à mão são acesso à informação e mentalidade cética.

Não é incomum que duas pessoas, após observarem com toda a atenção um mesmo conjunto de fatos, tirem conclusões completamente diferentes. Essa é, precisamente, a razão pela qual é necessário cultivar a arte da persuasão. Se diante da totalidade de fatos todos tirássemos as mesmas conclusões, não teríamos um país, comunidade ou família divididos ao meio. Coletar informações e comunicá-las eficazmente não são algo fácil de fazer, uma não implica diretamente na outra. Todos conhecemos pessoas especialistas em suas áreas de atuação que, apesar disso, não conseguiram nos persuadir a entrar em casa durante uma tempestade.

Fatos e persuasão não são uma identidade, e é bem provável que você não será capaz de persuadir e ser consistente nisso, se não tiver primeiro reunido as evidências necessárias. Causa frustração, é verdade, que muitas vezes existam "evidências" em ambos os lados de uma questão. É como adoro dizer à minha filha, Abigail: "Há evidências de que a Terra é plana, porque a parte em que estou certamente é." Sobram razões para que eu, obviamente, não goste de extrapolar esse tipo de evidência em um argumento convincente.

PARA TODOS OS EFEITOS

Muito bem: você tem seus fatos, tirou suas conclusões. Está pronto para conversar com alguém não familiarizado ou tão familiarizado com o assunto quanto você, mas cuja perspectiva é outra. E agora?

Agora é preciso que você se pergunte qual é seu propósito.

Antes de tudo, antes de perguntar qualquer coisa a alguém, é necessário submeter a si mesmo a um inquérito profundo e cuidadoso. Você quer:

1. Iniciar, alimentar ou apagar um incêndio?
2. Converter a pessoa à sua maneira de pensar?
3. Que a pessoa com quem fala tenha uma perspectiva nova ou diferente e concorde em dar outra olhada no assunto?
4. Chegar a um consenso sobre alguns pontos e discordar em outros? Em caso afirmativo, em quais pontos se dispõe a fazer concessões?
5. Só discutir, nada mais?

Se você não conhece seu propósito, quase certamente não o alcançará. Caso não saiba o que pretende realizar, provavelmente nada fará de produtivo. Então, o que você espera fazer? Educar? Converter? Persuadir com sutileza? Enfurecer?

Pois é, você conhece os fatos.

Conhece até mesmo seu propósito.

Agora conheça a *si mesmo*!

Como você estruturará sua argumentação? Iniciará brandindo seu melhor fato ou formatará um crescendo para colocá-lo no final, apostando no que os especialistas chamam de recência, uma crença de que as pessoas têm maior probabilidade de serem persuadidas por seja lá o que for que tenham ouvido mais recentemente. Pessoas muito mais inteligentes do que eu polemizam a questão sobre estruturar argumentos começando com o que tem de melhor ou deixá-lo para o final. Algo que quase todos lhe dirão é não enterrar seus melhores fatos ou argumentos no meio. De minha parte, lhe diria para começar primeiro com seu melhor fato. Em seguida, utilize seu terceiro melhor fato ou argumento, e guarde o segundo melhor para quando mais precisar. Essa é a abordagem que tento adotar. É um pouco como jogar cartas. Não se joga o Rei de Ouros se o Ás de Ouros já não tiver sido descartado, a menos que esteja em sua mão. Na persuasão, você tem o baralho inteiro e pode escolher as cartas, assim, o Rei e o Ás são seus. Comece com o Ás, siga com a Dama e segure o Rei se ou quando precisar de um fato tão bom que lhe permita responder ou virar o jogo.

O que você tem até o momento? Tem fatos — e uma noção de quais são os mais relevantes, mais atraentes e com maior capacidade de persuasão, e que foram priorizados com sabedoria. Além disso, antecipou fraquezas ou lacunas naquilo que conhece, pensou nos pontos e contrapontos, e tem um plano para defendê-los ou defender sua posição sem eles. E mais: você considerou seu propósito, seu objetivo e definiu o caminho que mais provavelmente o levará até lá.

Agora, finalmente, como saber se você já chegou lá? O sucesso está perfeitamente configurado em sua mente? Seu objetivo é reconhecível e evidente? Às vezes ele é muito claro, como no veredito em um tribunal, ou em uma eleição após a contagem dos votos. Na vida mundana, entretanto, é mais complicado definir o sucesso, pois, como vimos, persuasão é mudança e esta pode ser pequena. Se a intenção quando você conversar com sua filha adolescente for fazê-la concordar que piercings são uma perda de tempo e de seu dinheiro, isso pode ser mais difícil do que apenas esperar que as fotos das férias em família estejam prontas e à vista de todos. Caso seu objetivo seja fazer com que seu filho arrume a cama como um fuzileiro naval, eis um exemplo de uma meta alta. Meu objetivo sempre foi apenas fazer meu filho puxar um pouco as cobertas para que a mãe dele ao menos pensasse que ele se importava o bastante para tentar.

Espero que você seja capaz de guardar segredos, pois confesso que nunca fui bom em dar banho em meus filhos pequenos. E, por ser assim, e não gostar muito de fazer, tinha um objetivo diferente do que você pode imaginar quando, nos velhos tempos, Terri me pedia para ajudar. Meu objetivo era mostrar a vontade de ajudar concordando em fazê-lo, mas depois fazer um trabalho tão terrível que ela concluiria ser melhor deixar com ela. Ufa! Que alívio eu sinto ao confessar isso depois de tantos anos! Meu objetivo era "tentar", mas de modo a que a água estivesse por todo canto e as roupas das crianças encharcadas, porque não as coloquei longe o suficiente, ou então que o xampu ocasionalmente ficasse em seus cabelos e elas ficassem de olhos bem abertos como se tivessem tomado um expresso duplo e não estivessem em condições, na hora da história, de pegar no sono. Portanto, meus objetivos eram dois: comunicar cooperação e garantir que quase nunca mais fosse solicitado a "cooperar". Sucesso? Bem, sucesso foi ouvir Terri dizendo exasperada: "Sabe de uma coisa, é mais fácil eu mesma fazer isso." E eu: "Se você acha isso, querida, tudo bem. Mas fico feliz em ajudar."

Espero de coração que seu objetivo não seja tão abominável, aliás, duplamente abominável quanto o meu, porém, você precisa de um objetivo e uma maneira de medir o sucesso quando está persuadindo.

Embora eu não fosse bom com meus filhos quando crianças, fiquei mais útil conforme eles foram crescendo. É comum os jovens conversarem para discutir seus objetivos durante a transição para a idade adulta. Em que me devo me formar? Para qual faculdade de direito devo ir? Devo ou não procurar fazer parte de uma comissão no Congresso? Boas perguntas, todas elas, mas inverto a ordem. Onde você quer finalmente estar? Na cadeira de um juiz ou na de um deputado? Quer ensinar ou praticar a lei? Quer mais dinheiro ou mais tempo livre? Diga-me aonde quer chegar ou qual seu objetivo e, então, poderemos traçar um curso que o ajude a alcançá-lo. No caso da persuasão, dá-se o mesmo. Defina seu objetivo, conheça seus fatos e saiba o que é o sucesso: com isso fica muito mais fácil traçar o curso para chegar lá.

CAPÍTULO 4

CONHEÇA SEU JÚRI

PENSE COMO O JÚRI PENSA

Quando iniciei minha carreira jurídica, minha presença diante de um júri era de tal modo terrível que não tenho como expressar totalmente. A lembrança daqueles primeiros dias chega a doer. Eu ficava nervoso, sentia-me incerto sobre tudo. Tentava seguir um roteiro em vez de me envolver na arte de me comunicar com os jurados, cidadãos como eu.

  Meu primeiro julgamento, para piorar a situação, foi presidido por um juiz cuja reputação era de ser extremamente rígido e cruel a ponto de beirar a tortura: o honorável George Ross Anderson Jr., juiz do Tribunal Distrital dos Estados Unidos. Seu nome instalava o medo no âmago dos advogados em toda a Carolina do Sul. Antes de ocupar um posto na bancada federal havia sido um advogado de tribunal extraordinário em Anderson, na Carolina do Sul. Consequentemente, nutria expectativas muito, mas muito, altas de todos, em especial de seus ex-colegas advogados. E o que dizer especificamente de mim quanto a isso, já que eu fora seu assistente por mais tempo que qualquer outro? Os advogados são como filhos dos juízes. Não foi diferente com o juiz Anderson. Imagine-o como um pai observando o progresso de seus "filhos" na escola, não com um sorriso nervoso de alegria nos lábios, mas com um chicote em uma das mãos e um porrete na outra. Ele esperava muito de seus advogados.

Eu estava tão nervoso em sustentar meus casos diante do juiz Anderson que convenci minha esposa a dar à filha que estávamos esperando o nome dele em homenagem, esperando com isso tornar menos duras as consequências de quaisquer coisas estúpidas que eu provavelmente faria no tribunal. Essa é uma história verdadeira. Nossa filha chama-se Abigail Anderson Gowdy, em homenagem ao honorável George Ross Anderson Jr. Para ser franco, se minha esposa tivesse permitido, eu teria chamado nossa filha de "George" ou "Ross" apenas para dispor de alguma chance de atenuar os reflexos de um desempenho abaixo da crítica em um tribunal que ele viesse a presidir.

"Querida, podíamos chamar nossa filha de George", lembro-me de sugerir.

"Não, nem pensar", respondeu ela.

"Podemos ao menos falar sobre isso?"

"Foi o que acabamos de fazer e não há o que conversar sobre dar a uma menina um nome como George ou Ross."

"Bem, e que tal Juiz?"

"De jeito nenhum! Dá para você imaginar uma menina crescer com o nome de George ou Juiz?"

"E você, pode me imaginar tendo que trabalhar em casos na frente do juiz Anderson sem uma rede de segurança? Ela pode mudar seu nome mais tarde, se quiser, mas por ao menos alguns anos me ajudaria dizer ao juiz Anderson que 'nossa filha, George Ross Anderson Gowdy Jr, está dizendo oi!' Quero dizer, ela nem nasceu ainda. Ninguém vai zoar com ela até que ela chegue à pré-escola. A gente pode mudar isso mais tarde se por acaso George não for uma boa para ela."

A essa altura minha esposa não apenas já tinha saído do quarto, como também da pequena casa na qual morávamos. Fora um pouco demais até para casais recém-casados que discutem seja o que for de mente aberta! Ela concordou em usar "Anderson" como o nome do meio porque, avisada por seu travesseiro, sabia que minha vida estava em perigo ao defender casos diante do honorável George Ross Anderson, Jr.

Então chegou o dia do meu primeiro caso no tribunal dele. Foi pior do que havia antecipado. Eu olhava para sua bancada e via seus olhos fechados e a cabeça apoiada nas mãos. Rezei para que tivesse pegado no sono, mas não me iludi: a maioria das pessoas, quando está dormindo, não passeia os dedos pelos cabelos no alto da cabeça, e também não produz sons guturais como um chacal ferido.

Ao final do julgamento, o júri considerou o réu culpado. Nem sei como ou por quê. Mas foi apesar de meu desempenho como promotor e não graças a ele.

Recebi um recado do juiz Anderson para ir ao gabinete dele antes de deixar o tribunal. O fim se aproximava. Comecei a escrever um bilhete a minha esposa dizendo mais uma vez que a amava, e que ela deveria recomendar a nossos filhos não cursar a faculdade de direito.

A porta do gabinete se abriu e ouvi a palavra "AGORA!" gritada mais alto que o som de um furacão nível 5.

Caminhei em direção aos fundos do tribunal, passei por minha antiga mesa, onde me sentava quando trabalhei para ele e fiquei de cabeça baixa em seu escritório. Eu sabia que aquilo seria o fim da minha vida.

"Filho", ele começou, "eu cresci em Equinox Mill. Meus pais eram pobres e todos os que eu conhecia eram pobres. Cursei a faculdade à noite porque precisava trabalhar de dia. Trabalhei em três empregos para conseguir entrar na faculdade de direito. Já no seu caso, seu pai era médico. A vida não é aquilo que acontece em um campo de golfe. A vida, a vida real, se passa neste tribunal. Pessoas comuns, com esperanças, sonhos e medos comuns. Pessoas normais. Gente de todos os dias. Eu te amo, filho. Você tem a chance de ser bom, desde que aprenda algo sobre as pessoas. Vá para casa, agora. Sei que você não bebe, mas talvez seja bom para você parar em algum bar, algum dia. Fique lá, sentado, ouvindo as pessoas reais. Saiba como elas pensam, no que pensam e por que pensam daquele jeito. É lá que está o mundo real, filho."

O juiz Anderson estava certo, claro. Passei grande parte de minha existência convivendo com tipos semelhantes de pessoas. Entretanto, se você não compreende todas as pessoas — gente de diferentes origens, níveis socioeconômicos, crenças religiosas, experiências e modos de pensar — nunca terá condições de se comunicar eficazmente. Se você deseja se comunicar, tocar e, por fim, persuadir pessoas reais, precisa entender melhor a maneira como elas processam as informações, e se valer de uma linguagem apropriada, que lhes fale particularmente. É necessário encontrar as pessoas no lugar onde estão, não onde você está e não onde gostaria que estivessem.

Aprenda como as pessoas pensam. Aprenda o que as motiva. Aprenda o que as toca na alma. Aprenda o que as inspira. Aprenda o que as causa medo. Aprenda onde estão e como chegaram até lá. E também o que as faria mudar de posição. Lamentar preconceitos e noções preconcebidas é uma opção. Mas você pode, em vez disso, aceitar certas particularidades ligadas à natureza humana e começar a transitar por elas. O que as pessoas querem? O que almejam com paixão? O que entendem por significado e valor? Os júris são um coletivo, um conjunto de jurados que trazem consigo todos seus pontos fortes e fracos para o tribunal. Você os compreende melhor se comovê-los e o fizer de forma significativa. Está aí uma verdade, não importa qual for seu júri, dentro ou fora de um tribunal. Seja um estudante, sério e compenetrado, da natureza humana.

A propósito, o juiz Ross Anderson Jr. foi de fato tudo aquilo que eu disse. Era de causar medo nos que surgiam diante dele. Mas sua parcela de responsabilidade por até onde cheguei como advogado foi maior do que a de qualquer outra pessoa. Em termos políticos, ele foi ao longo da vida um Democrata que sempre se referia ao Partido Republicano com uma determinada imprecação, e das mais pesadas. Eu não gosto dela, então lhe pedi que não fizesse isso quando eu trabalhava para ele. Fui atendido. Ao menos quando eu estava presente. Amo aquele homem. Ele era complicado, de temperamento volátil, mas, se você fosse um dos seus, era para sempre. O pouco que aprendi sobre a natureza humana, e como esse é um fator que afeta a capacidade de persuadir, veio de um Democrata que dedicou seu tempo para ajudar uma ***** de um Republicano.

QUEM É SEU JÚRI?

O que você sabe sobre seu júri? Sobre as pessoas que compõem seu júri?

Poucos, entre nós, ficam diante de 12 de seus concidadãos tentando persuadi-los de um caso criminal. Porém, em sua vida cotidiana, você estará sempre rodeado por uma espécie de júri. Pode ser sua família. Podem ser seus parceiros de carteado. Podem ser seus amigos da igreja. Ou podem ser seus sócios, seus acionistas, seus clientes, inclusive aqueles que desejarão um dia ser seus clientes. Enfim, o júri pode ser qualquer pessoa com quem você tenta se comunicar ou fazer mudar de posição.

Agora, não estar à frente de um corpo de jurados não implica que aprender o que se passa lá, e as razões pelas quais o processo implementado é confiável, não seja útil nas tomadas de decisão sobre importantes assuntos da vida. Pense nisto: trata-se de um processo consistente, no qual se confia, aplicado em casos cuja condenação pode levar a penas duríssimas. Vale a pena saber como ele funciona, e aprender com isso para tentarmos defender direitos em situações como negligência médica, disputas comerciais, dissoluções de sociedades, difamação e atentado à honra, acidentes automobilísticos e reivindicações de seguros.

Se você for chamado para o serviço de júri, provavelmente isso será feito por uma intimação enviada pelo correio.

Ao comparecer no tribunal, o juiz começa a fazer uma série de perguntas cuja finalidade é determinar sua qualificação para ser um jurado. Qual é seu nível educacional? Sabe ler e escrever? Foi condenado por algum crime? Conhece os advogados, testemunhas ou partes ligadas aos casos nos quais pode ser chamado? Sabe algo sobre os casos? Esses seriam os "fatos" que discutimos no capítulo anterior. Se ouviu falar de algum "fato", tirou conclusões a partir deles? Mesmo que o tenha feito, é capaz de deixar de lado tais conclusões e ter uma mente aberta? Bem, isso seria difícil, não seria?! Ignorar algo em que acredita, pensa ou sente ser verdadeiro, para se concentrar tão somente nos fatos e evidências apresentados naquele julgamento específico? Nos livros didáticos, essa é a definição dada à "mente aberta". Começar do zero. Começar de novo. Limpar o quadro-negro tirando todos os rabiscos de giz. Você é capaz de fazer isso? Tem a disciplina intelectual para separar o que pensa que sabe daquilo que as provas o levam a concluir?

Difícil, não? Apesar do meu romance de toda a vida com o cinismo a respeito da natureza humana, fiquei recorrentemente surpreso com meus concidadãos e sua capacidade de serem objetivos e justos ao longo dessa importante fase de um processo de vital relevância. Você poderia ser justo e imparcial em um caso de violência doméstica se tivesse sido vítima em uma situação dessas? Você sempre acredita em certas testemunhas, ou nunca acredita em certas testemunhas? Você tem uma ideia preconcebida quanto à aplicação da lei, seja a favor ou contra? Poderia colocar esses conceitos já formados de lado e considerar apenas o relato extraído do banco de testemunhas?

O sistema norte-americano requer selecionar 12 pessoas que possam limpar a lousa, respeitar a máxima legal de presunção de inocência do réu e serem justas e imparciais. Há, no entanto, um equívoco quanto ao "voir dire" — o método de escolha dos jurados. Na verdade, não se "escolhe" um júri nos casos judicais; você "desescolhe" um júri. Os nomes das pessoas chamadas a compor um júri são submetidos a um processo de exclusão. Não se pode recusar alguém exclusivamente com base em raça, sexo ou idade, mas, ao lado de certas categorias legalmente protegidas, a ideia central é avaliar se as pessoas seriam jurados bons e justos. A escolha não recai naqueles que mais desejam servir como jurados. O que se faz é excluir aqueles que você não quer naquele júri em particular.

Vamos supor que entre as pessoas chamadas para eventualmente participar de um júri haja alguém que foi acusado de violência doméstica 11 anos atrás, mas absolvido das acusações. Você o colocaria como jurado em um caso de violência doméstica no qual está prestes a atuar? Precisa de mais fatos, não é? Digamos que não seja possível obtê-los. Com 30 minutos de exposição, e algumas páginas de um questionário padronizado, fica difícil avaliar as pessoas. Contudo, é assim que os júris são constituídos, escolhidos, ou melhor dizendo, "desescolhidos" no sistema judiciário norte-americano.

Não é provável que você se daria ao luxo de "desescolher" seu júri. Em uma festa de família, não há como impedir a presença de parentes ou conhecidos com quem você não tem afinidade.

Acontece muito estar vinculado a um júri sobre o qual não se tem controle, mas isso não o impede de utilizar as mesmas ferramentas analíticas para obter conhecimento sobre as pessoas que o compõem. Qual a formação deles? Há nas pessoas uma tendência geral de promover a justiça e manter a mente aberta? É possível entrar em acordo com um princípio mais amplo e abrangente, e daí começar a tratar das particularidades? Afinal, não são todos que abominam fuzilamentos em massa? Não são todos contrários a contas médicas exorbitantes que exaurem famílias e suas economias? Não é unânime ser a favor de dar oportunidade a um jovem de frequentar a universidade caso queira? Não estão todos de acordo que não se pode exagerar na punição de crianças que nem mesmo atingiram a idade legal de responsabilização? Você acabou de dar início (lentamente) a uma conversa ou reação a algumas das questões mais delicadas de nossos tempos: controle de armas, saúde, dívidas de empréstimos estudantis e imigração.

Resultados assim derivam do caráter intencionalmente não provocativo dessa abordagem, que visa, ao mesmo tempo, avaliar a pessoa com quem se está comunicando e entender a origem e as razões do seu modo de pensar. Tenho uma amiga bastante querida em Greenville, na Carolina do Sul, que leciona em uma universidade local e é muito ativa na política. Em qualquer padrão objetivo ela é classificada como conservadora, mas não é agressiva quanto a essa característica pessoal. Ela é genial, autêntica e as pessoas gostam dela. Em meus primeiros dias no Congresso, me reunia com líderes de grupos conservadores e a ala mais radical do Partido Republicano, o movimento conhecido como Tea Party. Contrariamente à mitologia popular, não fui o candidato do Tea Party em 2010. Mas, durante um recesso legislativo, fui o anfitrião de um almoço em que se falou de imigração para poder ouvi-los sobre o assunto.

As conversas ao redor da mesa variavam de posições de extrema direita às mais genéricas encontradas em câmaras de comércio nas quais se reúnem pequenos empresários do ramo de construção e paisagismo, cujas ideias preencheriam as mais diversas posições de um espectro "conservador".

Em dado momento, minha amiga disse que "recentemente, havia mudado de opinião sobre a imigração". Todos nos acomodamos melhor e prestamos muita atenção. Na verdade, ela dera uma volta de 180°. Nossa! Eis aí algo raro para alguém experiente no meio político e uma professora. Eu me perguntei o que poderia ter acontecido. Ela teria lido algum tratado, coletado indicadores importantes sobre demografia e o que os Estados Unidos precisavam fazer para o fato de que eram necessários mais trabalhadores? Teria conversado com fazendeiros locais que, embora conservadores sob qualquer ponto de vista, tinham muita dificuldade em convencer os norte-americanos a se prontificarem e aceitarem empregos na colheita de pêssegos, morangos e mirtilos? O que houve? Ela é uma acadêmica. Mal podia esperar para saber o que a fizera mudar de ideia...

"Conheci um casal na igreja", disse ela. "Eles amam este país. Este é seu lar, ainda que não legalmente. Não posso apoiar o deslocamento dessa família."

Foi isso. Aquela pessoa talentosa, inteligente e conservadora mudou de ideia em virtude de um relacionamento. Não graças a um livro, plataforma política ou candidato, mas graças a um casal em sua igreja.

Nem sempre se pode, é verdade, estabelecer políticas públicas com base em relacionamentos individuais ou em nossa experiência pessoal. Não deixa de ser ilustrativo, porém, do que foi necessário para persuadi-la. Além de ser um motivo bem revelador e que nenhum dos convidados para o almoço poderia adivinhar: foi um casal que mudou a opinião dela, não uma pesquisa ou debate.

De certa forma, todos somos prisioneiros do que experimentamos, conhecemos e vimos acontecer em nossas vidas. Apenas ouvindo a respeito de algo, é possível ter uma noção de quem, e o que, é seu júri. Há uma duplicidade nas pessoas: elas são simultaneamente simples e complexas. Nosso objetivo, no entanto, é sensibilizá-las para podermos nos comunicar com elas na esperança de uma eventual persuasão. Em um tribunal, podemos "desescolher" nosso júri, um luxo que nos é negado na vida real. É preciso acolher a complexidade e a simplicidade da experiência humana, e o melhor para isso é ouvir e procurar compreender como alguém chegou onde está.

A NECESSIDADE DE TER UMA MENTE ABERTA

Nos EUA, os júris cujo veredito pode chegar à pena de morte são ainda mais difíceis de constituir, pois, além de todos os aspectos que acabamos de examinar, há no crime de morte a questão adicional de qual é a punição apropriada caso o réu seja considerado culpado e de como eventuais circunstâncias agravantes qualificam o assassinato para uma potencial pena capital. Circunstâncias agravantes são elementos adicionais que levam um caso de assassinato a um caso de assassinato capital. Nos EUA, tais elementos diferem em cada estado da federação, mas em geral incluem o fato de que o crime de morte foi cometido durante a prática de outro crime, como roubo, ou cuja vítima foi um menor de idade ou envolveu tortura. Na Carolina do Sul os julgamentos são bifurcados, o que significa que há um primeiro julgamento no qual se verifica se o réu cometeu assassinato conforme definido legalmente no estado. Depois disso, o julgamento segue seu rito até o veredito. Se todos os 12 jurados, por unanimidade, e além de qualquer dúvida razoável, concluírem pela culpabilidade do réu, eles retornam ao veredito colocando essa posição. Em seguida, há um intervalo de 24 horas, denominado "período de reflexão", após o qual se inicia um segundo julgamento cuja finalidade é determinar se a punição adequada é a pena capital ou a vida na prisão sem direito à liberdade condicional.

A sentença de morte é um tema fascinante para ser debatido e discutido em tese. Já mencionei aqui que mudei de ideia sobre ele algumas vezes durante minha vida. Para a maioria das pessoas, é um assunto em que estão envolvidas questões como políticas públicas, espiritualidade, moralidade, economia e níveis de certeza. É algo complexo e, se a sentença for de fato cumprida, não há apelação. Já vi acontecer uma execução. Há uma dupla finalidade quando a sentença é executada. Você é lembrado da finalidade da morte na perspectiva da vítima e, em especial, da família da vítima, se decidirem comparecer. E a de lembrar você da finalidade de nosso próprio sistema de justiça para os condenados e da necessidade de acertar sempre, porque não há apelação em face de uma sentença capital.

Nos casos que envolvem a pena de morte, o júri é questionado da mesma maneira que nos demais crimes, mas há um algo a mais: cada jurado é interrogado individualmente pelo juiz e advogados do estado e do réu. Trata-se de um cidadão que se senta no banco das testemunhas e tem de responder a algumas das perguntas mais pessoais e de caráter investigativo que se pode fazer. Normalmente, são questões que não são da conta de ninguém e muito menos do governo. Não é, entretanto, algo comum de acontecer. O objetivo é verificar se o jurado está qualificado para julgar uma pessoa em um caso que pode ter como resultado a execução dela pelo governo estadual ou federal.

A seleção do júri começa com essa verificação. O jurado em potencial, sentado no banco de testemunhas, está nervoso: não conhece o procedimento e está prestes a ser inquirido sobre assuntos de ordem pessoal por alguém vestindo uma túnica preta e por estranhos formados em direito. Coloque-se, agora, na posição de juiz. O que você perguntaria? Por onde começaria? O objetivo nessa ocasião não é persuadir, mas obter informação. Sua preocupação é que a posição dos jurados em potencial quanto à pena de morte seja manifestada de maneira confiável, pois você dependerá das respostas a essas questões para decidir os que serão "desescolhidos".

Você poderia começar, talvez, deixando o jurado à vontade. "Senhor, ou senhora, não há resposta certa ou errada para a pergunta que vou lhe fazer. Basta que ela seja sincera. Não importa qual for, ninguém tentará convencê-lo do contrário. Precisamos apenas saber qual é sua posição, está bem? *Então, o que pensa, de forma geral, sobre a pena de morte?*"

Os jurados excluídos em casos de pena capital são de dois tipos: os que sempre escolheriam a morte e os que sempre escolheriam a vida. Se você acredita que tirar a vida de alguém é como se fosse tirar sua própria vida, não tem condições de servir como jurado em um caso que envolve a pena de morte. Dá-se o mesmo se você crê que a ninguém é dado o direito de tirar uma vida, inclusive ao Estado. Há muitas dessas pessoas. Trata-se de um assunto profundamente delicado para as pessoas, que se ressentem de uma maneira adequada de lidar com ele. No entanto, é indispensável manter a lousa limpa, a neutralidade, a capacidade de dizer sim *e* não. Se você não é capaz de dizer sim à morte, não importa quão hediondo seja o crime, como pode julgar com justiça um caso cujo veredito pode ser a pena de morte? Da mesma forma, se você acredita que todas as vidas são iguais e tirar uma é como tirar sua própria vida, então já tem uma decisão formada e não tem a objetividade necessária para servir em um caso de pena de morte.

Aprendi muito sobre pessoas ao julgar sete casos de pena de morte. Passei inúmeras horas entrevistando jurados em potencial sobre o que acreditam e por que têm essas crenças.

Esses relacionamentos abrem janelas para a alma humana, permitindo ver como a mente processa crenças, sentimentos e fatos.

PROMOTOR: O senhor acha que poderia decidir entre um sim e um não em um caso de pena de morte?

JURADO: Sim, provavelmente sim, mas não decidiria pela pena de morte em um caso, digamos, de roubo ou drogas.

PROMOTOR: Você entende que a pena de morte nem seria uma opção em um caso de roubo ou de drogas, não é? Teria que ser um caso de assassinato com circunstâncias agravantes.

JURADO: Então não há pena de morte por roubo?

PROMOTOR: Não, senhor. Não se pode condenar alguém à morte por roubo. O senhor poderia dizer sim à pena de morte para alguém dependendo do que acredita ser o certo e o errado?

JURADO: Não, eu só faria isso se uma criança fosse a vítima. Como se alguém matasse meu filho.

PROMOTOR: O senhor sabe que se alguém matasse seu filho, você não estaria neste júri?

JURADO: Não estaria?

PROMOTOR: Não, senhor. Não seria possível fazer parte de um júri se a vítima fosse um membro de sua família.

JURADO: Bem, eu poderia dar um sim se o filho de outra pessoa fosse morto.

PROMOTOR: Somente se a vítima fosse uma criança?

JURADO: Não, na verdade, não. Eu poderia fazer isso, talvez, se o assassinato não fosse, tipo, em legítima defesa.

PROMOTOR: O senhor sabe que a pena de morte não é aplicada por matar alguém em legítima defesa, não é? Matar alguém em legítima defesa nem mesmo é um crime, então não haveria veredito de culpado e, portanto, não haveria a audiência da sentença para que sequer fosse considerada uma punição.

E assim por diante, dias e dias tentando encontrar jurados que poderiam apenar ou não com a morte em função dos fatos. É isso o que se espera encontrar. Cidadãos de mente aberta que esperam e ouvem os fatos para só então esperar e decidir sobre a punição. Esse é o procedimento usual em todos os casos, com um complemento adicionado em casos de pena capital. Certamente isso deve nos fazer apreciar a absoluta necessidade de ter uma mente aberta em situações gerais de persuasão. É difícil, diria impossível, persuadir alguém não persuasível. Todos nós já tivemos conversas nas quais achávamos que seria melhor discutir com a parede. Pelo menos ela se manteria em silêncio.

A INFLUÊNCIA DA EMPATIA

Há uma razão pela qual se recomenda não julgar os outros, ao menos precipitadamente, até que nos tenhamos posto no lugar deles. E também há uma razão pela qual dizem que as pessoas não se importam com o quanto você sabe até que saibam o quanto você se importa com elas. Clichês são clichês por um motivo: são verdadeiros e resistiram ao teste do tempo.

A razão é a empatia. Poderosa, ela nos conecta. Uma boa analogia para ela é uma ponte. Uma ponte que se pode cruzar pelo resto da vida.

Miranda Aull era uma bela jovem. Tinha 19 anos de idade quando foi assassinada em 2002 por Jeremy Knight depois de rejeitar seus avanços sexuais. Para um promotor, uma das situações mais difíceis de enfrentar é encontrar-se com a família após um homicídio. Em tais momentos, na verdade, não há palavras adequadas que possam ser ditas a pais que perderam um filho, mas a reunião entre os promotores e os familiares é importante no sentido de que possam saber o que esperar do processo de justiça criminal.

Os pais de Miranda eram maravilhosos, muito amorosos. O pai, Eddie Aull, compareceu ao tribunal para nosso encontro inicial, que foi muito breve. Tenho a impressão que ele nem mesmo se sentou. Mas não esquecerei o que ele disse antes de ir embora. Ele disse que "não tinha certeza se um homem branco daria valor à morte de uma jovem afro-americana". No escritório havia meia dúzia de promotores em condições de assumir um caso de homicídio, porém, quando o Sr. Aull saiu, decidi designar alguém que daria valor à vida de sua filha e também ao luto dele e de sua esposa. Designei a mim mesmo.

No decorrer desse julgamento, houve de fato dois júris. Um deles eram os 12 homens e mulheres a quem caberia decidir o caso. O outro era o casal sentado na primeira fila, atrás da mesa da promotoria, observando para ver se nosso sistema de justiça atribuía valor à vida da preciosa filha deles. Ambos os júris tinham igual importância para mim. Um júri tinha que ser convencido, além de uma dúvida razoável, que Jeremy Knight assassinara Miranda. Já o outro só precisava ser convencido de que o sistema judiciário e seus vários componentes valorizavam a vida de sua filha.

Vi o Sr. Aull muitos anos mais tarde no estacionamento do correio. Abraçamo-nos como amigos. Em 2019, Jeremy Knight entrou com recurso no tribunal na tentativa de anular o veredito do júri e sua sentença de prisão perpétua sem direito à liberdade condicional. Estive no tribunal apenas algumas vezes desde que o deixara, em dezembro de 2010, mas voltei para aquela audiência.

Voltei ao Tribunal do Condado de Spartanburg não por ser uma testemunha indispensável naquele julgamento. Voltei porque queria que Eddie Aull soubesse que ainda valorizo a vida de sua filha. Agora não mais como promotor, que já não sou, mas como pai, pois ambos seremos sempre pais de filhas, não importa há quanto tempo uma filha nos tenha deixado. Queria que ele soubesse que, ainda que eu não pudesse sequer imaginar o que é perder uma filha, e rezo para nunca saber, posso respeitar o fato de que ele passou por uma experiência excruciante, algo que nunca vai deixá-lo, e por causa disso não poderia deixar-me também.

Quando eu era promotor, todo mês de dezembro havia um culto à luz de velas para as vítimas de crimes. Eram eventos planejados pelo delegado local e os advogados das vítimas com o propósito de reunir aqueles que perderam entes queridos. Eu comparecia. Às vezes dizia algumas palavras no culto, às vezes não. Ninguém jamais se recordará das palavras que pronunciei. Mas se lembrarão de que me importei o suficiente para estar lá. Não há palavras que possam ser ditas para pais que perderam filhos violentamente. Não há palavras para um marido que perdeu a esposa por causa de um motorista bêbado. Não há palavras para aqueles que esperaram anos e anos para que uma prisão fosse feita e que viveram essa angústia em todos os minutos. As pessoas não têm a expectativa de que você diga a coisa certa. Basta-lhes saber que você se importa o suficiente para ouvir e estar presente.

Então, sente-se.

Ouça as pessoas de verdade.

Saiba como elas pensam.

Saiba o que elas pensam.

Saiba por que pensam isto ou aquilo.

E depois, se for possível, sinta o que elas sentem.

É onde está o mundo real.

CAPÍTULO 5

CABE A VOCÊ O ÔNUS DA PROVA

VOCÊ TEM UM MINUTINHO?

Você agora está no caminho certo para identificar seu objetivo, seu propósito, sua meta final. Também conhece, ou está recolhendo, todos os fatos relevantes nos quais sua posição se baseia, e passou certo tempo analisando o outro lado da questão. E fez isso por dois motivos: (1) tornar-se melhor em comunicar seus objetivos e (2) considerar que, talvez, haja elementos ponderáveis na reflexão e avaliação externa de nossa posição. Você também tem uma noção bastante clara da pessoa ou grupo que está procurando sensibilizar, persuadir ou convencer. Resumindo: você sabe quem é seu júri e passou algum tempo avaliando o que pensam e o que os motiva.

E agora?

Agora chegou o momento da sintonia fina. É a hora de avaliar o quanto seu objetivo é viável, determinando seu grau de dificuldade. Quão convincente é preciso ser? Quanta persuasão é suficiente para fazer com que uma pessoa vá da posição em que está para aquela que você deseja? Chame isso de ônus da prova. Ou de padrão probatório. Ou ainda de "Quão bom preciso ser?" Mas, seja lá como chame, a questão é a seguinte: *De quantas provas e quantas defesas precisarei para ser vitorioso e alcançar meu objetivo?* Casar o ônus da persuasão ou da prova com seu objetivo final é fator-chave para o êxito. Para a maior parte de nós, isso é intuitivo. Quanto maior o contencioso, maior sua necessidade de persuasão. Quanto menor a pergunta ou problema, menor a necessidade de fatos e força persuasiva.

Sheria Akins Clarke era uma advogada da Comissão de Ética da Câmara quando a conheci. Trata-se do lugar menos convidativo para trabalhar de todo o Congresso. Você está investigando seus colegas por violações das regras da casa (não de conduta criminosa, mas de violação às regras da casa em si). Além disso, porém, as tarefas são demoradas e confidenciais. Em outras palavras, você se acomoda em uma sala com um punhado de outros membros, passa horas discutindo a pauta e, ao sair, não pode revelar aspecto algum com ninguém que não participe dessa comissão. Assim como no processo de seleção do júri que discutimos a pouco, você é convocado para essa função. Não se trata de alguém se voluntariar! Então, certa tarde, quando John Boehner, o presidente da Câmara, sentou-se a meu lado no plenário e disse "Preciso que faça algo por mim. Preciso de você na comissão de ética", concordei. Se o presidente da Câmara lhe pede para fazer algo, não dá para recusar. Ao menos foi isso que pensei.

Ainda que o "não" estivesse sobre a mesa, eu o teria deixado lá. Sim, é penoso e ingrato. Mas entre todas as comissões do Congresso, a menos partidária e mais apolítica é a Comissão de Ética. Eu gosto disso. Os membros de ambos os lados assumem a responsabilidade de investigar com seriedade e justiça as alegações de má conduta de seus colegas parlamentares. Quando penso em Jared Polis, governador do Colorado, não me vêm à mente nossas muitas diferenças políticas; penso no tempo que convivemos como membros da Comissão de Ética. Posso dizer a mesma coisa quanto a Anthony Brown, de Maryland, e Ted Deutch, da Flórida. Eram todos filiados ao Partido Democrata, todos eles pessoas atenciosas a quem respeitava e gostava. Fora da sala da comissão, podíamos ser tão partidários quanto quiséssemos, mas algo revigorante tomava conta do ambiente quando as portas eram fechadas e a justiça era o objetivo a alcançar.

Reputações estavam em jogo ali, assim como a integridade da casa parlamentar. Estava também em jogo a confiança da população, reconhecidamente em uma baixa histórica no que se refere ao Congresso.

Eis como a coisa funciona. Alguém do conselho de investigação, como Sheria Akins Clarke, faria as apurações preliminares, gerando um relatório que seria apresentado oralmente nas reuniões dos integrantes da comissão. A primeira vez que ouvi Sheria falar em uma reunião da Comissão de Ética, notei que ela era centrada nos fatos, sucinta e capaz de antecipar a maioria das perguntas dos membros. Todas as três boas qualidades que é preciso ter.

Então, fiz o que me acostumei a fazer durante grande parte de minha vida profissional. Quando vejo uma pessoa com um conjunto de habilidades únicas, anoto mentalmente seu nome para lembrar-me dela caso as circunstâncias da vida demonstrem a oportunidade de aplicação de suas qualificações. Quando o presidente Boehner me pediu para liderar a comissão formada para tratar dos acontecimentos envolvendo o ataque terrorista de 2012 em Benghazi, na Líbia, convidei Sheria para se juntar à investigação. Quando o congressista Jason Chaffetz deixou a presidência da Comissão de Supervisão e Reforma Governamental e eu terminei seu mandato, Sheria passou a integrar a comissão como diretora de pessoal. E quando saí de Washington, DC, e voltei para a Carolina do Sul para exercer a advocacia, Sheria, seu marido, Jevon, e seus três lindos filhos foram para a Carolina do Sul também.

Há uma coisa em particular na qual Sheria é incrível. Ela é, sem sombra de dúvida, a melhor do mundo em desalinhar intencionalmente o ônus da prova com o objetivo. Ajustar corretamente o ônus da prova ou evidência ao objetivo é imperativo. Mas desalinhar os dois propositadamente, e da maneira como ela o faz, é ainda mais eficaz.

"Trey, preciso de um grande favor seu. Tudo bem se não puder fazer. Preferiria não ter que lhe pedir. Mas não tenho a quem recorrer."

Essa é uma declaração introdutória típica de Sheria. Sim, passam por sua cabeça os mesmos pensamentos que os meus. Ela vai pedir para minha esposa e eu tomarmos conta dos três filhos dela por um mês enquanto ela e Jevon vão para as Ilhas Cayman. Ou me pedir para consultar um nefrologista para saber se meus rins são compatíveis com os de um membro da família que precisa de um transplante. Ou, o maior pedido de todos, quer emprestado meu taco de golfe Odissey nº 7 (não permito sequer que o olhem, imagine tocar nele).

Não é, porém, o que vem em seguida. Normalmente, é algo como: "Posso pegar uma caneta emprestada? A minha deixou de funcionar." Ou: "Será que dá para você tirar uma foto com um estagiário que está voltando para a faculdade?"

A solicitação está tão desalinhada com a expectativa desenhada em sua mente, que o alívio que se sente diante de um pedido tão pequeno o faz atendê-lo imediatamente. Ela prepara você de tal modo, exacerbando as expectativas, que um favor simples causa tanto alívio que é atendido instintivamente na mesma hora.

Nós todos já tivemos ocasião de experimentar o outro lado dessa moeda também, e a sensação de tentar sensibilizar ou persuadir alguém é devastadora.

Em casa, sou eu quem faz as compras de supermercado quase todos os sábados. Minha esposa é professora e trabalha muito durante a semana, então é algo que posso fazer para facilitar um pouco a vida dela.

Tá bom, não é exatamente por isso, mas me senti melhor escrevendo. O motivo verdadeiro: ela é a pessoa mais querida e popular da cidade, e quando vai ao supermercado leva horas e horas fazendo as compras porque as pessoas a param em cada corredor da loja. Houve ocasiões em que ela colocava uma mercadoria no carrinho quando chegava, e na hora de sair o prazo de validade dela havia expirado. Bem, na verdade não, mas parecia que sim.

Assim, eu faço as compras, e de vez em quando topo com algumas pessoas bem-intencionadas que procuram algo totalmente fora de sincronia com a capacidade que têm de me convencer.

"Oi, Trey, tem um minutinho?"

O que "um minutinho" o faz pensar? Pergunta fácil, resposta fácil, certo?

"Claro", digo.

"Qual é a origem do mal? Se a verdade objetiva existia antes de um terço dos anjos se rebelarem e serem expulsos do paraíso, de onde vem aquele mal objetivo ao qual optaram e foi causa da expulsão deles?"

"Humm... o que você disse? Estou tentando interpretar a caligrafia de minha esposa (artistas têm uma letra que parece mais um garrancho) e se este tipo de molho de tomate existe mesmo ou só na mente dela; você está me fazendo uma pergunta que atormentou os maiores filósofos através dos séculos?"

Ou, quem sabe, encontra o cavalheiro gentil que lhe pergunta se você se importaria em participar da reunião de família (dele, não da sua) e atualizá-los a respeito do que está acontecendo em Washington.

"Bem não sei se poderei ir. Onde é a reunião?"

"Em Nebraska."

Solicitações assim não estão em sintonia com a realidade. O ônus de convencer alguém a parar por "um minutinho" no supermercado e discutir a origem do mal, ou comparecer a um encontro de família a 1 mil quilômetros de distância é incrivelmente elevado. De imediato você constata a total ausência de correlação entre o que está sendo pedido e as chances de atendimento.

Em regra, quanto menor o pedido, menor a quantidade de fatos e de persuasão necessários. E quanto maior a solicitação — ou seja, quanto maior for a força persuasiva a empregar para convencer ou fazer alguém mudar de posição — maior a quantidade de provas e de capacidade de convencimento.

Refletindo um componente da natureza humana que sou incapaz de explicar, o modo como Sheria desconecta intencionalmente uma pergunta que ela me faz daquilo que eu espero tem um efeito mais amplo. Fiquei condicionado a dizer "sim" a um pedido dela. Esse condicionamento me leva a apreciar seu reconhecimento tácito de que de fato está me pedindo alguma coisa. Portanto, essa predisposição para dizer "sim" em pequenas solicitações faz com que se torne mais provável eu dizer "sim" para solicitações maiores. Há uma crença de minha parte — ou confiança, pode-se dizer — de que por ela ter calibrado cuidadosamente o que pediu no passado, então tudo que ela pedir no futuro seria adequadamente calibrado e, por conseguinte, algo a que devo atender. Ao administrar bem os pedidos menores, ela demonstrou, ao menos em minha opinião, ser alguém em quem se pode confiar em pedidos de maior importância.

Há certa semelhança disso com o que meu pai fazia quando eu era jovem. Se ele pegasse alguma coisa emprestada, a devolvia em melhor estado. Por exemplo, se pegasse emprestado a caminhonete de alguém, ele a deixava limpa e com mais combustível no tanque ao devolvê-la. Se pedisse um dinheiro emprestado, sempre devolvia, e não raro devolvia um pouco a mais. É como confiar.

As pessoas que avaliam genuína e corretamente o que estão pedindo viabilizam a obtenção da resposta que desejam, tornando-a muito mais provável de conseguir do que alguém que pede um minutinho e leva meia hora.

A ESCORREGADIA ESCALA DO ÔNUS

Quais são as coisas mais importantes para você? Quais são suas crenças mais intocáveis? Para muitos de nós seriam nossas crenças espirituais ou teológicas. Embora possamos rejeitar uma palestra de alguém falando ou fazendo proselitismo sobre as crenças que adota, ou mesmo recusar um convite para um culto diferente do nosso, talvez estejamos acessíveis à leitura de um artigo ou a participar de um evento social no local daquele mesmo culto. Ao começar a se comunicar com alguém sobre um assunto novo ou antigo, é preciso internalizar uma ferramenta de calibração em constante processo de ajuste. O que quero dizer com isso é que há necessidade de apreciar com exatidão o que está pedindo a essa pessoa e o significado do pedido. Você deve respeitar a seriedade com que as pessoas revestem suas crenças e convicções. Caso sinta que pede muito, recue imediatamente e diminua sua solicitação. Melhor começar com um pedido pequeno e aumentar gradualmente. Às vezes, erramos a mão. Talvez queiramos que alguém participe de uma reunião sobre um novo produto ou oportunidade financeira. Em uma ocasião dessas, você nunca pediria o investimento primeiro, mas uma mente aberta, uma disposição para ouvir.

Até mesmo em nossas colocações iniciais já estabelecemos o tom, certo ou errado, de nossa interlocução. Se alguém pergunta: "Você já considerou..." ou "Você está aberto a ouvir..." sobre determinado problema, sua reação será muito diferente do que com relação a declarações afirmativas ou dogmáticas, como "você deveria" ou "na realidade". Não sem motivo começo muitas frases com "Você está aberto a…?" Ninguém se considera fechado. Então, é evidente que eles estão dispostos a ser "abertos".

O ônus da persuasão para que eu "considere" algo ou esteja "aberto" para algo é muito menor do que me fazer aceitar ou participar de algo. Essa é uma verdade para a maioria de nós.

É preciso ter em mente que se pode presumir com segurança que a pessoa com quem está se comunicando tem, como você, algumas convicções profundamente arraigadas. Se isso é importante o suficiente para você, são boas as chances de ser importante o suficiente para ela também. Caso você esteja decidido, é bastante provável que o outro esteja igualmente de cabeça feita. Portanto, tem que ser quase exata a correlação entre o que você pede e o nível de prova esperado para preencher a lacuna entre solicitação e aceitação.

De novo, o processo de justiça criminal se revela útil com respeito a essa questão.

O que pode sugerir a um policial, em termos de evidência, abordar alguém na rua? Já se fez essa pergunta? O que é necessário para que um policial se aproxime de você e lhe faça uma pergunta? Não muito, ou quase nada. Os policiais, caso queiram, podem abordar um cidadão e pedir-lhe a atenção por um minuto.

Nós também temos a liberdade de abordar amigos, estranhos, familiares ou colegas de trabalho. Entretanto, precisamos entender que eles igualmente têm a liberdade de nos dizer que aquele não é um bom momento.

E o que dizer de pedir permissão a um motorista para revistar o carro, quando ele já tiver sido parado por ter cometido uma infração de trânsito leve? Ele pode ou não consentir, mas nenhuma evidência é necessária para apenas pedir. Isso é equivalente a perguntar a alguém se "ele está aberto" a algo ou disposto a "considerar" algo.

E quanto ao policial dizer ao motorista que está sentindo cheiro de maconha e, embora o motorista esteja livre para ir onde quiser, o carro ficará retido e um cão será chamado para farejar a presença dessa substância? Quantas evidências são necessárias para que um policial requisite um cão farejador? A legislação fala em "suspeitas", algo que mal supera um palpite. Deve haver alguma justificativa para reter o veículo, mas o motorista está liberado. Em face da necessidade de haver certeza, o motorista não tem mais um carro para dirigir, mas ao menos em teoria pode deixar o local. Em uma escala de 0 a 100, perguntar a um pedestre se ele tem um minuto ocupa a posição zero. É preciso mais, mas não muito mais, para solicitar um cão para cheirar o perímetro do carro. Digamos que, nessa escala numérica, colocaríamos tal suspeita como um nível de prova situado em um intervalo entre 20 e 25.

O que é preciso para prender alguém? Ou para que um juiz conceda um mandado de busca e apreensão para revistar uma residência ou empresa? Para essas coisas há necessidade de algo que a lei chama de "causa provável". Isso não quer dizer que a pessoa "provavelmente cometeu o crime" ou que há evidência de um crime ou que o contrabando "provavelmente estará lá". Causa provável é mais que um palpite, mas menos de 50% de certeza. Não é um ônus da prova dos mais elevados, não é? A maioria dos cidadãos ficaria surpresa de saber que alguém pode ser preso ou ter sua casa vasculhada a partir de um conjunto de evidências que proporcionam menos de 50% de certeza. Mas é essa a situação. Em nossa escala de 0 a 100, a causa provável estaria em uma posição de mais de 35%, mas abaixo de 50%.

Deixemos agora de lado o sistema de justiça criminal para dar uma olhada no sistema de justiça cível, também de vital importância. Certamente você não desconhece que a área cível é bem diferente da criminal. Pense em lutar pela liberdade quando se trata de um crime. Pense em lutar por dinheiro quando se trata de casos na esfera cível.

A área de atuação da justiça cível envolve disputas contratuais, casos de negligência médica, legal ou ao dirigir veículos, casos de escorregões e quedas, responsabilidade por instalações, e diversos outros. Novamente: o lado cível do sistema judiciário é muito importante, mas muito diferente do criminal.

Entre as principais diferenças está o ônus da prova ou ônus da persuasão. Em casos cíveis, é preciso convencer o juiz de que algo é mais provável do que improvável. Há, então, uma certa preponderância da evidência. Em palavras mais diretas, se um dado assunto é mais provável ser verdadeiro do que falso, ou algo é mais provável ter acontecido do que não.

Alguns acreditam, erroneamente, que isso é equivalente a 51% em uma escala de 100%. Não, é muito alto. Chega a 50,1%.

Imagine uma dupla de pratos perfeitamente nivelados em uma balança bem sensível. Agora coloque em um dos pratos uma pena ou pedaço de barbante. Considere-os uma evidência. Há um leve movimento, mal discernível, mas que dá à evidência certa preponderância. Não é um nível particularmente alto de prova ou persuasão, mas, sem dúvida, alcançável no mundo real. Se você está tentando convencer um colega de trabalho a comer comida italiana em vez de mexicana no almoço, a preponderância será o suficiente para vencer.

De vez em quando, em um tribunal, você poderá se deparar com o ônus da prova chamado de evidência "clara e convincente". Se precisar desse nível de persuasão em um tribunal é ocasional, na vida real é bem mais corriqueiro, e por isso vale a pena tratar desse assunto. Você por acaso está pensando em trocar de emprego? Está pensando em fazer uma faculdade fora da cidade ou estado? Em mudar de residência, com todas as dores de cabeça que acompanham essa decisão? Aquela pena ou pedaço de barbante que colocamos na balança da justiça não seria suficiente, nem deveria ser, para fazê-lo vacilar. É preciso mais do que isso. Tratam-se de decisões importantes, e o nível de convencimento, por você mesmo ou terceiros, tem que ser proporcional.

Nas questões de grande relevância que você, provavelmente, está discutindo com outras pessoas, ou tentando persuadi-las, isso deve ser a meta realista a definir. Você tem condição de associar fatos em frente a um júri de mente aberta, disposto a se sensibilizar e ser convencido, e convencer alguém de que está nitidamente com a razão? Em uma escala de 1 a 100, "claro e convincente" atinge a marca de 75, um nível que deve mais do que atender ao ônus da prova.

O ônus da prova por excelência é o conhecido "além de qualquer dúvida razoável". Muito presente em filmes dramáticos sobre julgamentos, é o ônus exigido em todos os casos criminais. A pergunta que cabe aqui é a seguinte: "O que significa 'além de qualquer dúvida razoável' e quando e como a obtemos?" Trata-se de uma pergunta tão boa que a maioria dos advogados sequer seria capaz de respondê-la.

De fato, em alguns tribunais, nem mesmo é permitido aos advogados sugerir ou dizer aos jurados qual é o significado dessa frase. Essa é uma atribuição restrita ao juiz. E como ficamos, especialmente na ceia de Natal com a família inteira, se não houver um juiz presente e sentirmos ser aquela uma oportunidade de comunicar e convencer? O senso comum, felizmente, tem algumas maneiras de entender essa questão em termos mais simples. Dúvida razoável é aquela que faz com que você pare para pensar em não ir adiante em um assunto sério da vida. Imagine que eu conseguisse convencer você a investir US$100 em uma nova start-up. O risco é baixo, e quem não arrisca, não petisca. E se eu lhe pedisse para aplicar US$10 mil nessa mesma empresa? Nesse caso é preciso que você esteja mais convencido de fazer a coisa certa, pois as consequências de estar errado são mais sérias. E se eu lhe pedisse para investir todo o dinheiro suado pelo qual trabalhou arduamente e que reserva para a educação de seus filhos? Qual seu grau de convencimento em uma situação dessas? Muito, muito alto.

Agora estamos começando a ter uma noção melhor do que é "além de uma dúvida razoável". Quem porventura estiver lendo este capítulo pode argumentar que isso não basta para arriscar as economias de uma vida toda. Como ter certeza, sem *nenhuma* dúvida? Eis aí algo impossível. Esse padrão você não pode esperar alcançar quando for sua vez de convencer, então é preciso ter cuidado para não exigir dos outros algo que você mesmo não poderia cumprir.

É fato: não sabemos tudo o que há para saber a respeito de quase tudo. Então, como poderia você estar absolutamente convencido de alguma coisa? Uma característica inerente à persuasão é estar aberto a ser persuadido; em outras palavras, manter-se vigilante quanto a qualquer evidência ou fato novo que não foi previamente considerado. Se houver uma brecha para novos fatos ou novas evidências, haverá potencial para surgirem dúvidas. Em consequência, mesmo em se tratando de declarar alguém culpado por um crime hediondo, impondo por isso a pena capital, o padrão da prova não é, porque nunca pode ser, além de qualquer dúvida. A dúvida tem que ser razoável. Tem que ser aquela à qual se pode vincular um receio proveniente de ponderação e racionalidade.

Então, o que faria com que você fizesse uma pausa antes de tomar uma decisão importante na vida? Essa é a maneira de olhar para "além de uma dúvida razoável" de um ponto de vista defensivo. A maneira afirmativa é se perguntar se está firmemente convencido. Não simplesmente convencido, mas *firmemente* convencido. Em uma escala de 1 a 100, seria 95% de certeza no que diz ou faz. É um nível alto. Exigente. É o mais próximo da certeza que talvez possamos chegar. E é o bastante para aplicar as punições mais graves que a sociedade [norte-americana] prevê para os crimes mais graves. Assim, se vale para os assuntos mais sérios no âmbito da justiça criminal, faz sentido também para os assuntos mais sérios da vida, não é? Dar um fim a um longo relacionamento ou amizade? Casar ou não com alguém? Divorciar-se ou não de alguém? Mudar ou não de religião? Devem ser poucas as questões da vida que requeiram prova ou evidência além de qualquer dúvida razoável, mas você deveria procurar saber de antemão quais são essas questões e ajustar seu nível de prova adequadamente.

Dúvida é fácil de criar e difícil de superar. Guarde bem essa característica enquanto continuamos nossa jornada rumo à persuasão. Assim, fique atento para quando os outros plantarem as sementes da dúvida em suas ideias, e se prepare para fazer a mesma coisa com eles quando for preciso.

Cabe uma observação final sobre o ônus da prova. Ele nunca muda durante um julgamento, mas o faz o tempo todo na vida real. Algo que nos parece sem importância e trivial pode ser extremamente relevante para a pessoa com quem estamos nos comunicando. Portanto, de repente, literalmente no meio da conversa, precisamos reajustar nosso nível de persuasão. Algumas pessoas são incapazes de compreender questões importantes, implicâncias em geral, têm medos ou concepções irracionais. Podemos lamentar o fato de que pessoas com tais traços comportamentais exigem de nós níveis desproporcionais de fatos ou evidências para que possamos persuadi-los, mas a realidade é que uma discussão que deveria ser tranquila se transformou em algo mais. Ao ouvir e observar nosso júri, seja ele um indivíduo ou os 12 sentados no tribunal, nosso adversário político ou os colegas de trabalho em uma sala de reuniões, podemos sentir que precisamos de mais. Percebendo isso, podemos ajustar o nível de nossas evidências para aumentar e atingir o grau de persuasão necessário.

Resumindo, convém relembrar a escala de ônus da prova:

Consentimento: 0%

Leve suspeição: 20% a 25%

Causa Provável: 35% a 50%

Preponderância: 50,1%

Claro e Convincente: 75%

Além de uma Dúvida Razoável: 95%

Além de Qualquer Dúvida: Ah! Impossível

Entretanto, observar essa escala me leva a perguntar: Por que, na arena política moderna, agimos de modo que nosso ônus devesse ocupar as franjas externas desse espectro em função de nosso papel de oposição — além de uma dúvida razoável e, fugindo à razão, além de qualquer dúvida? E, por outro lado, caindo no 0% de evidência para aqueles que concordam e ratificam nossas crenças?

Não posso falar pelas experiências de todos os membros do Congresso, mas posso falar por mim enquanto estive lá. Eu pensava que o ônus da persuasão — a quantidade de evidências necessárias para apoiar um projeto de lei ou trabalhar juntos em uma questão importante — seria bem leve. Não é tão difícil assim haver alguma coisa com a qual duas pessoas concordem, ainda que estejam em polos opostos do espectro político. Os congressistas têm visões diferentes sobre o papel que o governo federal deve desempenhar, quais suas funções e como implementá-las, mas seguramente há *alguma coisa* que podemos encontrar e que vale a pena buscarmos juntos.

A boa notícia é que essa cooperação acontece mais do que se possa imaginar em Washington, ou seja, a disposição de trabalhar juntos privadamente. A má notícia é a falta de visibilidade (ao menos da Câmara) em razão do atual ambiente político, que faz com que os riscos dessa cooperação muitas vezes superem os potenciais benefícios de torná-la significativa ou pública. A despeito de nossas diferenças ideológicas, havia muitos democratas com os quais me sentia confortável trabalhando, em virtude de sua sinceridade em nossas relações interpessoais. Suas motivações (pelo que posso dizer) eram as políticas públicas e não a política partidária. De acordo com minha experiência pessoal, entre eles estavam Tulsi Gabbard, do Havaí; Kyrsten Sinema, agora senadora pelo Arizona e na época membro da Câmara; Cedric Richmond, da Louisiana; Zoe Lofgren, da Califórnia; Hakeem Jeffries, de Nova York; Peter Welch, de Vermont; Kathleen Rice, de Nova York, e Stacy Plaskett, das Ilhas Virgens Americanas.

No entanto, o congressista do Partido Democrata com quem mais troquei ideias sobre questões legislativas e políticas foi Joey Kennedy, de Massachussets. Joey e eu provavelmente nunca votaremos um no outro; nem deveríamos. Nossas opiniões divergem sobre inúmeros assuntos. Ele, porém, é trabalhador, consciencioso, sério e disposto a ouvir. É também apaixonado e bem-informado naquilo que lhe interessa mais de perto. Eu o contrataria para qualquer trabalho em situações delicadas que exigissem integridade e perseverança, e espero que seja mútuo.

No ambiente político de hoje, o ônus da persuasão para convencer a si mesmo de que vale a pena buscar soluções colaborativas é mais difícil do que costumava ser e mais difícil do que deveria ser. Agora, na política, quase tudo requer provas além de qualquer dúvida quando se trata de nossos críticos, e pouca ou nenhuma prova para aqueles que nos apoiam. A esperança é que possamos retornar aos dias da escala móvel, na qual as questões de peso exigem um convencimento significativo e mentes que permaneçam abertas. Porque as coisas não deveriam ser radicalizadas — nem questões impossíveis, nem uma escala vazia.

CAPÍTULO 6

QUANDO VOCÊ APRENDE A FINGIR SINCERIDADE, NÃO HÁ NADA QUE NÃO POSSA FAZER

A FORÇA SEM PARALELO DA AUTENTICIDADE

O juiz Ross Anderson me deu inúmeros conselhos. O mais simples deles foi: "Faça tudo o que David Stephens faz em um tribunal".

Você não o conhece. Ele é um ex-promotor estadual e federal, recém-aposentado, da Carolina do Sul. Homem da velha guarda, trilhou seu caminho de uma forma que poucos hoje em dia fazem. David atuou em uma série de julgamentos. Perdeu mais julgamentos do que a maioria dos promotores jamais experimentará, mesmo somando derrotas e vitórias. É também o melhor litigante que já vi. Ele não era apenas bom. Era o melhor. E era bom por ser autêntico. Os jurados acreditavam nele, os juízes confiavam nele e a banca de defesa o respeitava.

No início de minha carreira como promotor, procurando descobrir como ser persuasivo, pedi a ele que me contasse o segredo de ser ótimo no tribunal. Primeiro, ele disse algo sobre como um carpinteiro deve saber usar um martelo e uma serra (tradução: *é preciso conhecer as regras de evidências*). Depois, falou algo sobre conversar mais com pessoas de verdade (tradução: *amplie o círculo de pessoas com quem se relaciona para se expor a um recorte mais abrangente da comunidade*). E, por fim, disse alguma coisa a respeito de sinceridade e credibilidade. Isto eu ouvi em alto e bom som: "O segredo para ser um bom comunicador, Trey, é a sinceridade. Quando você aprende a fingir sinceridade, não há nada que não possa fazer."

Eu me lembrarei desse conselho muito depois de esquecer os nomes de meus filhos ou o quão longe acertei um buraco no golfe com uma tacada só. É o melhor conselho que se pode receber para se comunicar com eficácia, e o mais difícil de aperfeiçoar.

Evidentemente, não se pode "fingir" sinceridade, mas entendi o que ele quis dizer. Se você não acredita no que está dizendo, ninguém mais o fará. Se não depositar fé no que está vendendo, ninguém mais o fará. Se você não tem paixão por aquilo em que acredita, é provável que a pessoa com quem luta verbalmente não atue com paixão, e a paixão é crucial caso esteja se envolvendo em um raciocínio passional.

Então, você acredita mesmo no que afirma acreditar? Por que você acredita nisso? Há quanto tempo acredita? O que o fez acreditar? Considerou outras opções além de acreditar? Você é capaz de comunicar o que acredita de maneira convincente e, se não puder, quais são os elementos-chave para fazê-lo?

Na busca pela sinceridade, as emoções são um fator importante. Elas não são uma ferramenta autônoma, e são melhor utilizadas como uma alavanca, aumentando e complementando outras ferramentas de persuasão, como fatos, racionalidade e lógica. Entretanto, são poderosas e funcionam quando se trata de sensibilizar as pessoas. A chave para a persuasão mais eficaz e duradoura, porém, é conectar vigorosamente o conjunto de seus sentimentos e emoções a um preceito mais amplo ou crença fundamental. Seja emocional com relação à equidade, seja emocional com relação à justiça, seja emocional com relação às oportunidades ou educação. Não seja *simplesmente* emocional. Para serem eficazes, as emoções não podem ser arquitetadas — elas precisam ser genuínas — e a melhor maneira para isso é vinculá-las a alguma crença ou verdade superior. Por outro lado, emoções manufaturadas ou superdimensionadas não são apenas inúteis, mas agem na direção contrária a seus interesses, destruindo o que você está tentando realizar.

Todos nós estivemos em casamentos ou chás de cozinha, nos quais a vigésima caixa de lenços umedecidos é esvaziada e o casal ganha de presente o décimo conjunto de xícaras, reagindo como se tivessem sido agraciados com um diamante de 500 quilates. É uma façanha parecer animado nessas situações, então, embora possamos ser condescendentes, dificilmente essa reação é verossímil ou persuasiva.

Assim, imagine-se na seguinte situação: você acha que algo é importante, mas está tendo dificuldade em *sentir* isso. Como você transmite as características de um assunto em que acredita, nos dias em que não sente tudo que investiu nele, quando é difícil evocar a paixão? Bem, isso acontece quase todos os dias, não é? Não planejamos todos os nossos esforços de comunicação ou persuasão. Sabemos que, ao irmos nos encontrar com a família em um almoço de domingo, é provável que na mesa se discutirá política, mas não necessariamente planejamos que esse assunto surja no estacionamento do shopping.

David Stephens não estava nos dizendo para literalmente "fingir sinceridade", porque não se pode, por definição, falsificar autenticidade, e você será severamente julgado por seu júri caso haja suspeita de que tentou fazer isso. Já ouviu a expressão "lágrimas de crocodilo"? Ela é usada quando alguém está fingindo emoção, fingindo sinceridade — aparentando empatia, compaixão ou tristeza. Tem origem na antiga crença de que os crocodilos derramam lágrimas enquanto devoram suas presas. Há um motivo pelo qual usamos essa expressão, e ele não é nada lisonjeiro. A emoção real sensibiliza. Emoções forjadas repelem. Quando a emoção é real, ela é poderosa. Quando forjada, é destrutiva.

Então, o que David Stephens quis dizer? Simplesmente isto: seja sincero, genuíno e autêntico sempre que puder. Naqueles dias em que é difícil sentir essas coisas de modo pleno, teça as características que ilustram a sinceridade. Você não está "fingindo", não está vertendo lágrimas de crocodilo. Ao contrário, seu desejo de construir interesse, empatia e capacidade de se relacionar é tão intenso, que está disposto aos maiores esforços, conscientes e subconscientes, para alcançar esse intento.

Não quero que pareça ter vindo de um daqueles romances água com açúcar, mas é um pouco como o amor. Há dias em que o amor vibra forte em seu coração... e então há dias em que é compromisso, independentemente de como você se sente. Contudo, não é porque em certos dias você tem que se empenhar mais, que está descartando a existência do amor.

Fazendo uma analogia, costumava me perguntar como os vendedores podiam ficar entusiasmados com a venda de produtos nem tão bons assim. Mas talvez quem vende um aspirador de pó de menor qualidade não esteja de fato vendendo o produto. Talvez ele esteja vendendo valor. Talvez vender aspiradores lhe dê mais tempo com a família do que o último emprego. Ou, quem sabe, um aspirador de pó de primeira qualidade tenha acertado as patas de seu cachorro e um aspirador de pó menos sofisticado jamais poderia causar tanto dano. Se você não se sente assim quanto ao aspirador em si, venda aquilo pelo qual pode se apaixonar.

Há casos em que a paixão não é difícil de se instalar, como em assassinatos e crimes cujas vítimas são crianças ou populações vulneráveis. Mas e quanto a casos de drogas que ocorrem todos os dias? Como conseguir ser sincero, autêntico e confiável sobre apenas mais uma ocorrência em que a posse de entorpecentes configura a intenção de distribuir substâncias controladas?

Você procura *mais* alguma coisa para se apaixonar. Certamente há algum preceito fundamental ao qual se apegar.

David Stephens, em casos de drogas, falaria sobre um "vento maligno varrendo pátios escolares e parquinhos infantis dos EUA, deixando um rastro de vidas pelo caminho". Eis aí algo pelo que ele poderia ser apaixonado e, portanto, sincero e autêntico. Uma situação dessas era mais do que outro carro sendo parado em uma batida policial com um cão farejador localizando no porta-malas um compartimento secreto cheio de cocaína. Ele tinha feito cem casos desse tipo. David encontrou um princípio, um ideal ou um preceito sobre o qual poderia ser sincero. Obter uma resposta emocional de um júri em um caso de crime violento não é difícil. Não se pode dizer o mesmo de um caso de drogas sem vítima facilmente identificável.

Porém, e quanto a expressar emoção genuína por algo de menor gravidade, uma contravenção, digamos uma situação de perturbação da ordem na escola em que uma mãe tem um acesso de raiva e faz uma cena? Ora, vamos. Quem faria isso? O máximo legal em questões como essa não passa de 90 dias, caramba! Quem choraria em um caso como esse?

Eu fiz isso! E você também pode! Você o fará, se encontrar um princípio grande o bastante para se agarrar e um preceito amplo, maior do que aquele único momento.

A DIRETORA ESCOLAR COM PRINCÍPIOS

Aquela não era uma reunião das mais agradáveis de participar. Uma diretora de escola primária fora à justiça para discutir um caso de perturbação da ordem na escola que tinha muita importância pessoal para ela. O que ocorrera foi mais ou menos assim: Robin Scruggs estava deixando sua filha na escola certa manhã. Atrasada. Novamente. A criança entrou na sala para assinar a lista de presença com atraso e foi recebida por uma assistente da diretoria. A Sra. Scruggs afirmou que viu a assistente bater na criança, e ao entrar para tirar satisfações a balbúrdia começou. Scruggs foi presa por perturbação da ordem e em sua defesa alegou que a assistente da diretoria bateu em sua filha e que agira em legítima defesa e em defesa da criança.

Normalmente, um caso como esse nunca chegaria à minha mesa como advogado. Os dois condados que representei como promotor tinham em média entre 20 e 30 homicídios por ano, dezenas de roubos à mão armada, assaltos, casos de violência doméstica e crimes contra crianças. Na verdade, tínhamos em média mais de 10 mil mandados por ano que precisavam ser processados e adjudicados por meio de um sistema mal equipado para lidar com um volume de mandados dessa ordem. Então, não, eu não tinha tempo para lidar com um caso de perturbação da ordem em uma escola. Esse caso em particular já havia sido levado a júri [conforme prevê a legislação norte-americana] por outra pessoa no escritório e o júri ficou dividido. Como você já deve ter lembrado, os júris devem ser unânimes. Perder 6 de 12 jurados na primeira vez não é um prenúncio de sucesso nos julgamentos subsequentes. Além disso, as testemunhas já foram ouvidas uma vez e precisarão seguir o que foi dito anteriormente. Não é provável que nada novo ou particularmente probatório virá de um segundo julgamento. Seriam semanas de preparação para um julgamento que tomaria alguns dias do já precioso tempo do tribunal e a pessoa acusada não iria para a prisão, mesmo se fosse condenada. Em termos simples: não era um bom uso do tempo do tribunal, a meu ver. Mas a diretora da Woodland Heights Elementary School via isso de forma diferente.

Então nos conhecemos.

E ela venceu.

Eu perdi.

Não apenas concordei que nosso escritório ficaria com o caso novamente, como concordei que eu o faria. Pessoalmente. Por quê? Autenticidade. A diretora trouxe a evidência mais convincente que poderia trazer para nossa reunião: a assistente da diretoria cuja carreira impecável na educação pública estava sendo manchada pela alegação de que ela teria batido em uma criança ou mesmo pudesse ter uma atitude dessas. Não era possível ouvir essa assistente por muito tempo sem concluir que ela era exatamente o tipo de pessoa que você gostaria que ensinasse seu próprio filho ou neto. Amável, gentil, atenciosa e incapaz de imaginar como alguém poderia acusar outra pessoa de bater em uma criança na ausência de qualquer prova. Portanto, foi sua autenticidade que me levou a levar o caso de volta ao tribunal. Sua autenticidade permitiu ao júri ver que nenhum professor ou assistente de diretoria (não esta, pelo menos) baterá em uma criança pequena por chegar atrasada à escola pela trigésima vez naquele semestre. A criança não ia sozinha para a escola. A criança não dirigia. A criança nem tinha idade suficiente para ir a pé ou de bicicleta para a escola. É responsabilidade dos pais levar a criança à escola e chegar no horário, e aquela mãe em particular foi péssima nisso. Talvez você se sinta tentado a bater nos pais, não na criança.

A autenticidade, sinceridade, postura e, portanto, credibilidade da assistente de diretoria acionou o gatilho emocional interno de quem trabalhou nesse caso. O que faria você se importar o suficiente para derramar lágrimas na frente de estranhos? Sua própria reputação. O que faria você aceitar um caso sem nenhuma razão lógica? O direito de uma mulher que se dedica a ensinar crianças de ser ouvida e defendida em face de uma acusação grave.

Sim, a assistente de diretoria chorou no tribunal enquanto testemunhava diante do júri. Eu também. Ela chorou porque fora acusada da coisa mais insidiosa e destrutiva que um educador poderia ser acusado — ferir uma criança. Eu chorei porque fiquei face a face com um tipo de pureza de espírito raramente vista. Havia nela a pureza de acreditar que se levássemos de novo o caso a julgamento e o júri tivesse a chance de ouvir tudo, seria feita a coisa certa.

E foi o que aconteceu. A ré foi condenada. Ela entrou na escola e fez uma cena não porque sua filha foi maltratada, mas porque estava atrasada — de novo — e ela precisava de algo para esconder seu próprio fracasso em levar um filho para a escola a tempo. O juiz não a condenou à prisão. De que serviria isso? A criança teria sido a vítima novamente. Uma coisa é ter uma mãe habituada a dormir demais. Outra é ter uma mãe que fica três meses na prisão.

A autenticidade pode levar as pessoas a fazer coisas que nunca pensariam em fazer. Ela pode motivar, inspirar, atrair e persuadir. Passei de não aceitar o caso para assumi-lo eu mesmo. Tudo em questão de meia hora. Tudo porque fui persuadido de que aquilo era algo mais importante do que meu tempo. Passei de rir em meu escritório com a mera ideia de aceitar um caso menor, a chorar no tribunal porque ela me convenceu e me fez lembrar das coisas em que acredito: justiça, honra, inocência.

Embora você possa estar sujeito aos fatos seja lá qual posição esteja tentando defender (neste caso, uma pouco atraente confusão em uma escola), não há limite para a criatividade de como você pode encaixar esses fatos na vida real de pessoas reais. Se os problemas forem grandes, não é preciso nada mais que declará-los de maneira justa e simples. Mas nos dias em que você simplesmente não se sente especialmente apaixonado ou sincero, lembre-se do que David Stephens disse: Não "finja" sinceridade, porque você não pode. Crie algo maior, apele para um ideal mais elevado, busque um princípio que seja ousado e aloque seus argumentos dentro desse construto.

REGRAS DE ENVOLVIMENTO

Digamos que você realmente, mas *realmente*, não esteja sentindo isso. Quero dizer, sua alma está vazia, seu coração é de pedra e você é um completo niilista. (Está tudo bem — todos nós já passamos por isso.) Se você não pode ser sincero, se não pode ser autêntico, pode, no mínimo, envolver-se.

Como fazer isso, você pergunta. Da mesma forma que faz nos relacionamentos que você mais valoriza. Estabelece contato visual. Adota uma linguagem corporal acolhedora, não repulsiva. Você escuta. Pode não ouvir tudo, mas ouve o melhor que pode. Todos nós temos amigos que repetem as mesmas histórias. Por acaso você os interrompe e diz: "Esta é a mesma história chata que você me contou sobre seu neto na semana passada?" Não, você age como se fosse a primeira vez que a ouviu. Por quê? Porque é envolvente ouvir; e repelir não é.

Ouvir também é, em parte, fazer perguntas. Quanto mais você ouve, melhores serão as perguntas de acompanhamento que você terá para fazer, mas há uma razão para Deus ter criado frases como "Verdade?!", "Isso é ótimo!" e "Então, o que foi que aconteceu?" Você pode não estar muito atento, mas está se envolvendo e fazendo o melhor que pode.

Sendo sincero, eu mesmo preciso melhorar nisso. Houve ocasiões em que minha querida, doce e perfeita esposa começou uma história que não tinha começo nem fim — tipo a história que Hermes contou a Argos, sob a direção de Zeus para enganar

Hera.* A conversa ocorreu primeiro em uma parte da casa e passou para outra, e decidi que parar com aquilo era a melhor alternativa. Agir assim com um ente querido não é envolvente. Envolver é tecer as características da verdadeira autenticidade, mesmo quando você não a sinta.

Luis Gutiérrez, um ex-deputado progressista de Illinois, colocou perfeitamente essa questão: "As pessoas vão votar em você se não gostarem de você; mas nunca votarão em você se acharem que você não gosta delas." Em outras palavras, a pessoa a quem você se dirige acredita que você está interessado nela? O grupo para o qual você está falando acredita que você se preocupa com eles e com o assunto em discussão? Isso é estar envolvido.

Luis tem razão. As pessoas querem saber que você se preocupa com elas. Gostamos de quem gosta da gente e gostamos de quem é gentil com a gente. Já vi isso acontecer milhares de vezes em tribunais e na política. David Stephens sempre cumprimentava de maneira elogiosa os advogados de defesa em sua sustentação inicial diante do júri. E por que começar um julgamento elogiando seu oponente? Por dois motivos, na verdade: (1) o júri passa a vê-lo como um árbitro, como alguém justo e neutro, em vez de apenas um advogado, e (2) isso repercute no advogado de defesa, que se sente compelido a responder a uma deferência com outra.

---

* Neste mito grego, Zeus, que era casado com Hera, se apaixonou por uma jovem chamada Io. Antes que Hera pudesse ver Io, Zeus a transformou em uma vaca, planejando transformá-la em uma bela mulher assim que Hera fosse embora e voltasse para casa, no Monte Olimpo. Mas Hera percebeu o estratagema e ordenou a Argos que vigiasse Io o tempo todo para que Zeus nunca concretizasse seu plano. Argos tinha cem olhos, o que significava que ele nunca dormia. Então, Zeus enviou Hermes para contar a Argos uma história que não tinha começo nem fim, e aos poucos, lentamente, cada um daqueles cem olhos caiu no sono. Zeus, então, fez Io tomar novamente a forma de uma bela donzela.

Na política, é comum ouvirmos políticos de diferentes partidos se referirem a outros como "meu amigo do Texas" ou "meu amigo da Carolina do Sul". Isso acontece mesmo quando não podem ver pela frente a pessoa a quem chamam de "amigo". Por quê? Porque funciona como salvaguarda de potenciais críticas futuras e o faz parecer que está acima das disputas.

Faz parte de ser simpático entender a natureza humana e as características que a maioria de nós compartilha. Não se esqueça de que, de forma geral, as pessoas preferem falar a ouvir. A tendência das pessoas é acreditar que as conversas fluem melhor quando a palavra está com elas. Todos nós já estivemos em situações em que a pessoa com quem estávamos dominou 90% da conversa e concluiu: "Fico feliz por termos tido essa conversa. Foi muito útil." Após compreendermos e, mais difícil ainda, *aceitarmos* o fato de que as pessoas preferem falar a ouvir, temos condições se nos tornarmos bons ouvintes. Não porque seja fácil ou divertido, mas porque produz bons resultados de seus esforços de persuasão e, como veremos mais tarde, fornece informações preciosas para serem utilizadas quando um assunto em discussão com alguém exige muito de você.

O que mais o torna simpático? Fazer concessões em pontos de menor importância. Passei a melhor parte da minha vida tentando fazer com que minha filha arrumasse o quarto dela (isso é uma dica). Ela é uma negociadora brilhante. Poderia resolver os conflitos no Oriente Médio se a mandássemos para lá. Ela adora barganhar, negociar e discutir. Não gosta de arrumar o quarto, limpar o banheiro ou lavar o carro. Portanto, tive que fazer concessões: "Não, não precisa ser feito até o meio-dia, pode ficar pronto até a meia-noite; apenas que seja hoje, antes que hoje se torne amanhã." Não me importo quando ela arruma seu quarto, apenas que ela o faça — ou faça um pequeno esforço para fazê--lo. Quase todas as conversas apresentam a você oportunidades de conceder algo: "Entendo o que você está dizendo." "Compreendo sua posição." "Entendo porque você acredita no que você acredita." Todas essas colocações afirmam a mesma coisa: estou ouvindo, estou considerando o que você diz e estou fazendo um esforço para compreender e me adaptar.

Por último, a percepção que os outros têm de você — simpático, agradável e sincero; ou controverso, agressivo e com sede de sangue — depende da maneira como você estrutura seus argumentos. Você começa com o que tem de mais consensual ou mais provocativo? Penso ser melhor iniciar com algo que não levante controvérsias e, em seguida, prosseguir com uma de suas peças de defesa mais centradas em fatos. Por exemplo, aqui nos EUA as pessoas argumentam com paixão a respeito dos dois lados das questões que cercam a Segunda Emenda, e todas as pessoas conscientes indignam-se com a epidemia de assassinatos em massa que ocorrem nos EUA. Eu, literalmente, não conheço uma alma sequer que não se comova, com raiva e lágrimas, quando inocentes são sistematicamente mortos com uma arma de fogo. A questão é: O que fazemos a respeito, o que funcionará e o que é consistente com outras convicções profundamente arraigadas sobre o direito à autodefesa? Desse modo, trato esse problema com sensibilidade e respeito por aqueles com quem posso divergir nas soluções. Começo minha própria defesa reconhecendo o que é óbvio para mim:

Passei quase duas décadas vendo em primeira mão a morte, a destruição e a dor causadas por armas de fogo usadas para tirar vidas inocentes. Passei a maior parte de duas décadas tentando impedir que as pessoas matassem outras pessoas e, quando fracassei nisso, tentei ajudar as famílias a obterem um mínimo de justiça para seus entes queridos. Conheço a regulamentação hoje existente sobre a posse legal de armas de fogo determinando quem pode ter acesso a elas, quais tipos são permitidos e onde podem ser adquiridas. Dito isso, estou aberto a qualquer ideia que tenha por objetivo evitar que inocentes sejam mortos. Portanto, quais controles adicionais você proporia e quais são os dados que o levam a acreditar que um controle adicional seria eficaz?

Em essência, suponha que você pode realmente *gostar* da pessoa com quem está falando (ou ao menos algum aspecto dela) e que realmente tem interesse no que vai dizer e, então, pronto! — esse já é um ótimo começo para ser simpático e, em troca, ser ouvido.

SEJA LÁ O QUE FOR, NÃO FAÇA ISTO

Nós agora sabemos o que funciona, mas, como sempre, também vale a pena entender o que não funciona quando se trata de persuasão.

Quando se trata de comunicar aos outros seus pontos de vista, mentir é o assassino número um da credibilidade. "Mentir" é uma palavra muito usada em nossa cultura, mas na maioria das vezes de modo incorreto. Mentir não é simplesmente fazer uma declaração falsa. Dezenas de afirmações falsas são proferidas todos os dias devido a falhas de memória, erros de reconstituição inocentes, acidentes e equívocos. Uma declaração falsa é a segunda pior coisa que você pode fazer caso seu objetivo seja comunicar-se com eficácia ou persuadir. Pior que isso é fazer uma declaração *intencionalmente* falsa sobre algo relevante em um assunto em questão, e com intenção deliberada de ludibriar. As pessoas podem, estão dispostas e perdoam quase tudo na vida. No entanto, são avessas a perdoar quem tenta enganá-las propositadamente em algo importante. Tal ato é ainda mais insidioso em face do efeito duradouro a que submete o ouvinte. Permita-me parafrasear livremente Friedrich Nietzsche: *Não é que eu esteja chateado por você mentir para mim, estou chateado por não saber quando posso acreditar em você no futuro.** Mentir anda de mãos dadas com a incapacidade de confiar. Isso é verdadeiro nos relacionamentos. É verdadeiro nos negócios. Deve ser verdadeiro na política. Mas é verdadeiro em quase todas as outras facetas da vida. Mentir é assassinar a persuasão, então não minta.

Declarações falsas não ajudam, mas ao menos você não tinha a intenção de enganar. Contudo, elas põem em xeque sua autenticidade e, ao questioná-la, colocam em risco a capacidade do ouvinte de confiar em você quanto aos fatos. Pode-se sobreviver a elas, mas o prejuízo está feito.

O que mais não funciona se você está no negócio de persuadir as pessoas a mudar seu posicionamento?

Insultos não funcionam. Sei que você está discordando de mim neste instante, enquanto lê isto, porque os insultos fazem prender a respiração, e muitos deles são proferidos por pessoas que se pode considerar bem-sucedidas nos negócios, na política ou no entretenimento. Os insultos são ótimos para validar as convicções de seu ouvinte, se ele já concorda com você. Mas não há necessidade de persuadir quem já concorda com você, não é? Quando foi a última vez que você se sentiu motivado a reconsiderar uma posição porque alguém o insultou? Quando foi a última vez que você gostou de alguém logo depois que ele o insultou? Ao sermos insultados nos tornamos simultaneamente defensivos e agressivos. Nós nos defendemos e estamos desejosos de retribuir uma desfeita com uma desfeita maior ainda. O sentimento por trás disso, para nós e talvez para quem nos insulta, pode ser o expresso nesta frase: "Não me importa quais são seus fatos ou se você está certo, vou para o túmulo antes de concordar com o que você acabou de

---

* Friedrich Nietzsche, *Beyond Good and Evil* (Nova York: Vintage Books, 1966), Aphorism Number 183.

dizer." E muitas vezes queremos dizer isso mesmo. Literalmente, nunca cederemos o ponto pelo qual fomos insultados.

Verdade seja dita, posso insultar me valendo dos piores exemplares entre eles. Não se pode estar na política sem saber quais botões apertar. E não se pode jantar com Mick Mulvaney, Tim Scott, Jason Chaffetz, Lindsey Graham, Marco Rubio e John Ratcliffe sem ter casca grossa e sem saber como se envolver em um duelo mano a mano — verbal, é claro.

Na realidade, você pode compartilhar muitas refeições com Tim Scott sem precisar engrossar sua pele. Como já disse, ele é literalmente a pessoa mais gentil da política. Amigos, no entanto, implicam uns com os outros, o que era comum entre meus amigos em Washington. Mas isso não é persuasão (nem há ali insultos reais). Trata-se, de fato, de mexer um com o outro, de atiçar os nervos, às vezes usando de humor, às vezes sendo mais contundente. Insultos são outra coisa e, embora comuns na política e na cultura, não persuadem ninguém de nada.

Para finalizar: a hipocrisia não funciona. Falsidade não funciona. Viver segundo um conjunto de regras diferente daquele que você propõe para os outros não funciona. Persuasão requer movimento. Hipocrisia, falsidade, relativismo e padrões duplos não levam a um movimento positivo. Eles são ferramentas úteis se seu objetivo for um argumento completo, que não admite outras possibilidades. Lamentavelmente, a vida oferece oportunidades para argumentos assim, mas, novamente, eles só conseguem motivar aqueles que já concordam com você. Isso não requer muita habilidade. A persuasão, por requerer habilidade e ser rara, merece que a chamemos de arte.

Até este momento você já aprendeu a valorizar a arte da persuasão e aceitou e se convenceu da necessidade absoluta de conhecer seus fatos, saber quem é seu júri e calibrar seu objetivo com o ônus da prova apropriado. Conhece o básico do que funciona (envolvimento, simpatia e sinceridade) e sabe o que não funciona (mentira, insultos e hipocrisia). O trabalho de base foi feito, o essencial é conhecido e os fundamentos estão estabelecidos. Agora é hora de avançar em direção ao ato em si da persuasão — da arte da persuasão. É hora de aprender e utilizar as perguntas, algo indispensável quando se trata de atingir seus objetivos de comunicação. É hora de persuadir aqueles com quem você fala indo além de seu limite de evidências, incluindo, em alguns casos, estar acima de qualquer dúvida razoável.

PARTE 2

O ATO (E A ARTE) DA PERSUASÃO

CAPÍTULO 7

CORROBORAR VERSUS CONTRADIZER

O QUARTO PODER E A QUESTÃO DE US$64

Imagine que você está no Salão Oval, com o líder do mundo livre de um lado da mesa e representantes da mídia do outro, e você é inesperadamente convidado a participar da conversa. Com toda a probabilidade trata-se de ocasião única na vida e você tem muito o que dizer! Assuntos a tratar! Crenças para compartilhar! O que você faria? Você tem bastante confiança no poder das perguntas para persuadir, e está controlado o suficiente para resistir à tentação de fazer afirmações em seu propósito de persuadir?

No início de setembro de 2019, eu estava em Washington, DC, para participar de uma reunião cujo assunto era a prática do direito privado. Nessa época, eu já não estava mais no Congresso, então raramente tinha um motivo para ir àquela cidade. Câmara e Senado ainda observavam o recesso de agosto, então não havia necessidade de avisar meus amigos naquelas duas Casas Legislativas que eu estava na cidade. Eu sabia, porém, que meu ex-colega e companheiro de jantares Mick Mulvaney estava em DC, então lhe enviei uma mensagem de texto informando de minha presença, que tinha um voo de volta para a Carolina do Sul no meio da tarde e só queria deixá-lo saber disso. "Venha almoçar no caminho de volta para o aeroporto", foi a resposta dele.

Como um idiota, tirei minha gravata no caminho para a Casa Branca. Nem bem entrei no saguão, ouvi Mick gritar: "Vá buscar uma gravata para o Trey! Vou com ele dizer um alô para o chefe."

O chefe? Espera aí. Mick é o chefe de gabinete do presidente dos Estados Unidos. É isso que ele quer dizer com "chefe"?

"Humm Mick, eu teria cortado o cabelo se soubesse que iria ver o presidente", eu disse.

"Que diferença isso faria?" ele respondeu. "Seu cabelo é feio, curto ou comprido."

Naquela ocasião, o furacão Dorian estava prestes a chegar nas Bahamas e, por razões que possivelmente jamais entenderei totalmente, as manchetes do dia estampavam o fato de o presidente ter incluído o Alabama nos estados potencialmente afetados pela tempestade. Resumindo, ao mencionar em um tuíte os estados que provavelmente seriam afetados pela tempestade, ele incluiu o Alabama, que até então não estava na mira da tempestade. (Vou deixar de lado por enquanto a hiperfixação da cultura norte-americana com a negatividade, bem como a relutância em admitir que erros realmente existem e quando nós, de fato, os cometemos.)

No Salão Oval, o presidente Trump e representantes da mídia conversavam sobre justiça, integridade, objetividade e preconceito, temas discutidos contra o pano de fundo de uma necessidade e um desejo reconhecido por um Quarto Poder robusto, livre e respeitado.

Não estava lá nem há dez segundos quando o presidente pediu minha opinião sobre as questões que ele estava discutindo com os representantes da mídia.

O que você faria? Quais seriam suas próximas palavras? Era uma conversa importante. Uma conversa necessária no atual ambiente cultural e político da nação. Mas que foi uma conversa inesperada, com certeza foi. Não acordei na Carolina do Sul naquela manhã esperando estar no Salão Oval, acompanhando uma conversa sobre os padrões da mídia e os preceitos de justiça no contexto de um furacão.

Tendo em vista que estive na política por quase duas décadas, com os últimos oito anos em Washington, certamente havia formado uma opinião sobre a mídia e como ela interage com autoridades eleitas e outras pessoas em cargos de responsabilidade. Mas não a externei. Fiz aquilo que encorajo as pessoas a fazer: fiz uma pergunta. E então outra pergunta. E mais outra. Não fiz perguntas porque precisava de mais informações. Não fiz perguntas porque não estava certo dos fatos. Fiz perguntas porque, naquele momento, estava convencido de que fazer perguntas trazia maior probabilidade de persuasão do que simplesmente declarar frases que começassem com "eu acredito", "eu penso" ou "eu sinto".

Não vou contar aqui o que disse o presidente ou algum membro da mídia. Não porque seja confidencial, nem porque me pediram para não falar com ninguém a respeito. Não houve algo do tipo: "O que acontece aqui fica aqui." É apenas meu próprio senso de justiça que dita que, em circunstâncias assim, convidados não retransmitem conversas privadas.

Mas vou contar a você o que *eu* disse. Primeiro, perguntei: "Por que nosso sistema de justiça é mais respeitado do que nosso sistema político? Por que existe algo chamado *rule of completeness* ['regra de plenitude', em tradução livre, segundo a qual as partes podem exigir a totalidade das evidências envolvendo um determinado caso] no nosso ordenamento jurídico? Se é o suficiente para aquele sistema que respeitamos, por que não tentar com outras instituições? Se eu dissesse 'Mick apontou uma arma para mim', mas não incluísse o fato de que 'eu puxei uma arma para ele primeiro', isso é justo? Qual é a ferramenta que mais usamos na vida para elucidar a verdade?"

Ainda que você possa não participar de uma animada, embora importante conversa no Salão Oval entre o presidente dos Estados Unidos e membros da mídia, é provável que, na sua vida, você se veja em meio a uma conversa em que assuntos relevantes são tratados.

Ao iniciar sua fala a uma plateia, você consideraria fazê-la na forma de uma pergunta? Se o objetivo for obter mais informações, claro que o faria. No entanto, e se essa fase já tiver sido superada, e agora você está entrando no estágio da persuasão? Sua confiança no poder das perguntas o leva a começar aí, em vez de "Deixe-me dizer o que eu acho"? Isso é tentador, não é? Quando outras pessoas confiam bastante em você a ponto de trazê-lo para participar ou arbitrar uma conversa, a tentação é impressioná-los com alguma pérola de sabedoria ou verdade.

Lá no Salão Oval eu queria persuadir, e para isso procurei cristalizar e destilar as questões do ambiente político transferindo-as para um ambiente exponencialmente mais respeitado. E embora, claro, *às vezes* as palestras funcionem, as perguntas quase *sempre* funcionam, em especial quando elas incorporam os problemas em questão e os enquadram da maneira que você deseja.

Na arte da persuasão, suas perguntas têm apenas dois objetivos. Isso não é muito difícil, é? Dois objetivos para todas e quaisquer perguntas feitas. Dá para fazer isso!

As perguntas (1) corroboram ou (2) contradizem. Elas o fazem ir adiante naquilo que defende ou retardam as pretensões do adversário. As perguntas tendem a provar ou refutar um ponto em disputa. As perguntas tornam o ponto em questão mais ou menos provável de se mostrar verdadeiro.

Observe as perguntas que fiz no Salão Oval. Você realmente acha que eu estava pedindo ao pessoal da mídia uma análise do sistema de justiça? Claro que não. A questão ali é que o sistema de justiça é mais respeitado do que a política ou a mídia, e isso ocorre porque plenitude e, portanto, justiça, estão embutidas no sistema —

precisamente porque plenitude e justiça estão acopladas. Se em nosso sistema de justiça há uma regra de integridade, então por que não ter uma em áreas importantes como política e jornalismo também?

Use o exemplo de Mick e eu em um duelo, sacando um revólver. (Para aqueles que precisam ser tranquilizados: Não, Mick e eu nunca sacamos um revólver ou qualquer outro tipo de arma um para o outro. Mas há um porém; se ele tiver 43 tacadas em 18 buracos, como fez uma vez com meu parceiro em um jogo de golfe, reservo-me o direito de revisitar este assunto.) Na minha hipótese está correto dizer: "Mick apontou um revólver para mim." Nesse meu fato imaginário, essa afirmação é verdadeira. Também é claramente injusto simplesmente declarar esse fato, omitindo que ele o fez em legítima defesa. Em um tribunal não há limitação de palavras. Nossas evidências não têm que ficar restritas a um certo número de caracteres em um tuíte. Não estamos ali no tribunal cumprindo um prazo ou tentando ganhar fama. Não há pressão para criar manchetes estimulando o público a clicar em uma determinada história, e somos severamente punidos, tanto pelo juiz quanto pelo júri, se omitirmos intencionalmente fatos relevantes que colocam outros fatos em contexto.

Essa é a questão de fundo. Pessoas conscienciosas reconheceriam que omitir um fato tão importante quanto empunhar uma arma em legítima defesa é injusto, faz perder a credibilidade e, ademais, prejudica a objetividade da pessoa que omite tal fato.

Fazer as perguntas que fiz, e do modo como o fiz, tinha propósito de apresentar argumentos de corroboração e contradição, sem fazê-lo abertamente.

Há uma razão para termos uma regra de plenitude no sistema de justiça. A plenitude é o que todos devemos buscar, se aplicar a justiça for a intenção. O presidente mencionou o Alabama, portanto, é verdade dizer que ele o fez. Mas é simplesmente injusto deixar o leitor ou o ouvinte com a impressão de que esse é o *único* estado que ele mencionou (no tuíte constavam também Carolina do Sul, Carolina do Norte e Geórgia, estados de fato ameaçados pela tempestade). Pode-se questionar, ainda, o efetivo interesse ou motivo de alguém que colocou um nível desproporcional de atenção ao Alabama, excluindo ou minimizando outros estados. O que os jornalistas perdem ao mencionar *também* os outros três estados ao contar a história do que hoje é conhecido como a Controvérsia do Furacão Dorian-Alabama? Por que não expor *todos* os fatos? O que se ganha ao enfatizar a inclusão do Alabama pelo presidente e, ao mesmo tempo, não enfatizar a inclusão dos outros três estados? Se o objetivo é depreciar o presidente por incluir o Alabama, isso não poderia ser feito externando toda a verdade do que fora dito? Minha pergunta foi estruturada para contradizer os protestos da mídia de que precisão é justiça de fato. Você pode ser preciso e injusto, mas é *mais fácil*, na verdade, ser preciso e justo sendo também completo. Mais pessoas deveriam tentar.

Não procurei nem desejei participar da conversa do presidente com a mídia naquela tarde. Contudo, uma vez lá, a maneira de salientar os aspectos nos quais acreditava era usar perguntas calculadas para corroborar ou contradizer. Suas perguntas devem ter um objetivo específico, seja ele evidente ou encoberto, óbvio ou sutil, matizado ou explicitado —, mas deve ter um. No que se refere à persuasão e posições de comprovação ou contestação, os objetivos se alternam: construir ou destruir, avançar ou recuar, corroborar ou contradizer.

FAZER OU NÃO JOGO DURO

Quando eu era garoto, adorava todos os esportes, mas *principalmente* o beisebol. Como a maioria dos meninos, esperar meu pai parar na garagem depois do trabalho é uma das memórias mais vívidas e recorrentes da infância. Mais tarde, me dei conta que papais ficam cansados depois do trabalho. Eles, na verdade, querem trocar de roupa e relaxar por um segundo antes de ir para o quintal e arremessar a bola de beisebol (mas foi preciso ser pai para entender isso). Quando criança, eu tinha minha luva e a dele prontas para jogar nem bem ele saísse do carro — e os uniformes e tudo o mais, claro.

Meu pai era capaz de lançar a bola bem alto de modo que ela caísse como se viesse do céu direto em cima de você, e eu acampava sob a bola e esperava nervosamente que ela encontrasse minha luva. Muitas vezes ela encontrava minha luva — às vezes, minha cabeça. Meu pai era um pediatra e sabia que uma bola de beisebol na testa provavelmente não me mataria, mas minha mãe não entendia isso. Então, ela amorosamente me incentivou a encontrar um novo esporte ou colocar na testa uma placa de metal.

Bem, decidi outra coisa: aprender a catar a bola. Eu deitava de costas na sala, jogava uma bola perto do teto e a pegava antes que batesse em minha cabeça. Mas, como com uma bola de beisebol de verdade as aulas seriam muito rigorosas, comecei com uma bola de tênis. Afinal, há uma enorme diferença entre ser atingido na cabeça por uma bola de beisebol e uma bola de tênis, e se isso já lhe aconteceu, você sabe diferenciar muito bem o duro do macio.

Não é raro ouvir de um entrevistado, quando lhe fazem uma pergunta cuja resposta é problemática, esta resposta: "Bem, há 'questões e questões'." Com isso, fica evidente que a pessoa considera que a pergunta é "difícil" ou dura. Em contraponto, existem as perguntas "fáceis" ou suaves. Perguntas fáceis corroboram. Por exemplo, em uma entrevista coletiva na Casa Branca um repórter pode perguntar: *Sr. Presidente, o senhor gostou do fim de semana do Dia do Trabalho?* Essa é uma pergunta fácil.

É como estar em uma entrevista de emprego e ser questionado sobre seu maior ponto forte. Trata-se de uma pergunta concebida para ser fácil, de modo a permitir que o candidato apresente um aspecto pessoal favorável ou se posicione. É um convite à persuasão.

Esse tipo de questão é comum em debates políticos. Há perguntas que talvez o próprio candidato tenha escrito. *Por que você está concorrendo a esse cargo? O que o torna o candidato mais qualificado? Como é ser uma pessoa tão especial? Você alguma vez já se cansou de ser perfeito?* Essas são questões "fáceis" e são formuladas para dar crédito, corroborar ou promover uma posição ou uma pessoa.

Do ponto de vista bancário, essas perguntas permitem que alguém faça depósitos nas contas credibilidade, confiabilidade ou simpatia. E, como aprendemos, essas três características — credibilidade, confiabilidade e simpatia — são essenciais para a persuasão.

O outro tipo de pergunta contradiz, enfraquece ou contesta. Essas são as perguntas "difíceis". Ainda na analogia bancária, elas fazem retiradas nessas mesmas três contas: credibilidade, confiabilidade e simpatia. *O que você quis dizer com "sem novos impostos" quando os aumentou três vezes quando era governador? Quando você parou de beber no trabalho? Como você pode ficar acima de zero nas pesquisas?* Essas são perguntas que incomodam, contestam e tendem a colocar a pessoa que responde na defensiva ou a fazê-la tentar negar os fatos.

Dá-se o mesmo em um tribunal. Das duas, uma: você lhes pede para construir algo (corroborar) ou desconstruir algo ou alguém (contradizer). E acontece de, às vezes, a mesmíssima pergunta poder ser usada para contradizer e corroborar. Depende apenas do motivo ou propósito por trás de quem e quando a faz.

Em nossa própria vida, saberemos se alguém está ou não a nosso favor. Quer se trate de uma questão política ou de encontrar uma alma gêmea que também torce pelo mesmo time, percebe-se logo, na maioria das conversas, quem é seu amigo ou inimigo — ao menos no assunto que se está discutindo naquele momento.

Essa posição a seu favor ou contra é revelada não apenas pelo conteúdo das perguntas e respostas deles, mas também pelo tom e "costura" delas. Então, com amigos e aliados, seu objetivo é (espero) corroborar e construir. Dê-lhes oportunidades de expor. Dê a eles fatos incorporados em sua pergunta que reforcem a posição deles. *Quando seu time foi campeão pela primeira vez, quantos anos você tinha? Lembra-se daquela jogada no último minuto que nos deu o tricampeonato? Qual foi a vitória mais empolgante que você já viu?* Todas essas são perguntas amigáveis elaboradas para dar de bandeja acontecimentos que exaltam nosso time — e principalmente mostrar porque estamos tão à frente dos rivais.

Agora, e se você torcer por um time que ganhou o último campeonato nacional e seu interlocutor for fã de um time, digamos, nem tão vencedor assim? Primeiro, apele para seu bom coração. Se em vez disso pensar com o fígado, e ainda quiser contestar ou contradizer alguém falando sobre futebol, suas perguntas seriam muito diferentes, não é? *A II Guerra Mundial já tinha terminado quando seu time foi campeão pela última vez? As bolas ainda eram de capotão? Você ainda vai ao estádio para ver seu time jogar?* Não são perguntas amigáveis e, para ser sincero, nem gostei de escrevê-las.

AMOR E PRISÃO

Algumas perguntas podem ser ambivalentes. A pergunta pode ser a mesma, mas a intenção é decididamente diferente.

Sonya Pabellon era a esposa de Tommy Pabellon, que foi acusado de assassinar uma testemunha federal na Carolina do Sul. Quando a polícia entrevistou pela primeira vez Sonya Pabellon sobre o que sabia sobre o incidente, ela desconversou. Alegou que não sabia de nada, não tinha ouvido nada e que, de modo geral, não fazia ideia do que lhe estava sendo perguntado. Ela não foi convincente, mas foi consistente.

Se há uma coisa que faz alguém recuperar a memória é ser preso pela Polícia Federal. Sonya foi presa por acusações relacionadas a drogas, e foi inquirida novamente pela polícia sobre o que sabia a respeito daquele assassinato e o envolvimento de seu marido. Dessa vez, sua memória estava melhor.

Se você for o promotor e Sonya uma testemunha importante de seu caso, será preciso consultar as declarações anteriores dela (nas quais negou conhecimento), tendo em mente um propósito e um objetivo muito diferentes do que se você fosse o advogado de defesa tentando contestá-la.

Como promotor, ao perguntar a ela no banco das testemunhas: "Por que você mentiu para a polícia quando foi entrevistada pela primeira vez?", estamos dando a ela uma chance de explicar. É uma pergunta destinada a corroborar seu testemunho, permitindo-lhe admitir que de fato mentira na primeira vez e explicar por quê. O objetivo é fazer com que a testemunha ganhe credibilidade, pois lhe dá a oportunidade de reconhecer que estava intencionalmente errada na primeira vez que foi questionada. Não obstante seja um fato negativo que tem que ser abordado, seu propósito com a pergunta é fazer com que a testemunha pareça mais confiável. Oferecer informações negativas voluntariamente concorre para que a pessoa que assim procede seja vista de maneira mais favorável.

Após negar que seu marido tivesse qualquer envolvimento com o assassinato de uma testemunha federal, e após ter sido presa por suas próprias acusações de drogas, Sonya Pabellon foi de novo entrevistada pela polícia. Nesta segunda vez, ela disse à polícia que seu marido estava de fato envolvido naquele assassinato. Quando o advogado de defesa perguntou à Sra. Pabellon por que ela, ao falar com a polícia na segunda vez que foi entrevistada, mentira, implicando seu marido no crime, isso foi um esforço para contradizê-la, para contestá-la, para tornar seu testemunho menos provável de ser acreditado.

A pergunta de fundo é a mesma pergunta — "Por que você mentiu?" — mas com duas diferentes expectativas e oportunidades.

A propósito, a resposta da Sra. Pabellon foi tão boa quanto poderia ser para uma pergunta como "Por que você mentiu?" No testemunho, ela disse: "Quando foi entre meu marido e a polícia, escolhi meu marido. Quando foi entre meu marido e eu, escolhi a verdade." O júri acreditou nela. Tommy Pabellon foi condenado e cumpre quatro penas de prisão perpétua, sem possibilidade de liberdade condicional.

Há um número infinito de razões na vida para fazermos perguntas. Às vezes, realmente precisamos saber que horas são. Às vezes, estamos realmente interessados em saber se alguém gostou de O Paciente Inglês. E, às vezes, estamos realmente tentando entender por que o treinador do nosso time gosta tanto de atacar, mas deixa um buraco tão grande na defesa que já custou muitas derrotas. Bem, confesso! Esta última pergunta não é para obter mais informações, mas sim para tentar persuadir o treinador de que defender bem também faz parte do jogo.

Mas, no que diz respeito à persuasão, há apenas um de dois propósitos em fazer perguntas, propósitos que, em essência, são apenas estes dois: corroborar ou contradizer. Dizendo isso de outro modo, há aqueles que somam ou subtraem; aqueles que fazem depósitos nas contas que valorizamos ou aqueles que fazem retiradas; e aqueles que nos aproximam de nosso alvo ou aqueles que impedem e obstaculizam outros na perseguição de seus alvos.

Portanto, agora que sabemos os dois *propósitos ou objetivos* de fazer perguntas, podemos passar para os dois tipos e *meio* de perguntas. Calma, não se preocupe. Fui reprovado em matemática, lembra-se? No que se refere a essa matéria, não iremos mais longe que isso, prometo.

CAPÍTULO 8

LIDERAR OU NÃO O CAMINHO

DOIS CAMINHOS E MEIO PARA CHEGAR LÁ

Bem-vindos ao tribunal!

REGRA 611. COMO E EM QUE ORDEM INTERROGAR AS TESTEMUNHAS E APRESENTAR AS EVIDÊNCIAS

(a) **Controle pelo Tribunal; Objetivos**. Cabe ao tribunal exercer um controle razoável sobre como e em que ordem interrogar as testemunhas e apresentar as evidências para:

(1) tornar esses procedimentos eficazes na determinação da verdade;

(2) evitar perda de tempo; e

(3) proteger as testemunhas de assédio ou constrangimento indevido.

(b) **Escopo do "cross-examination"** [interrogatório de uma testemunha pelo advogado da parte contrária à que a apresentou]. Esse interrogatório não deve extrapolar o assunto em questão e levantar situações que afetam a credibilidade da testemunha. O tribunal pode permitir a investigação de questões adicionais como se fosse um interrogatório direto.

(c) **Perguntas Indutoras**. Perguntas indutoras [aquelas formuladas de maneira a conduzir a testemunha a uma determinada resposta] não devem ser usadas no interrogatório direto, exceto quando necessário para desenvolver o depoimento da testemunha. Normalmente, o tribunal deve permitir perguntas indutoras:

(1) no cross-examination; e

(2) quando uma parte chama uma testemunha e descobre que as respostas são contrárias à posição legal de seu cliente ou a testemunha torna-se abertamente antagônica ou identificada com a parte contrária.

Essa é a norma regulatória de como se deve interrogar as testemunhas em um tribunal. Veja que a seção (c) tem o título "Perguntas Indutoras" e que perguntas com essa característica não podem ser usadas em um interrogatório direto em um tribunal. Em termos gerais, interrogatório direto é quando você faz perguntas a uma testemunha que convocou. Em um caso criminal, se você for o promotor, é você quem chama para depor o caixa do banco que estava presente quando um mascarado entrou e lhe entregou um bilhete exigindo o dinheiro. Isso é interrogatório direto e perguntas indutoras não são, normalmente, permitidas.

O oposto do interrogatório direto é o que chamamos de cross-examination, um tipo de procedimento que tem um nível desproporcional de atenção. Em programas de televisão e filmes raramente se vê cenas dramáticas de interrogatório direto. O contrário ocorre no cross-examination. O interrogatório de um acusado por um promotor, ou o interrogatório de uma vítima pelo advogado de defesa, atrai mais atenção do que o interrogatório direto de uma testemunha por seu próprio advogado. Mas não se deixe enganar por isso. É no interrogatório direto que a narrativa é construída. É no interrogatório direto que as informações são transmitidas. Na maioria das vezes, é no interrogatório direto que os casos são realmente ganhos e perdidos.

No último capítulo, vimos que fazer perguntas tem dois propósitos: (1) corroborar e (2) contradizer. Neste capítulo, vamos nos concentrar nos dois tipos e *meio* de perguntas, pelo menos no que se refere a mover pessoas de uma posição para outra. Na vida, no que diz respeito à comunicação e à persuasão, existem dois tipos principais de perguntas — não indutoras e indutoras —, mas vamos adicionar uma (quase) terceira categoria. Ela é o "meio" e é uma pergunta dos "por quê".

PERGUNTAS NÃO INDUTORAS

Não indutoras são aquelas perguntas feitas quando pensamos em questões da vida cotidiana. Geralmente, começam com "quem", "o quê", "quando", "onde" e "como". São perguntas que buscam informações (e são as que usamos no exame direto).

Que horas são?

Quem foi o último a sair do escritório?

Quando você saiu de férias?

Onde você deixou meu livro?

O foco está na resposta e não na pergunta. Se você está no tribunal e, como promotor ou demandante, tem o ônus da prova, você faz perguntas não indutoras às suas testemunhas. As perguntas não direcionadas podem ser inteligentes, podem ser eficazes e podem ser esclarecedoras. Mas não sugerem qual deveria ser a resposta, como fazem as perguntas indutoras.

Os promotores são frequentemente mais conhecidos por seus interrogatórios de réus do que por suas perguntas às testemunhas e vítimas. Mas são estes interrogatórios diretos, usando perguntas não indutoras, que constroem o caso. As perguntas não indutoras lhe permitem agir de forma afirmativa e proativa graças à sua natureza não reacionária, oposta à das perguntas indutoras.

Em casos de pena de morte, por exemplo, você se valerá de perguntas não indutoras para dar ao júri uma noção da perda que a família da vítima sente.

Qual foi a última coisa que você disse à sua filha antes de ela ser morta?

Do que você mais sente falta com a morte de sua mãe?

Que tipo de pessoa era seu irmão?

Como você descreveria o relacionamento de sua irmã com os filhos dela? Que tipo de mãe ela era?

Se você pudesse falar com seu pai uma última vez, o que gostaria de dizer a ele?

Em nosso dia a dia, usamos perguntas não indutoras na maioria das vezes.

Quem vamos convidar para o jantar?

O que você quer fazer hoje, querida?

Que dia da semana a gente precisa ir ao supermercado?

Onde você comprou esta gravata incrível?

Como foi seu dia na escola?

As perguntas não indutoras oferecem várias vantagens, entre as quais (1) aumenta suas chances de estabelecer um melhor relacionamento com a pessoa a quem está fazendo perguntas, (2) faz com que seja menos provável você ofender o interrogado devido ao caráter-aberto da pergunta, e (3) permite a você fazer com que a pessoa exponha seu ponto de vista de maneira ininterrupta.

Por outro lado, a desvantagem de usar perguntas não indutoras é que você perde algum controle no direcionamento da conversa.

O primeiro encontro de Lindsey Graham com Joe Biden comprova esse ponto.

Lindsey conta a história desta forma. Novo no Senado, ele estava participando de uma delegação do Congresso com Joe Biden. Graham não conhecia Biden muito bem na época, e eles tinham um voo de 14 horas pela frente, sentados um ao lado do outro. Em dado momento, quando decolavam da Base Aérea de Andrews, Lindsey se virou para Biden e perguntou: "O que se passa com a política de Delaware atualmente?" Segundo Lindsey, quando o avião estava pousando em Bagdá, Biden virou-se para ele e disse: "Vou terminar a história no táxi a caminho do hotel!"

Tenho lá minhas dúvidas (mais ou menos) de que Biden tenha falado por 14 horas seguidas sobre a política de Delaware. Mas a história de Lindsey não só é engraçada, como ilustra bem o poder e as limitações das perguntas não indutoras. Com elas, você faz a pessoa falar, mas às vezes ela fala muito, e quando chega ao fim você já esqueceu o que havia perguntado no início.

PERGUNTAS INDUTORAS

Uma das minhas grandes frustrações com as audiências no Congresso foi o curto limite de tempo para as arguições e discussões feitas às testemunhas ou parlamentares. Você consegue pensar em alguma outra situação na vida em que as questões são importantes e muitas vezes complexas, mas cuja discussão fica limitada a alguns poucos minutos? Não admira que, no Congresso, quase nunca se vê o uso de perguntas não indutoras em audiências. Isso acontece não porque essas perguntas não são eficazes, mas devido ao curto limite de tempo, que restringe a capacidade de qualquer um de fazer qualquer coisa de modo eficaz.

Quando sua preocupação constante é com o correr do tempo, ou o fato de uma testemunha demorar muito para responder a uma pergunta quando você tem engatilhadas outras três, torna-se quase uma obrigação usar perguntas indutoras para acelerar o processo.

Portanto, nas audiências do Congresso, nos tribunais durante o interrogatório do réu e testemunhas da outra parte, e muito frequentemente nos programas de entrevistas na televisão, o que se vê são *perguntas indutoras*. Elas sugerem a resposta, colocam o foco na pessoa que faz a pergunta e não na pessoa que a responde, e muitas vezes provocam confrontos.

"Estou enganado ou já disse a você para arrumar seu quarto umas seis vezes?"

"Você chegou tarde, no começo da madrugada, não é?"

"Você pegou a última xícara de café, por que não fez mais?"

"É verdade que você chegou atrasado no trabalho hoje?"

Em um talk show, infelizmente é mais ou menos assim: *Você votou contra o financiamento adicional para o programa de creches — você odeia tanto assim as crianças?* ou *O Ministério Tal está cheio de gente infiltrada determinada a derrubar este governo, não é?*

Essas são todas perguntas indutoras. Em sua essência, elas fazem uma afirmação e o colocam na posição de concordar ou discordar dela. Essas perguntas têm o objetivo de manietar alguém, forçar a pessoa a admitir um fato ou externar um ponto de vista. Quem pergunta está no controle total. Esses tipos indutores de perguntas são quase inerentemente argumentativos. Em um tribunal, elas são reservadas para interrogar testemunhas da parte adversária ou, até mesmo, uma testemunha que você chamou para depor que está sendo hostil, não colaborativa, ou talvez até temerosa da responsabilidade do depoimento. Então, ao fazer esse tipo de perguntas, você, na prática, testemunha *por* eles declarando um fato e complementando: *Não é mesmo?*

Perguntas indutoras também podem ser úteis para ajudar uma testemunha que está tendo dificuldades para depor.

Este não é um livro que trata de política, nem lhe diz no que deve ou não acreditar. Contudo, minhas experiências com perguntas — e, portanto, minhas ilustrações sobre usar perguntas — vêm necessariamente do tribunal, do Congresso ou de minha própria de vida.

Por que digo isso? Porque meu intuito não é que você se fixe na substância das perguntas ou das respostas em qualquer das ilustrações que faço. Fique à vontade para formar a opinião que melhor lhe aprouver sobre qualquer questão política! Veja: se eu, pessoalmente, gostasse de política, não a teria deixado. Não uso exemplos de investigações ou audiências no Congresso porque aprecio política, mas porque ao longo de meus oito anos no Congresso fui capaz de fazer perguntas a algumas pessoas muito conhecidas, inteligentes e experientes, como Hillary Clinton, Leon Panetta, ex-ministro da defesa, David Petraeus, ex-diretor da CIA, James Comey, ex-diretor do FBI, a senadora norte-americana Elizabeth Warren, o ex-procurador-geral Eric Holder, Jared Kushner, o inspetor-geral Michael Horowitz, Samantha Power, Ben Rhodes e Susan Rice. Fora das câmeras, tive a oportunidade de visitar e fazer perguntas a Bono, vocalista do U2, uma das maiores banda de rock do mundo; a brilhantes mentes jurídicas como Paul Clement; e, ainda, naquele que sempre será o dia mais difícil de todos no serviço público, o dia em que o presidente da Câmara, John Boehner, me pediu para ir com ele para uma reunião com os pais das crianças assassinadas na escola primária Sandy Hook.

Nos exemplos que dou, alguns de vocês concordarão com minhas perguntas e outros não. Alguns de vocês ficarão do lado da pessoa que está respondendo às perguntas e outros não. Isso não me diz respeito, e suas convicções políticas, se as tiver, são irrelevantes quando se trata de usar perguntas para apresentar seu caso. É que, ao fazê-lo, só posso me basear em minhas experiências. Por favor, seja paciente comigo.

Em minha passagem no Comitê Permanente de Inteligência da Câmara, fui chamado a entrevistar dezenas de testemunhas relacionadas à interferência russa em nossa eleição presidencial, às alegações de conluio com o governo russo, bem como questões envolvendo as reações de nosso próprio governo quanto a isso. Uma dessas testemunhas foi o ex-procurador-geral Jeff Sessions e uma das áreas de investigação foi a agora famosa troca de e-mails entre Donald Trump Jr. e Rob Goldstone marcando o encontro na Trump Tower em junho de 2016.

Jeff Sessions é com certeza uma pessoa inteligente e capaz. Ninguém se torna um procurador dos Estados Unidos, um senador dos Estados Unidos e o procurador-geral dos Estados Unidos sem ter condições para isso. Mas aquela seria uma entrevista difícil para ele por vários motivos. E, ao contrário de um tribunal ou mesmo de uma entrevista pública, não havia ali um júri de concidadãos presentes para garantir perguntas justas e um processo razoável. Então, o que você faria? Certamente haveria tópicos muito difíceis de abordar, como sua recusa da investigação na Rússia, seu apoio ao então candidato Trump e seu depoimento diante do Comitê Judiciário do Senado em sua audiência de confirmação. Como você lidaria com essas várias questões que estariam na mente das pessoas durante a entrevista? Essa entrevista seria principalmente sobre a investigação na Rússia, então os e-mails entre Rob Goldstone e Donald Trump Jr. seriam colocados em evidência.

Aqui está o primeiro e-mail da troca de mensagens, e aquele que gerou mais perguntas:

3 de junho de 2016, às 10h36, Rob Goldstone escreveu para Donald Trump, Jr.:

Bom Dia

Emin acabou de ligar pedindo para contatá-lo com algo muito interessante.

O promotor público da Coroa da Rússia esteve esta manhã em uma reunião com o pai dele, Aras, e ofereceu-se para fornecer à campanha de Trump alguns documentos e informações oficiais que incriminariam Hillary e suas negociações com a Rússia e seriam muito úteis para seu pai.

Obviamente, trata-se de uma informação de alto nível e confidencial, mas faz parte do apoio da Rússia e de seu governo ao Sr. Trump, com a ajuda de Aras e Emin.

Em sua opinião, qual é a melhor maneira de lidar com essas informações, e você poderia falar diretamente com Emin sobre isso?

Também posso enviar esta informação a seu pai via Rhona, mas como é algo muito delicado, queria enviar a você primeiro.

Atenciosamente,

Rob Goldstone

Decidi fazer perguntas indutoras ao procurador-geral Sessions, não porque ele não fosse capaz de responder às não indutoras, mas porque havia certos aspectos que seriam melhor abordados com perguntas indutoras. Não adotei essa linha de procedimento em razão de haver qualquer limitação de tempo. Ao contrário de outras audiências no Congresso, não houve restrições de tempo durante aquelas entrevistas. Ocorre que percebi a necessidade de direcionar a investigação destacando e ordenando certos pontos, e as perguntas indutoras tinham muito mais chance de serem eficazes do que as não indutoras.

Com certeza, você começaria destacando a realidade de que não há promotor público da Coroa na Rússia, certo? Isso não significa que o resto do e-mail é fundamentalmente duvidoso, mas, como vimos nos capítulos anteriores, erros factuais prejudicam a confiabilidade do que vem depois. E, é claro, é preciso ter em mente que esse e-mail equivale a um e-mail de notificação. Com isso, quero dizer que os democratas da Câmara usariam o e-mail para mostrar que os participantes sabiam muito bem do que se tratava e, portanto, foram informados de que a reunião não era sobre a adoção de crianças russas (de acordo com a declaração emitida por Donald Trump Jr.), mas sim sobre coleta de informações de um advogado russo sobre a secretária Clinton. Você não pode evitar esse fato, assim, deve confrontá-lo e fazer isso de modo direto.

Assim, é preciso, ao entrevistar o procurador-geral Sessions, ir direto à linha mais contundente desse e-mail e confrontá-la usando perguntas indutoras. Essa linha é a seguinte: "Ofereceu-se para fornecer à campanha de Trump alguns documentos e informações oficiais que incriminariam Hillary e suas negociações com a Rússia e seriam muito úteis para seu pai."

Embora não seja uma transcrição exata, eis, em retrospecto, o que eu pretendia perguntar, perguntei em alguns casos, ou gostaria de ter perguntado:

> "A Sra. Hillary Clinton foi primeira-dama, senadora dos Estados Unidos e Secretária de Estado [equivalente, no Brasil, ao cargo de Ministro das Relações Exteriores], certo?"
>
> "Dois desses trabalhos com certeza, e talvez todos os três, teriam gerado documentos, certo?"

"Esses documentos teriam sido documentos oficiais, certo?"

"O e-mail diz 'documentos e informações oficiais', não é?"

"Não são informações pessoais, certo?"

"Nada sobre e-mails ou informações pessoais, correto?"

"Se é oficial, já se encontra em domínio público, não é?"

"A palavra 'oficial' pode caracterizar as palavras 'documentos' e 'informações', certo?"

"Então, e essa é a questão aqui, alguém se ofereceu para fornecer informações oficiais do período em que ela era uma figura pública trabalhando no, ou em nome do, governo dos EUA? É disso que se trata?"

"Por oficial entende-se algo que já é *oficial*, não é?"

"Ela teve 'relacionamentos com a Rússia' como senadora, certo?"

"*Poderia* ter, certo?"

"*Definitivamente* tinha relacionamentos com a Rússia como Secretária de Estado, certo?"

"Então, os russos estão se oferecendo para nos dizer o que ela tratava oficialmente com a Rússia quando ela era oficialmente nossa representante perante eles?"

"Já sabíamos disso, não é?"

"Deixe-me ter certeza de que entendi direito. Os russos estão se oferecendo para nos dar 'informações oficiais sobre suas negociações com a Rússia', embora já tenhamos essas informações? É isso que é tão escandaloso, oferecer informações já conhecidas?"

"Então, os russos estão oferecendo informações oficiais que já são de domínio público sobre uma pessoa pública que está concorrendo à presidência, e isso é de alguma forma mais significativo do que os russos fornecerem informações pessoais sobre um cidadão comum que também está concorrendo à presidência?"

Essas são as perguntas indutoras. Como advogado, parlamentar e pai, filho ou colega de trabalho, você deve lidar com os fatos tal como os vê. O fato era que o e-mail existia e precisava ser examinado. Foi melhor explorado fazendo perguntas indutoras ao ex-procurador-geral Sessions, as quais o direcionaram de uma certa maneira e com a resposta e o significado estando incorporados nas perguntas. Essa é a natureza das perguntas indutoras. Com elas, você dá a resposta e destaca o que é importante enquanto faz a testemunha simplesmente concordar.

A COMPLEXIDADE DO "POR QUE"

Estávamos certos em dar o nome de Abigail Anderson Gowdy a nossa filha em homenagem ao juiz G. Ross Anderson Jr. Não é difícil que ela acabe sendo tão boa advogada quanto ele. E ela já nasceu inclinada a estar ao lado dos menos afortunados e dos desprovidos de poder e influência.

Não faz muito tempo, tivemos uma conversa sobre as consequências de desastres naturais e a resposta humana a eles. Mais especificamente, discutíamos a questão dos saques. Alguns acreditam que é aceitável saquear para satisfazer as necessidades básicas da vida, como comida e água; que se trata quase de um contrato social implícito de "Vou aceitar isso por enquanto, porque não há dinheiro para pagar e vamos acertar mais tarde, quando a emergência passar". Chame isso de defesa Jean Valjean.

Outros, como eu, são mais propensos a argumentar que o roubo não deixa de ser um crime quando ocorre em ocasiões de desastres naturais, mas a punição deve ser mitigada com base nos fatos. Em outras palavras, roubar é roubar, mas é preciso levar em conta que o motivo pelo qual alguém faz alguma coisa é importante, e ajustaremos a culpabilidade de acordo, mas não mudamos a escala do que é certo ou errado.

O que ocorre aqui — aliás, algo nada incomum — envolve uma questão de "por que".

Por que você roubou?

Por que você matou?

Por que você mentiu?

Por um lado, "por que" é a pergunta mais importante do mundo. O "por que" pode reclassificar uma morte por assassinato para uma morte por legítima defesa. O "por que" pode levar uma mentira a ser considerada um mal necessário para evitar uma consequência pior. O "por que" é, em muitos casos, a questão que mais importa e a que menos importa; depende apenas da instância e dos fatos específicos. Se você matou alguém porque ele estava roncando muito alto, isso responde à pergunta "por que", mas está longe de diminuir o mal, e na verdade pode agravá-lo. Se você matou alguém porque ele estava prestes a cometer um ato de violência contra uma criança, isso não apenas atenua o crime a ponto de ele deixar de ser um crime, mas nos faz gostar mais de você. Portanto, a pergunta "por que" é factualmente importante. E também é importante do ponto de vista da natureza humana.

Todos temos por característica querermos ser compreendidos e podermos nos explicar. Estamos sempre pensando que, se pudermos colocar nosso lado da história, isso fará toda a diferença no mundo. Também somos curiosos por natureza. Ao ouvir que um casal está se separando, o que fazemos? Perguntamos: *Por quê? O que aconteceu? Quem fez o quê?*

Isso é verdade na vida, e não a deixamos do lado de fora quando vamos a tribunais, salas de reunião, encontros de pais e professores ou refeições em família.

Em casos de assassinato, o "por que" quase nunca importa, exceto em casos de legítima defesa. Não há defesa legalmente aceitável para assassinar a não ser por legítima defesa, necessidade, justificativa ou acidente. Mas você pode ficar certo de que "por que" é a primeira pergunta que vem à mente dos jurados. As pessoas querem saber o motivo: de você fazer o que faz, de você acreditar no que acredita, de as coisas acontecerem.

Após o horrível assassinato em massa em Las Vegas, Nevada, em outubro de 2017, fui questionado na televisão sobre um possível motivo para o ataque a tiros. Para ser franco, hesitei se deveria ou não responder à pergunta porque em certos casos vejo o motivo por um ângulo diferente do de meus colegas. Motivo é outra palavra para "por que". Quase não perdi tempo pensando no motivo ou no "por que". Afinal, que explicação poderia haver para atirar sistematicamente em estranhos inocentes em um show ao ar livre? Se eu pudesse dissecar toda a natureza humana, não consigo imaginar que aspecto dela me permitiria construir uma explicação capaz de fazê-lo dizer: "Ah, agora eu entendo. Obrigado por explicar isso."

Em termos legais ou sociais não há explicação aceitável. De certo modo, prestamos um desserviço quando tentamos entender o "por que" de depravações, pois não existe um motivo que as explicaria adequadamente. Assim, passo menos tempo pensando no "por que" e mais tempo pensando em como prevenir o ato, independentemente de um "por que". Admito, porém, que faço parte da minoria. A parcela majoritária das pessoas quer uma explicação, quer saber o motivo e, portanto, quer saber o "por que". Ainda quando não há uma resposta apropriada.

No que se refere à persuasão, o "por que" é uma pergunta perigosa carregada de todos os tipos de armadilhas, promessas e potenciais.

Do lado negativo, você perde o controle da narrativa. Ao fazê-la, você convida a pessoa com quem está falando a dominar a sequência da interação. Pense nisso. Ao perguntar a uma criança porque ela foi mal em um teste ou questionário, o que vem depois? Embora possa ser "Bem, eu não estudei direito", isso é raro. É mais provável que venha uma história começando com a descoberta do fogo ou os continentes se separando, e incluindo tudo o que aconteceu com aquela criança desde o nascimento, e toda a pressão que ela sente para atender às suas expectativas e como a vida é dura para quem tem 13 anos, até que, por fim, você se arrepende de ter perguntado "por que". Você pode perder o controle da conversa, ou, quem sabe, aquela criança lhe dê uma explicação tão esfarrapada que o fará ganhar de presente uma dúzia de perguntas que o ajudarão a provar seu ponto. Você não sabe o que vai acontecer e o "por que" é, portanto, uma pergunta arriscada. Entretanto, é que mais queremos saber! Ou seja, é uma mistura de promessa e armadilha, e como não podemos ajudar a nós mesmos, perguntamos:

Por que você bateu o carro?

Por que você não arrumou seu quarto?

Por que você não me ajudou a apresentar o trabalho?

Por que temos que assistir ao filme do Papai Noel todo Natal? (Porque ele vem por aqui todo Natal, é por isso!) Mas por que ele vem só no Natal?

Ou meu favorito, de um parceiro de golfe: "Por que você usou aquele taco?" (Porque eu achei que era o taco certo, seu idiota. Por que outro motivo eu o teria escolhido?)

Quando se trata de perguntar "por que", é necessário equilibrar a ameaça de perder o controle com a promessa potencial de uma mina de ouro de perguntas decorrentes da primeira delas. Perguntar "por que" às vezes leva a pessoa a respostas que revelam parcialidade, interesse no resultado do que for que se está discutindo ou falta de fundamento factual.

Se a resposta a qualquer pergunta "por que" for "porque alguém me disse isso", então você tem sua pergunta decorrente já pronta e acabada: pergunte "como" ou "por que" aquela outra pessoa sabe o que afirma saber. Se a resposta a "por que" for "é nisso que sempre acreditei", você tem à disposição as perguntas de acompanhamento para contestar essas crenças anteriores e o que pode tê-las formado ou instruído.

Isso me leva à ferramenta mais poderosa de nossa caixa de ferramentas para persuadir e derrubar os argumentos contrários: a contestação. Mal utilizada, a contestação é um tiro no pé, tornando as tentativas de persuadir ainda mais difíceis. Aperfeiçoando a arte da contestação, no entanto, você estará no caminho certo para se tornar um mestre em persuasão.

CAPÍTULO 9

NÃO *ESSE* TIPO DE CONTESTAÇÃO

ASSASSINOS DE CREDIBILIDADE

Há um processo constitucional no qual se contesta a condição de um Presidente da República de exercer o cargo para o qual foi eleito que pode resultar em sua destituição e até mesmo proibição de voltar à vida política. É equivalente à pena de morte política, pois você é removido do cargo e impedido de no futuro ocupar uma posição pública eletiva. Odeio desapontá-lo, mas *não* estamos falando desse tipo de contestação.

Na constituição dos EUA está prevista outra forma de contestação dentro da noção geral de devido processo legal, mais especificamente na Sexta Emenda, e esse é o tipo de contestação que é preciso dominar para se tornar um comunicador eficaz e um mestre na persuasão.

Pense nesse tipo de contestação como um atentado à credibilidade. Pense nesse tipo de contestação como um descrédito, uma subtração, em linha com contradição, não com corroboração. Pense nesse tipo de contestação como algo que faz com que acreditar na próxima coisa que sai da boca de uma pessoa seja menos provável.

Vamos fazer um exercício.

Feche os olhos e pense por um momento. Pense no que o torna mais provável de acreditar em alguém. Discutimos muitos desses traços no início do livro — acesso a fatos, credibilidade, simpatia e autenticidade. Há outros além desses, também. Alguns podem lhe dar a sensação de credibilidade de um modo bem particular. Para você, o que torna os outros mais dignos de confiança?

Quando eu era um promotor novo em folha, os colegas mais antigos do escritório recomendavam que eu me barbeasse todos os dias. Ganhei de meu pai um barbeador elétrico para ter no escritório e poder fazer a barba durante o dia. Por quê? Aquela geração, por razões que nunca entendi totalmente, acreditava que pelos no rosto e credibilidade não andavam de mãos dadas. Talvez tenha a ver com o debate Nixon-Kennedy. Ouvi alguns afirmarem que, devido a Nixon ter se apresentado com a barba sem fazer desde a manhã, o rosto já meio assombrado, tinha menos chance de se fazer acreditar. Para minha geração, isso parece ridículo. Mas, creia em mim, já ouvi isto e não foram poucas vezes: barba por fazer é igual a falta de credibilidade.

No entanto, certamente existem detalhes e peculiaridades que levam a acreditar ou não que alguém está dizendo a verdade. O que o deixa menos propenso a considerar uma pessoa confiável? Quais fatores o predispõem a acreditar na pessoa com quem está falando? Linguagem corporal? Contato visual? Olhos em constante movimento? Pausas longas com os olhos movendo-se para cima e para o lado? Silêncio? Muita falação? Começar uma frase com "Eu realmente não deveria confessar isso, mas... para lhe dizer a verdade..."?

Algo que você acha inacreditável pode não me afetar do mesmo jeito ou vice-versa. Não obstante, ainda vale a pena refletir sobre o que geralmente o torna mais ou menos provável de acreditar em alguém e, inversamente, o que você faz (ou deixa de fazer) que afeta a forma como os outros percebem sua credibilidade.

Assassinos de credibilidade são encontrados a torto e a direito por aí. Pode ser por falta de experiência, expertise ou acesso aos fatos (alguém que não compareceu a um jantar comentando como ele foi ótimo). Pode ser por falta de honestidade, seja intencional ou não (dizer que o jantar ocorreu no dia 31 de abril, quando de fato não existe 31 de abril). Pode ser devido à reputação; atos anteriores de desonestidade, fraude, enganações ou qualquer ato ou crime moralmente torpe (É mais provável que acreditemos que alguém tenha roubado um talher de prata em um jantar, se ele já tiver feito isso no passado). Pode ser por parcialidade, interesse e motivo. Você acreditaria na recomendação de alguém que estivesse recomendando que você comprasse um conjunto de facas produzido pela empresa dele? Pode acontecer, mas o ônus da persuasão dessa pessoa seria maior, porque você sabe que ela tem motivação financeira para vender seus produtos. Isso não significa que o ônus da persuasão seja tal que impeça a compra, mas pode muito bem significar que a montanha a escalar é mais íngreme.

Imagine uma mãe depondo como testemunha no julgamento de seu filho por roubo. E você tem de interrogar a mãe.*

Você levantaria os fatos primeiro, é claro. O filho estava com a mãe na hora em que o roubo ocorrera, ela estava presente na hora do roubo ou ela estava dando um álibi para o filho? Todas essas questões relacionam-se ao que discutimos antes, sendo uma oportunidade de averiguar qualquer fato que possa ser importante. E se ela for chamada apenas para dar um testemunho de caráter geral, afirmando que seu querido e doce filho *nunca* cometeria um roubo? Como você a contestaria? Você apontaria o relacionamento, com certeza. Mas daria um passo adiante, talvez indo longe demais?

Diz a lenda que o promotor faria uma pergunta indutora típica: "E não é verdade que o réu é seu filho, e não é verdade que você ama seu filho, e não é verdade que você mentiria por seu filho?" (Claro que sim. Se mamãe não mentir por você, quem o

---

* Na verdade, você não tem que interrogar todas as testemunhas chamadas pelo outro lado. E quanto melhor você se sair na persuasão e comunicação, melhor será sua noção sobre o que responder, reagir e ignorar. Mas, para os fins deste exemplo, vamos supor que você morda a isca e questione a mãe do réu.

fará, não é?) A mãe testemunhou: "É claro que eu mentiria pelo meu filho, mas fico muito feliz de não precisar fazê-lo neste caso."

Ser um membro da família ou um parente próximo enquadra-se na categoria de parcialidade, motivo, relacionamento ou interesse no resultado. Isso *não* significa que a pessoa não está dizendo a verdade. Mas significa que ela será questionada quanto a isso, e pode significar que ela precisará ser ainda mais convincente para superar a dúvida ocasionada pela relação, interesse ou motivo.

Essa é a estrutura geral a partir da qual examinaremos a contestação. Vale a pena bater na mesma tecla: a contestação é a melhor maneira de desqualificar o argumento de alguém com quem você está em desacordo e, por outro lado, uma das coisas em que é necessário ficar mais atento quando são os outros que estão procurando desqualificar ou refutar os seus argumentos. Na prática, a contestação tem três categorias gerais: contestação dos *fatos*, contestação do *princípio abrangente ou da conclusão* e contestação da *pessoa*.

CONTESTAÇÃO DOS FATOS

Imagine que, nos EUA, há um juiz do Seguro Social revertendo decisões sobre benefícios por invalidez em 90% dos casos.[*] Você leu corretamente: um juiz de direito administrativo (ALJ, na sigla em inglês) designado para ouvir casos de Seguro Social, revertendo decisões em primeira instância 90% das vezes. Em termos gerais, em 100 recursos, o ALJ diz que a pessoa que ouviu o caso no nível de apuração de fatos errou 90 vezes. Ou você tem um ALJ ativista ou um analista não muito inteligente. Mas uma taxa

---

[*] NT: No Brasil, as solicitações de auxílio-doença e aposentadoria por invalidez são feitas pelos segurados do INSS em nível administrativo. Um perito médico desse órgão avalia a condição física do solicitante e pode ou não conceder o benefício. Cabe recurso administrativo e judicial, mas não há a figura de um juiz designado somente para essa função.

de reversão de 90% não é algo que se ambicione servir de base para um sistema judiciário ou administrativo respeitado.

Em uma audiência no Congresso, uma das testemunhas era um ALJ com 90% de taxa de reversão do que fora deferido inicialmente.

Devo confessar que não me preparei para esta audiência tanto quanto fiz para muitas outras. Na verdade, não me preparei nada. Em minha defesa, posso dizer que naquela época eu fazia parte de quatro comissões parlamentares, mais do que qualquer outro membro do Congresso. E eu não planejava comparecer àquela audiência devido a um conflito de agenda. Mas o presidente queria que eu comparecesse. Então, fui e ouvi.

Ouvir me ajudou a entender como o ALJ teve uma taxa de reversão tão alta. Ele disse: "Cem por cento das mulheres que trabalhavam em call centers tinham sido abusadas." E mais: "As meninas que apanharam quando crianças acabaram com problemas sexuais", porque essas punições "despertam" algo. Eu não sabia o suficiente para contestá-lo como pessoa, embora provavelmente não fosse tão difícil pensar em algo. Então, contestei os fatos.

Quem lhe disse que 100% das mulheres que trabalham em call centers foram abusadas?

Quem pode atestar isso?

Em que tratado acadêmico você se baseou?

Quem disse a você que bater em garotinhas lhes causa problemas sexuais mais tarde na vida?

Quem disse a você que isso "despertou" algo nelas?

De onde vem essa evidência?

Foi feito um estudo a respeito?

Na audiência, chegou-se à conclusão de que aquela testemunha gostava de inventar coisas. Ele sentia e, portanto, agia de acordo. Ele não foi um defensor eficaz para si mesmo, e há evidências em vídeo para provar isso (então você pode ver por si mesmo). Ele reverteu as negações de pedidos de seguro social em 90% das vezes porque queria que o reclamante vencesse. Não lhe importavam as evidências ou o que lhe era apresentado. Ele queria certo resultado; assim, obteria esse resultado seja lá como fosse. Embora você, com certeza, possa criticar essa pessoa, as coisas podem e ficarão confusas. Portanto, é mais seguro atacar os fatos nos quais ele baseou suas decisões, e esses fatos incluem suas crenças absurdas e factuais sobre call centers e chineladas.

Contestar os fatos é o objetivo da maioria dos julgamentos criminais. Você põe em xeque a capacidade de uma testemunha de ver, ouvir ou experienciar o que aconteceu. Faz o mesmo com o policial sobre as providências que tomou para proteger e processar a cena do crime, e enviar as provas para avaliação forense. Isso não se confunde com interrogar a pessoa naqueles papéis. Você quase admite que a pessoa é boa ou bem-intencionada, ainda que esteja errada. Quando você contesta a pessoa em si, o objetivo é fazer quem está ouvindo não acreditar nessa pessoa. Já ao contestar fatos, sua intenção é levar o júri a concluir que a testemunha está simplesmente errada, talvez até mesmo sem querer. Lembre-se: provar que alguém está errado sobre um fato é muito mais fácil do que provar que alguém é um mentiroso contumaz. Eu tinha por hábito lembrar no julgamento que todo réu que processei, não importa o quão hediondo tenha sido o ato criminoso, proferiu pelo menos uma resposta verdadeira durante seu depoimento. Às vezes, era simplesmente responder à pergunta: Qual é o seu nome? Pessoas más podem dizer a verdade e pessoas boas podem mentir.

Quando você está conversando com familiares e amigos, é difícil contestar a pessoa enquanto pessoa. Trata-se de criar um antagonismo. Isso leva a ferir sentimentos. Ninguém gosta de ser acusado de ter um motivo, um preconceito, um interesse no resultado ou ser tachado de mentiroso. Não existe, na verdade, uma maneira fácil de fazer essas acusações. Desse modo, em vez de focar o palestrante, você se concentra nos fatos.

Tive a sorte de ter três irmãs: Laura, Caroline e Elizabeth. Todas elas pessoas atenciosas e maravilhosas, e eu ter escrito isso deixará minha mãe muito feliz e orgulhosa!

Nós nos damos bem quase o tempo todo, principalmente porque elas acompanham a política e eu não, assim posso alegar ignorância quando elas me fazem uma pergunta.

Porém, às vezes, você precisa interrogar as pessoas que ama e contestar os padrões dos fatos, mesmo que sejam apresentados por sua própria família.

IRMÃ: Mamãe quer um Roku de aniversário.

EU: Mamãe não sabe o que é um Roku. Para ela é um personagem de *Star Wars*. Como você sabe o que a mamãe quer de aniversário?

IRMÃ: Se você ligasse para ela com mais frequência, saberia que ela quer um Roku para poder assistir a Netflix.

EU: Quantas vezes preciso ligar para a mamãe para saber que não é preciso ter um Roku para assistir a Netflix?

IRMÃ: Ela acha que precisa.

EU: Depois que você a convenceu de que não, o que ela disse que queria de aniversário?

IRMÃ: Ela quer um Roku de aniversário.

EU: Você sabe que ainda precisará da assinatura da Netflix, não é?

IRMÃ: [Silêncio]

EU: Você conseguiu saber quais filmes ou séries ela quer assistir? Hulu ou Amazon Prime podem ser melhores, certo?

IRMÃ: [Pausa.] Ela quer um Roku.

EU: Bem, que tal eu fazer uma assinatura da Netflix para o computador dela, e dar a ela um de meus antigos controles remotos Roku que não funcionam mais, e então todos ficarão felizes. Que tal?

IRMÃ: [Tom de discagem.]

Contestar os fatos é complicado. O segredo é não deslocar o foco, mantendo-o nos fatos, não permitindo que a crítica recaia na pessoa, como forma de fugir a uma difícil contestação factual. Muitas vezes, quando as coisas estão indo devagar nos fatos porque não conseguimos fazer valer nosso ponto de vista, recorremos ao pessoal.

Perguntar "Como você sabe disso?" geralmente é seguro, não é? É uma pergunta justa e não é pessoal.

Então você pode interrogar ou contestar como alguém sabe disso. Se for boato ou informação obtida de outra pessoa, essa é sua linha de contestação. Como essa terceira pessoa sabe que é verdade? Se for um caso episódico, é preciso cuidado com a generalização, pois algo que acontece ocasionalmente não é uma tendência. Existem estudos a respeito? Pesquisas de fontes confiáveis? "Eu ouvi de uma fonte confiável." Qual é ela? Só para ter uma noção de quão "confiável" essa fonte pode ser. Muitas opiniões ou crenças são passadas como fatos. É difícil interrogar ou contestar crenças ou opiniões pessoais de alguém sem que isso se transforme em contestação pessoal. A chave é manter seu interrogatório centrado nos fatos, e não na pessoa, tanto quanto possível, e nunca deixar de perguntar a origem e a confiabilidade desses fatos.

Como você sabe disso?

Quais são os limites de seu conhecimento?

É assim que um filósofo perguntaria. Não somos filósofos, mas devemos nos esforçar para encontrar nossa própria maneira de fazer essas duas perguntas cruciais.

CONTESTAÇÃO DA CONCLUSÃO

A segunda categoria de impeachment é a contestação da conclusão a que seu oponente está tentando chegar usando aqueles fatos. É algo na linha de reconhecer que a pessoa é confiável e que os fatos são confiáveis, mas que ainda assim você chega a conclusões completamente diferentes e procura contestar as alcançadas pelo outro lado.

Fui contemporâneo do deputado Joaquin Castro no Congresso e, em particular, na Comissão de Inteligência da Câmara. Não estivemos de acordo em muita coisa na política, mas ele era afável, bem preparado e um questionador eficaz durante a investigação da Rússia para os democratas. Não conheço seu irmão, Julian, apenas sei que ele foi prefeito em San Antonio, Texas, Secretário de Habitação e Desenvolvimento Urbano na administração de Barack Obama e candidato presidencial. Ele também foi testemunha em uma audiência do Comitê Judiciário da Câmara sobre a questão da imigração. A questão era um projeto de lei de imigração do Senado para pessoas em situação ilegal, o Deferred Action for Childhood Arrivals (DACA) sobre como se lidaria com as crianças trazidas para este país antes de se tornarem maiores de idade. No lado democrata, a discussão era posta em termos de um "caminho para a cidadania de 14 milhões de aspirantes a norte-americanos". Esse foi o tema do lado democrata: destacar as realizações acadêmicas, militares e outras dos Dreamers — os jovens, filhos de imigrantes, que chegaram nos EUA ainda crianças e estão em situação civil irregular — e usar isso para, por extrapolação, argumentar pela concessão de cidadania para toda a população vivendo ilegalmente no país.

Eu não sabia o suficiente sobre os participantes ouvidos na audiência para impugná-los pessoalmente; nem teria sido eficaz. E alguns dos fatos apresentados eram precisos. Oradores Dreamers como representantes da turma de formandos em colações de grau. Dreamers que visavam servir ao país nas forças armadas. Dreamers que não conhecem outro país além deste, que não falam outro idioma além do inglês e não têm para onde "voltar" se seu status estiver em risco nos EUA.

Minha discordância estava na conclusão a que eles buscavam chegar: porque alguns dos 14 milhões haviam se distinguido por feitos dignos de louvor, isso necessariamente não significa que todos estariam a caminho da cidadania. Somente na política de Washington, 14 milhões de qualquer grupo podem ser homogêneos e passar por uma verificação de antecedentes. Apenas na política de Washington você igualaria alguém que foi trazido para os EUA com um ano de idade e viveu aqui sem incidentes, com alguém que cruzou a fronteira aos 15 anos apenas 6 meses atrás e trataria os dois da mesma forma. A conclusão não atendeu à lógica. A conclusão foi perfeita quando se tratava de política: considerou os republicanos insensíveis por insistir que todos os "14 milhões de aspirantes a norte-americanos" não estão em situação semelhante.

Você não gostaria de atacar a testemunha; portanto, a contestação da pessoa está fora de questão. Não tem nenhum propósito e é desnecessária para provar seu ponto de vista. Você também não está contestando o fato de que, sim, muitos entre aqueles 14 milhões realizam e realizarão grandes feitos. Em vez disso, você está contestando a conclusão a que chegou o secretário Castro e outros de que, como *alguns* conseguiram, todos os 14 milhões deveriam se beneficiar. A testemunha é uma excelente pessoa. Eu nem mesmo discuto necessariamente com seus fatos. Discordo e, portanto, contestarei a conclusão a que a testemunha está chegando e, portanto, solicitarei que você também o faça.

Sempre que você pede a alguém para fornecer o nexo causal ou a conexão entre os fatos nos quais eles se baseiam e o que eles estão solicitando, você está contestando a conclusão e não a pessoa ou os fatos subjacentes.

CONTESTAÇÃO DA PESSOA

Deixei o melhor, e o mais difícil, para o final, já que a contestação da pessoa é a forma mais interessante de contestação para os espectadores. É pessoal. É potencialmente uma desqualificação da pessoa. É o mais próximo de um combate corpo a corpo que muitos jamais terão. Feito corretamente, é devastador para o oponente. Feito incorretamente, é devastador para o que você está tentando realizar.

Peter Strzok era um agente especial do FBI. O agente Strzok foi designado para duas investigações de porte em 2016: (1) a investigação sobre se a então Secretária de Estado Hillary Clinton manipulou informações confidenciais e (2) se a Rússia interferiu nas eleições gerais de 2016 e, em caso afirmativo, se alguém ligado à campanha de Donald J. Trump conspirou, maquinou ou agiu de modo coordenado com qualquer pessoa do governo russo.

O agente Strzok fez um depoimento público perante uma sessão conjunta da Comissão Judiciária da Câmara e da Comissão de Supervisão e Reforma do Governo da Câmara. Eu estava em ambas as comissões e fui presidente da última. Esqueça por um momento a audiência pública caso possa tê-la acompanhado. Houve um depoimento privado do agente Strzok antes da audiência pública e é nele que quero me concentrar.

Deixe-me conduzir você a esse depoimento a portas fechadas do agente Strzok que durou um dia inteiro e levou à contestação dele como testemunha. É verdade que havia muito com que trabalhar quando se tratava de contestar o agente Strzok.

Um texto escrito por ele dizia que a Secretária Clinton deveria ganhar as eleições gerais por 100 milhões de votos a 0 do então candidato Trump. Que princípio de contestação isso ilustra? Preconceito? Interesse no resultado?

Strzok escreveu que podia sentir o cheiro dos partidários de Trump em um Walmart da Virginia.

Strzok prometeu que Trump não seria eleito presidente. Prometeu impedir que isso acontecesse.

Strzok avaliou fazer uma "apólice de seguro" no caso "improvável" de Trump vencer a eleição.

Strzok queria trabalhar na investigação da Rússia porque isso poderia levar ao impeachment de Trump, mas ele geralmente não tinha interesse em trabalhar em apenas mais um caso em que um país estrangeiro tentou minar os princípios da democracia participativa.

Assim que o Conselheiro Especial Robert Mueller soube dos textos acima mencionados, dispensou Strzok da investigação.

Tudo isso consubstancia a contestação de Peter Strzok como pessoa. Isso é um fator causador de desconfiança na investigação subjacente? Fique à vontade para responder.

Mark Fuhrman, ex-delegado da polícia de Los Angeles, foi contestado, mas isso foi usado para comprometer e prejudicar a credibilidade de todo o caso de homicídio duplo de O. J. Simpson para a acusação? Se Mark Fuhrman proferiu epítetos raciais, disso necessariamente se conclui que O. J. Simpson não assassinou duas pessoas? Essas duas coisas parecem logicamente desconectadas entre si.

Com isso quero dizer que, sim, Fuhrman poderia ter proferido epítetos raciais *e* O. J. Simpson poderia ter assassinado Ron Goldman e Nicole Brown. Mas a defesa fez um esforço enorme para tentar desqualificar Mark Fuhrman como testemunha para que o júri ficasse menos propenso a acreditar em outras coisas que ele disse ou ter dúvidas sobre outras coisas em que ele estava envolvido do ponto de vista da investigação.

Teoricamente, é possível que Strzok fosse tendencioso com relação a Trump, que a Rússia interferiu na eleição presidencial norte-americana de 2016 e que alguém na campanha de Trump trabalhou em conjunto com os russos. Uma coisa não exclui a outra. Contudo, ter alguém como investigador principal com preconceito, interesse no resultado e um motivo contrário ao sucesso eleitoral de Trump pode e frequentemente lançará dúvidas sobre outras decisões tomadas por esse investigador parcial, interessado e negativamente motivado.

Conforme a Suprema Corte dos Estados Unidos decidiu no caso "Abel":

"Viés" é um termo usado no direito para descrever a relação entre uma parte e uma testemunha que pode levar esta a inclinar seu depoimento, de modo consciente ou não, a favor de uma parte. Pode ser induzido pela simpatia, antipatia ou medo de uma parte pela testemunha, ou pelo interesse próprio da testemunha. A prova de viés é quase sempre relevante porque o júri, como descobridor de fatos e de credibilidade, tem historicamente o direito de ponderar todas as evidências que possam ter relação com a exatidão e lisura do depoimento de uma testemunha. A legislação permite a exibição de parcialidade mediante provas extrínsecas, ao mesmo tempo que exige que a pessoa que interroga "receba a resposta da testemunha" com relação às formas menos favorecidas de contestação.*

O viés é generalizado e quase impossível de superar. Ao debater intelectualmente com alguém tendencioso, você deve utilizar o maior tempo possível para destacar esse viés na medida em que os fatos permitem.

Essa é a contestação da pessoa. Com essa estratégia, você faz com que as pessoas que está tentando persuadir fiquem menos propensas a acreditar na objetividade e na neutralidade dessa pessoa. Há ainda o efeito colateral de se espalhar para a investigação maior. A defesa do agente Strzok não era que ele não fosse tendencioso, mas que isso na verdade não prejudicava a pessoa contra a qual ele era tendencioso nem influenciava sua investigação. Em outras palavras, ele era ineficazmente tendencioso. Essa não é uma boa defesa para se confiar quando se está no negócio de persuasão.

É lamentável, mas não acho que o viés preconceituoso de Strzok tenha repercutido nas tantas pessoas que acompanharam seu trabalho investigativo ou em sua credibilidade como agente.

---

* Ver geralmente McCormick on Evidence, supra, 40, em 89; Hale, "Bias as Affecting Credibility", *Hastings Journal* 1 (outono de 1949): 1. Veja também: http://cdn.loc.gov/service/ll/usrep/usrep469/usrep469045/usrep469045.pdf.

Essa é minha reflexão sobre o triste estado atual da política norte-americana. Trata-se também de um precedente perigoso no que se refere a outras facetas de nossa cultura. Se provar como vieses assim impactam negativamente seu direito à justiça passa a ser o fardo a carregar, estamos em um lugar curioso como sociedade.

Já discutimos neste livro que a persuasão requer um júri de mente aberta e, infelizmente, isso raramente acontece em nosso ambiente político moderno. Fora da política, o "júri" é, com frequência, muito mais imparcial e a contestação da pessoa tem um efeito tão amplo e remanescente que acaba sendo a forma mais comum e eficaz de contestação.

No caso de Peter Strzok, eram membros do Congresso sentados diante dele perguntando sobre as declarações e decisões que ele havia tomado. Eram membros do Congresso sentados diante dele perguntando o que ele queria dizer com "Trump seria desestabilizador". Eram membros do Congresso questionando Strzok diretamente sobre o que ele queria dizer com "Trump seria um desastre de m...".

Nem sempre será esse o caso.

Como pode ocorrer que a pessoa que você está tentando contestar nem mesmo esteja na mesma sala, seu objetivo deve estar enraizado na questão em si. Às vezes, você precisará de uma terceira pessoa para impactar a confiabilidade ou credibilidade de seu oponente. Chamo isso de *pegar carona*: usar outra pessoa para levá-lo aonde você quer chegar. Apesar de não ser direto, é igualmente eficaz e, até mesmo, potencialmente mais eficaz, porque a pessoa que você está tentando contestar, ou cuja credibilidade você está tentando colocar em dúvida, não está lá para explicar ou replicar.

Vamos ver isso, então, pessoal?

CAPÍTULO 10

O GUIA DO CARONA

O CONSENTIMENTO DE COMEY

O ex-diretor do FBI James Comey concedeu uma coletiva de imprensa em 5 de julho de 2016 que teve repercussão mundial. Na ocasião, ele anunciou que nenhum promotor, em sã consciência, acusaria a Secretária Clinton de manuseio incorreto de informações confidenciais; e mais à frente, em outubro do mesmo ano, passou a apresentar todas as razões pelas quais uma pessoa razoável poderia discordar de sua conclusão. Foi algo sem precedentes. Um ato teatral fascinante, mas que causou danos significativos ao sistema de justiça. Agentes da lei não anunciam decisões sobre acusações; isso cabe aos promotores. Agentes da lei não convocam a imprensa para expor as evidências contra uma pessoa não indiciada ou enfrentando acusações. Houve investigações e relatórios do Inspetor Geral do Departamento de Justiça sobre a maneira como Comey conduziu a investigação de Clinton. O próprio Comey escreveu e falou longamente sobre o assunto. Você é livre para formar sua própria opinião sobre a maneira como ele lidou com essa investigação, a decisão de não acusar e a subsequente reabertura da investigação em outubro de 2016.

Aquela entrevista coletiva de 5 de julho de 2016 levou Comey a ser chamado para testemunhar perante a Comissão de Supervisão e Reforma do Governo da Câmara. O que você teria perguntado a ele? Para você, quem seria o júri? Qual teria sido seu objetivo? Se você fosse um defensor da Secretária Clinton, teria acusado Comey? Caso você não apoiasse a Secretária Clinton, como teria usado seus cinco minutos em rede nacional para lidar com o chefe do FBI?

Não conheço James Comey a fundo. Mas estive próximo a ele meia dúzia de vezes, questionei-o outro tanto, e o vi depor e falar em outros ambientes. Isso não faz de ninguém um especialista em outra pessoa, mas tem seu valor se você for questionar alguém no futuro.

Além de inteligente, Comey é experiente. Conhece o poder não apenas do que diz, mas também do que não diz. Apresenta-se como alheio às disputas políticas (ou, ao menos, essa costumava ser sua postura). Ele foi promotor no Distrito Sul de Nova York, trabalhou no Departamento de Justiça, no setor privado e, por fim, foi nomeado e aprovado para chefiar o FBI.

Então, como você amarra tudo isso de maneira a estruturar sua linha de questionamento para um ex-promotor experiente e oficial da lei? Lembre-se de que existem alguns fatores importantes. Primeiro, eu teria que questionar Comey sobre uma investigação a respeito da qual ele sabia mais do que eu (em julho de 2016, pelo menos). Em segundo lugar, aquela audiência seria transmitida pela televisão em rede nacional e, portanto, o júri neste caso era o público em geral.

Antes da maioria das audiências, vários de meus ex-colegas e eu formulamos, em conjunto, um plano de ação para fazer perguntas. Jason Chaffetz, Jim Jordan, Mark Meadows e eu garantiríamos que a pessoa certa estivesse lidando com a linha certa de questionamento levando em conta nossas origens, personalidades e áreas de interesse específico.

O palco, assim, está montado. Comey acabou de dar aquela explosiva entrevista coletiva e se dirige agora à Câmara para depor. Você tem cinco minutos para explorar os pontos que considera relevantes. Decidi perguntar a Comey sobre a única peça que ele dissera faltar na investigação sobre Clinton, o *mens rea* ou *scienter* necessário para instaurar um processo legal. Na Common Law — a tradição jurídica anglo/norte-americana — há a necessidade de mens rea ou scienter estar presente, o que significa que a disposição mental de intencionalidade é necessária para tipificar um ato como sendo criminoso.

Eu teria que me apressar para colocar tudo em cinco minutos. E, quando você está perguntando sobre conceitos jurídicos esotéricos, fica um tanto quanto à mercê da pessoa interrogada. Questões envolvendo mens rea e scienter têm sido objeto de longos pareceres nos tribunais. Acontece que esses conceitos jurídicos não se prestam a questões indutoras. Fora do ambiente da promotoria, essas palavras não transitam cotidianamente. A diferença entre intencionalidade geral e específica é difícil de ser explicada em cinco minutos por juízes e promotores. E, em regra, é complicado educar e advogar na mesma ocasião. Com isso quero dizer que o ouvinte precisa de tempo, energia e paciência para aprender e mudar de curso. Pense sobre isso um instante. Para mim, é uma tarefa e tanto explicar o que evidencia um boato e, concomitantemente, convencê-lo de que ele deve ou não ser admissível. Aprender algo requer energia. Advogar entre diferentes alternativas também exige energia. Portanto, adoto como minha regra prática que é difícil educar e defender um assunto no mesmo ato de fala. Caso possa, é melhor você separar a questão em duas tarefas distintas. Achei que não conseguiria explicar ao público ouvinte em apenas cinco minutos o que eram o conhecimento e a intenção criminosa, e por que estavam presentes. No entanto, ausência de intenção ou conhecimento (que, a propósito, são duas coisas diferentes) era o que Comey disse que faltava no caso, e que precisava ser explorado.

Então, me preparei para encarar a situação. Escrevi e reescrevi as perguntas. Tentei prever o caminho que ele seguiria. Ele poderia defender a decisão de não processar, então, necessariamente, achava que esses elementos estavam faltando, mas também teria que admitir que algumas das ações dela eram consistentes com a consciência de culpa. A decisão de deletar e-mails pode ser uma evidência disso. A decisão de terceirizar a destruição de certos dispositivos também. A decisão de não pedir permissão para aquela específica troca de e-mails e de manter segredo disso, idem. E mais: as falsas justificativas dela também podem evidenciar intencionalidade.

Essa linha de questionamento se afigurava difícil, mas necessária. Afinal, era o elemento crucial de sua decisão de não processar, de acordo com ele mesmo.

Na manhã da audiência, fiz o que sempre fazia antes das grandes audiências. Nada. Acomodei-me no escritório e exibi a audiência em minha mente. *Se ele disser isto, vou contra-atacar com isto. Se ele for por aqui, vou mandá-lo para lá com esta pergunta.* Entretanto, ainda tinha a sensação incômoda de que estava adotando uma abordagem legal para uma questão que, decididamente, transbordara do âmbito legal. Não digo com isso que aprovo essa transformação: as decisões jurídicas devem ser sempre simplesmente isso, decisões jurídicas. Mas aquilo havia se metamorfoseado em outra coisa. E eu precisava aplicar em mim mesmo aqueles princípios que disse a você para aplicar antes de se envolver na arte da persuasão.

Quem era o júri?

Qual era meu objetivo?

Qual ônus da prova precisava cumprir para estabelecer meu objetivo?

Que fatos me levariam a atingir meu objetivo nos cinco minutos que eu tinha?

Às vezes, esses preceitos do júri, objetivo e ônus da prova estão em contínuo estado de evolução. Isso é verdadeiro nas audiências no Congresso, no tribunal e na vida real.

Lá na sala de audiência, com os trabalhos prestes a serem iniciados, o júri, ao menos para mim, havia mudado. Não eram mais ouvintes objetivos, de mente aberta e lutando honestamente mediante a aplicação de princípios legais aos fatos expostos. O júri — como tem se tornado cada vez mais no ambiente político moderno — era formado por dois grupos e apenas dois grupos: os a favor e os contra.

Será que se encontraria alguém nos Estados Unidos que tenha ficado indeciso sobre se Hillary Clinton deveria ser processada? Minhas perguntas eram boas caso o júri consistisse de professores de direito que haviam passado um ano sabático em uma colônia de nudismo sem acesso à internet. Mas sobrou mesmo alguém no país que se preocupava com *mens rea, scienter*, conhecimento e intenção específica?

Se o júri mudou, o objetivo também mudou? O que começou como um desejo de testar e sondar a intenção e o conhecimento necessários para passar de erro/acidente/simples negligência para descuido/ato criminoso tornou-se um reconhecimento relutante de que os adeptos da Secretária Clinton não se importavam com isso e os adversários da Secretária Clinton provavelmente também não. E, quando digo *não se importavam*, quero dizer que tanto apoiadores quanto detratores se importavam com o *resultado*, mas provavelmente não a ponto de fazer uma análise da questão. Essa é a dificuldade de passar do sistema de justiça centrado no processo para o sistema político centrado nos resultados. No sistema de justiça, o processo é tão importante quanto o resultado. Afinal, é no sistema judicial que evidências, embora consideradas relevantes e materiais, são suprimidas. É no sistema de justiça que as confissões são excluídas, embora você acredite sinceramente ter nas mãos a pessoa que realmente cometeu o crime — porque o processo é *importante* no sistema de justiça. A grandeza e a singularidade do sistema judiciário são que o *modo* como se faz as coisas é tão importante quanto o resultado alcançado. Os fins não justificam os meios. O sistema de justiça exige não apenas prender a pessoa certa pelo crime certo, mas também fazê-lo da maneira certa. Diz o velho ditado que é melhor 99 culpados libertados do que 1 inocente ser acusado e preso injustamente.

Mas, pobre de mim, não se trata de sistema de justiça. Trata-se de política, e aí o resultado é tudo o que importa, quer você goste (ou concorde) ou não. Na política, não há normas gravadas em pedra sobre processos e procedimentos corretos. Há simplesmente uma eleição e a nós, eleitores, incumbe empregar e fazer cumprir nossa própria tábua da lei.

O que Comey havia dito sobre *nenhum promotor, em sã consciência, processaria este caso* tinha essencialmente garantido que mesmo um promotor que, em sã consciência, discordasse dele nunca seria capaz de litigar com sucesso o caso. Não dá para manter pressionada a tecla "nenhum promotor em sã consciência".

Seria necessário definir um objetivo totalmente novo, porque havia um júri totalmente novo. No mínimo, eu precisaria reconhecer que o júri a quem eu esperava me dirigir não existia.

Precisei reconfigurar meus cinco minutos de perguntas enquanto o então presidente Jason Chaffetz fazia a abertura da sessão. Eu havia preparado algo que teria sido ótimo em uma sala repleta de filósofos ou, quem sabe, até mesmo diante de um júri com honesta dificuldade em saber a coisa certa a fazer. Mas aquele não era esse lugar. Tardei para chegar a essa realidade gritante, mas ao menos eu dispunha de alguns minutos para mudar para a contestação pura da pessoa usando outra pessoa — ou, como gosto de chamar, *pedindo carona*. Então, rabisquei furiosamente em um pedaço de papel. Toda a linha de ação preparada com antecedência foi inútil. Aquilo seria a contestação de uma pessoa usando outra pessoa: a contestação de Clinton usando Comey.

Algumas das respostas dele estão abreviadas, mas procurei capturar a essência do que o júri ouviu. Assista na íntegra a troca de palavras caso queira julgar por si mesmo se meu resumo é justo e preciso.

EU: Quando a Secretária Clinton disse que nunca enviou ou recebeu qualquer informação confidencial em seu e-mail privado, isso era verdade?

COMEY: Não.

EU: A Secretária Clinton disse que não havia nada marcado como confidencial em seus e-mails. Isso era verdade?

COMEY: Não.

EU: A Secretária Clinton disse: "Eu não enviei nenhum material confidencial para ninguém em meu e-mail. Não há nenhum material confidencial." Isso era verdade?

COMEY: Não.

EU: A Secretária Clinton disse que usava apenas um dispositivo. Isso era verdade?

COMEY: Não.

EU: A Secretária Clinton disse que todos os e-mails relacionados ao trabalho foram devolvidos ao Departamento de Estado. Isso era verdade?

COMEY: Não.

EU: A Secretária Clinton disse que nem ela nem ninguém excluiu e-mails relacionados ao trabalho de sua conta de e-mail pessoal. Isso era verdade?

COMEY: Não.

EU: A Secretária Clinton disse que seus advogados leram cada um dos e-mails. Seus advogados de fato leram o conteúdo do e-mail individualmente?

COMEY: Não.

Como você pode ver, usar outra pessoa — ou, melhor ainda, *outra coisa* — para minar a credibilidade de alguém que você deseja contestar nega à pessoa cuja credibilidade está sendo atacada a oportunidade de se defender ou explicar na hora. Neste caso, eu sabia que Jim Comey não defenderia a Secretária Clinton em suas negativas, e eu sabia também que ele concluiria que ela poderia fazer isso por si mesma em outro momento ou que ela poderia estar certa quando questionada sobre isso pela primeira vez. Mas Comey não ofereceria nenhuma defesa para as respostas de Clinton. Ele simplesmente repetiria o que elas eram.

Com o tempo, o objetivo passou da discussão dos elementos necessários para uma acusação, para discutir se Hillary Clinton tinha ou não sido sincera. O júri era duplo: (1) os republicanos, que precisavam de algo para se articular, uma vez que não haveria nenhum processo criminal formal, e (2) norte-americanos de mente aberta que podem ter gostado das políticas da Secretária Clinton, mas não estavam certos de que ela era confiável. A contestação tem (ou ao menos deveria ter) um aspecto dos mais destrutivos: alguém que não disse a verdade no passado pode não dizer a verdade no futuro. Em outras palavras, é ótimo que você goste das políticas dela, mas tem certeza de que ela realmente acredita no que está dizendo, considerando os exemplos de falsidade no passado?

Eu nunca disse que ela mentiu. Usei as palavras dela e perguntei à pessoa responsável pela investigação se ela respondera com a verdade ou não. Além disso, posicionei a resposta à pergunta dentro da própria pergunta. Um exemplo de falsidade teria sido relevante, mas não decisivo. Mas camadas e mais camadas de falsidade, especialmente em um assunto tão facilmente desviado da verdade, podem de fato repercutir em todos aqueles que estão ouvindo.

REPUTAÇÃO E OPINIÕES

Contestar por meio de carona é uma arma poderosa. E, também, não é muito comum. Normalmente, na vida, a pessoa cuja credibilidade está em jogo estará presente, falará e assumirá sua própria defesa. Quando você usa terceiros para contestar alguém, o alvo de sua contestação, por estar ausente, não tem como corrigir, explicar ou minimizar de imediato. Os ambientes onde a carona pode acontecer, ou seja, tribunais, audiências no Congresso ou conversas nas quais alguém cuja credibilidade está em questão não está presente, têm conjuntos próprios de regras, não encontráveis em redutos familiares ou salas de café no escritório. Mas o conceito sobrevive e se espalha.

Funcionou com Comey e Clinton e também funciona do outro lado do balcão.

O presidente Trump é observado diariamente pela mídia. De fato, parte dela mantêm sempre atualizada uma estatística do que acreditam ser falsidades. Com isso, visam alcançar um impacto muito parecido com o que se deu com a Secretária Clinton: lançar uma ampla rede de dúvidas sobre o que a pessoa está dizendo.

Não à toa esta paráfrase de Friedrich Nietzsche está sempre reverberando em minha mente, dada sua fidedignidade quanto à natureza humana: *Não é que eu esteja chateado por você mentir para mim, estou chateado por não saber quando posso acreditar em você no futuro*. Essa é a destrutividade inerente em pedir carona e contestações em geral.

O poder e a força destrutiva da contestação têm ainda mais preponderância em nossas vidas normais. As pessoas podem ter baixa expectativa em relação aos políticos no Congresso e advogados em um tribunal, mas o inverso acontece em relação à família e aos amigos. A falsidade pode levar a uma falta de confiança onipresente e, portanto, prejudicar quase tudo que se ouve daquela pessoa potencialmente não confiável.

A observação de Nietzsche sobre a natureza humana, aliada ao que a incapacidade de confiar na palavra dos outros nos faz internamente, são fatores poderosos. Amizades, casamentos e relações de negócios desmoronaram porque o que começa como pequenas inverdades termina, finalmente, por lançar dúvidas sobre as verdades maiores. *Se você mente sobre as pequenas coisas, não mentirá também sobre as grandes?*

Mentiras são como um único fio de cabelo necessário para resolver um assassinato ou um molar descoberto por arqueólogos que permite configurar um formato de rosto compatível com ele. Basta uma única mentira para arruinar de vez a reputação de uma vida inteira e impactar a opinião de uma grande maioria. Por isso é importante conhecer os dois primos de primeiro grau para a contestação de alguém por meio de carona: contestação por *reputação* e contestação por *opinião*. Reputação é o que os *outros* pensam de alguém e você tem conhecimento. Opinião é o que *você* pensa sobre alguém. Opiniões não são tão poderosas quanto fatos, porém desempenham um enorme papel na vida real (e um papel menor no tribunal).

Você deve ter notado que as pessoas podem ter opiniões sobre o caráter de alguma estrela de cinema sem nunca ter interagido com ela. A partir, talvez, de um gesto, uma única declaração errônea, ou um artigo tendencioso de um tabloide, toda uma suposição é formada de longe. De um instante para outro, uma celebridade muito querida pode cair em desgraça com base em uma mera *alegação* sobre seu caráter. Uma reputação inteira tem seu cerne no caráter, e uma reputação negativa desova em nossas próprias, embora às vezes injustificadas, opiniões pessoais.

Muitos de nós já fomos questionados sobre nossa opinião a respeito de um cantor, ator ou político após um escândalo recente, ou sobre nossa impressão de alguém que mal conhecemos. Mas e quanto àqueles que conhecemos? As coisas aí ganham uma nova dimensão. A maioria de nós tem uma opinião sincera sobre a confiabilidade ou credibilidade de pessoas que conhecemos, e pode acontecer de você ser chamado a expressar essa opinião se um de seus aliados estiver sendo contestado por alguma razão. Você pode se ver envolvido em uma conversa sobre se alguém é verdadeiro, teve acesso aos fatos ou chegou à conclusão correta. Você pode até mesmo optar por trazer as opiniões de terceiros para essa conversa, porque isso o ajuda a persuadir ou defender e se refletir em seu próprio esforço para se comunicar.

A carona verdadeira é quando você usa a testemunha para sustentar ou minar a reputação de outra pessoa com fatos e experiências em *primeira mão*. É algo poderoso, mas raro. No entanto, você deve se compenetrar de porque é poderoso e também da beleza de contestar os outros sem lhes dar chance de se defender, ao mesmo tempo em que incorpora seu objetivo maior na questão em si.

No caso de Comey e Clinton, as respostas obtidas foram, simplesmente, uma série de "nãos", cujo efeito cumulativo é devastador sobre a reputação da pessoa que está sendo contestada.

Naquele dia, meu júri foi o público em geral, que ouviu isto sobre a confiabilidade de Clinton:

"Não."

"Não."

"Não."

"Não."

"Não."

"Não."

"Não."

Nasce uma reputação. Opiniões formadas. E isso tem um enorme efeito.

Um "não" é relevante quando a pergunta é "Você acredita no que outra pessoa lhe disse?" Um único "não" já chama a atenção. Imagine o poder de uma série deles. Imagine o poder do que parece ser um fluxo interminável de "nãos". Imagine quão eficaz é ter o ouvinte ou o observador respondendo "não" a si mesmo porque foram condicionados de que isso é o que virá logo em seguida. Não à toa, nossos pais nos fizeram repetir a tabuada 15 milhões de vezes. Não à toa, sabemos de cor as letras de nossas canções favoritas. Não à toa, é desnecessário um bilhete para fazermos o juramento de fidelidade. E não é à toa que as companhias aéreas insistem em fazer os comissários de bordo repetirem os avisos de segurança. A repetição enfatiza que a informação que está sendo reprisada merece nossa atenção.

O que me leva ao próximo recurso útil em sua meritória busca da arte da persuasão: o poder da repetição.

CAPÍTULO 11

REPETIÇÃO, REPETIÇÃO, REPETIÇÃO

A REGRA DOS SETE

Não guardo muitas lembranças dos meus tempos de faculdade por vários motivos. Mas não me esqueço dos nomes dos meus companheiros da fraternidade em ordem alfabética. Por quê? Porque tive que repeti-los inúmeras vezes a pedido dos estudantes mais velhos da fraternidade. Se nas aulas de história e psicologia tivessem exigido de mim repetir o que era lecionado, talvez eu tivesse me saído melhor nas provas. Mas saber os nomes deles, em ordem e rapidamente, nisso eu era bom.

Estamos programados para nos sentirmos redundantes quando nos repetimos. E pedimos desculpas por isso. Às vezes, chegamos até a pedir ao ouvinte ou leitor que nos advirta com algo do tipo: "Pode me interromper se eu já lhe disse isso antes." Acontece que a redundância e a repetição não apenas conferem firmeza à informação, gravando-a na mente do ouvinte, mas também são um código para "Isso é importante, portanto, vou repeti-lo continuamente".

Na política norte-americana, costuma-se dizer que você deve tocar em um eleitor pelo menos sete vezes antes que essa pessoa concorde em votar em você. No tribunal, se um determinado ponto é importante, será levantado para todas as testemunhas relacionadas a ele. Se a questão for a identidade do ladrão do banco e houver cinco caixas, para quantos dos cinco você apontaria o ladrão no tribunal? Todos os cinco, se você for inteligente.

Isso é verdadeiro em todas as profissões e em todas as instituições também. Na publicidade, eles também têm a Regra dos Sete e o termo "frequência eficaz" é usado para descrever o número de vezes que um comprador deve ser exposto a um anúncio antes que haja uma resposta dele, seja comprando o produto ou apenas se lembrando da mensagem.

E funciona. Algum dos itens a seguir o faz se lembrar?

"Tem 1001 utilidades." (Bombril)

"As amarelinhas." (Ray-O-Vac)

"A verdadeira maionese." (Hellman's)

"Fresquinho porque vende mais.
Vende mais porque é fresquinho." (Tostines)

Eles são mais do que simplesmente textos de marketing. São pura redundância. Alguns desses comerciais estão por aí há décadas, e não porque as equipes de marketing estão economizando dinheiro. É porque sabem que alguém ouvir algo recorrentemente estabelece familiaridade, verdade e confiança. E você pode apostar que minha esposa, professora da primeira série, faz seus alunos recitarem certas palavras do vocabulário "ene" vezes.

No que se refere à persuasão, a repetição não apenas imprime essa informação na mente do ouvinte, mas o faz com o selo de importante e, portanto, digna de ser lembrada e realçada.

A REGRA DOS NOVE

Gary Vannatter foi acusado de matar a esposa, Freda Mae Vannatter, da qual estava separado. Ela havia deixado a casa em que residiam, obtido medidas protetivas visando manter distância do marido, estava procurando emprego e planejava se divorciar de Gary. Em 1º de outubro de 1999, ela havia agendado uma hora no cabeleireiro e, posteriormente, uma entrevista de emprego. Não chegou a fazer nenhuma delas. Foi morta a facadas; seu corpo foi encontrado dentro de um carro em uma vala no condado de Spartanburg.

A versão de Gary Vannatter para essa história era incomum. Mas, uma vez que Freda Mae estava morta e não poderia nos contar sobre seu assassinato, precisaríamos lidar com a narrativa de Gary e contestá-lo. Por razões que desafiam a lógica, Gary testemunhou em sua própria defesa.

Vamos fazer um experimento. Enquanto conto qual era a versão dele, você pode ir matutando como faria o interrogatório ou a contestação do seu testemunho.

De acordo com Gary, ele estava na estrada, dirigindo um carro, e a Sra. Vannatter também estava lá, dirigindo outro carro. Eles se viram, ela ligou o pisca-pisca e pararam no acostamento. Em seu depoimento, Vannatter disse que sua esposa se ofereceu para praticar um ato sexual, ele se recusou e ela o ameaçou com uma faca se ele não reconsiderasse. Sim, você leu corretamente. Um marido recusou uma oferta sexual de sua esposa e então ela o ameaçou com uma arma até que ele reconsiderasse.

Mas não pare a leitura por aqui — a história continua.

Gary Vannatter contou que sua esposa entrou no carro dele e lhe disse que desistiria das medidas protetivas se ele a levasse de volta à antiga residência de ambos a fim de que ela pudesse chamar a polícia para fazer isso. A próxima coisa que sabia era que Freda Mae agarrou o volante e tentou entrar com o carro na vala. Gary *deu um jeito* de parar o carro, mas ao fazê-lo, segundo testemunhou no julgamento, Freda Mae puxou uma faca e ameaçou matá-lo. O carro então arrancou de novo, com o pé dela no acelerador enquanto ele procurava lutar com ela até que "a próxima coisa que me lembro é tê-la apunhalado".

"Advogado, a testemunha é sua para interrogatório. Senhoras e senhores do júri, por favor, prestem atenção ao promotor."

E agora?

O que você faria e por quê?

O júri está lá: doze mulheres e homens sentados em seus lugares, aguardando, na expectativa de ouvir o que vai sair de sua boca a seguir.

Qual é seu objetivo? Não é possível apresentar uma versão concorrente dos fatos porque a pessoa que a daria está morta. Pode muito bem haver uma versão conflitante dos fatos, mas não virá dela.

Você tem que persuadir seu júri — além de qualquer dúvida razoável — e precisa fazer uma contestação da pessoa e com base nos fatos, não é?

Ele reivindica legítima defesa. Alega que houve uma luta entre os dois: ela empunhou uma faca, ele lutou com ela e ela acabou morta. Essa é a essência de sua versão. As coisas saíram bem para ele, pois a mulher terminou em um caixão após uma autópsia, e ele nem mesmo com um esparadrapo, mas essa é a conclusão. Isso é o que você argumentará diante do júri durante sua sustentação final, mas agora a fase é a de interrogatório. Qual é seu objetivo e de que maneira você o alcançará?

PROMOTOR: Sr. Vannatter, onde no corpo dela você esfaqueou sua esposa pela primeira vez?

RÉU: Não me lembro.

PROMOTOR: Ora, Sr. Vannatter, você pode se lembrar de que sua esposa se ofereceu para prestar-lhe um favor sexual, apesar das medidas protetivas que obteve, de tê-lo deixado, de que estava se divorciando de você e de que ela agendara uma entrevista de emprego, mas você não lembra onde a esfaqueou na primeira vez? Pense nisso, Sr. Vannatter. Onde foi?

RÉU: Acho que foi no braço dela.

PROMOTOR: Havia só uma faca no carro, você a possuía, tinha controle total sobre ela, e não jogou a faca pela janela, deu uma facada no braço dela, certo?

RÉU: (sem resposta)

PROMOTOR: O que sua esposa disse quando você a apunhalou pela primeira vez?

RÉU: Nada.

PROMOTOR: Você espera que este júri acredite que você golpeou uma mulher no braço com uma faca e ela não disse nada a respeito. Não teve nenhuma reação. Ela disse alguma coisa, Sr. Vannatter, como "Pare com isso", "Por que você fez isso?", "Isso doeu", "Não acredito que você me esfaqueou?" Nada?

RÉU: Não.

PROMOTOR: E a segunda facada, Sr. Vannatter? Onde você esfaqueou sua esposa pela segunda vez?

RÉU: Eu realmente não me lembro, tudo aconteceu muito rápido.

PROMOTOR: Você parece se lembrar muito bem de que ela lhe propôs sexo. Você não consegue se lembrar de onde a esfaqueou pela *segunda* vez?

RÉU: Não.

PROMOTOR: Ela pediu para você parar? Ela disse alguma coisa quando você a esfaqueou pela segunda vez?

RÉU: Não.

PROMOTOR: E a terceira vez que você a esfaqueou?

RÉU: (sem resposta)

PROMOTOR: Você a apunhalou duas vezes no coração, Sr. Vannatter. Certamente ela disse algo quando você a esfaqueou no coração com uma faca, não foi? O que ela disse?

Isso é repetição. Aparenta tédio e redundância. A resposta não parece mudar, mas o foco da repetição não é a resposta. O foco está nas perguntas, que lenta e meticulosamente vão abrindo caminho por meio de nove facadas, incluindo duas no coração.

Nunca será possível fazer Gary Vannatter admitir que assassinou a esposa. Isso não vai acontecer, nem é preciso ele admitir. Ele não está no júri e seu julgamento dos fatos é irrelevante. O objetivo é que o júri fique desconfortável com o longo caminho marcado por nove facadas em sequência, e a afirmação nada plausível de que uma vítima de um ataque a faca não diria algo.

E a quarta vez que você a esfaqueou?

E a quinta vez que você a esfaqueou?

E a sexta vez que você a esfaqueou?

E a sétima vez que você a esfaqueou?

E a oitava vez que você a esfaqueou?

E a nona vez que você a esfaqueou?

Na realidade, você está preparando seu resumo, sua sustentação final, seu *crescendo* quando fala pela última vez ao júri. Não há como alegar legítima defesa quando uma pessoa acaba fazendo uma autópsia e a outra não tem um mísero corte sequer. É flagrante a total e absoluta implausibilidade de alguém ser esfaqueado e não responder ao ferimento. Qual é a nossa reação quando nos acontece algo comparativamente inócuo, como nos cortar com um pedaço de papel? Quem não passou por isso, não é mesmo? Sofrendo apenas um pequeno corte de papel, puxamos a mão para trás, trazendo-a para perto de nós, talvez soltando uma palavra que não falamos na igreja, e juramos nunca mais fazer algo assim. Não ficamos ali, sem reação, e depois o fazemos mais oito vezes.

A repetição grava na mente do ouvinte o fato mais importante, uma e outra vez. Escolher o fato certo para gravação é parte da maestria. No caso Vannatter, fortes candidatos seriam o fato de que ela o havia deixado, ou que ela tinha medidas protetivas. Ou, ainda, que a vítima estava a caminho de uma entrevista de emprego — uma imagem das mais eloquentes.

Minha segunda opção favorita seria enfatizar a noção ridiculamente implausível de que uma esposa ligaria o pisca-pisca do carro para que o marido, no outro carro, parasse no acostamento para em seguida exigir que ele realizasse um ato sexual — ou a noção ainda mais ridiculamente implausível de que o marido rejeitaria a oferta. Vários policiais me perguntaram depois do julgamento por que não usei a repetição com isso. Boa pergunta. Duas razões, na verdade: (1) provavelmente ninguém no júri esqueceria essa parte do testemunho dele, tivesse eu lembrado ou não, porém, mais importante, (2) não estava intimamente ligado à acusação neste caso. O esfaqueamento estava. E eu queria que ele fosse repassando cada uma das nove facadas em detalhes, porque eu não só queria que o júri ouvisse a frase "quando você esfaqueou sua esposa" tanto quanto possível, mas que ele as ouvisse também. Porque a repetição é poderosa e talvez, apenas talvez, ele sentisse algo naquelas palavras também.

CONTINUE BATENDO NA MESMA TECLA

A repetição tem ligação direta com a consciência humana. Quanto mais ouvimos algo, mais provável é que o lembremos. Quanto mais ouvimos algo, mais importante julgamos ser esse fato.

Mas trabalha contra nós aquela parte da natureza humana que não gosta de se repetir. Não dizemos bom dia à mesma pessoa seis vezes pela manhã. Podemos sempre desejar que o dia comece bem, mas nem por isso ficamos verbalizando esse desejo repetidamente. É desconfortável. É mecânico. É assustador.

Também não continuamos batendo na mesma tecla, implacavelmente, sem dó. A maioria de nós não gosta de ver os outros sofrerem, então, uma vez que deixamos nosso ponto claro, tomamos fôlego, relaxamos e vamos em frente sem embaraçar o outro lado.

Existem, no entanto, algumas almas raras que estão programadas para colocar mais pressão, mesmo quando já ganharam.

Quando joguei golfe com o presidente Trump, Mick Mulvaney e Lindsey Graham, vi uma dessas almas raras. Joguei muito golfe com Mick e Lindsey. Se estivermos jogando um contra o outro, queremos vencer com certeza, mas principalmente nos divertir. Mick e eu ajudamos um ao outro com nossas tacadas — mesmo se formos oponentes. Lindsey é rápido em dar um jeito de reequilibrar a partida se ela for muito unilateral. O presidente Trump teria sido um bom promotor, porque ele emprega plenamente a arte da repetição implacável e impiedosa.

O presidente Trump e eu éramos companheiros de equipe jogando contra Mick e Lindsey. O presidente e eu começamos a ganhar o jogo logo no início da partida e a vantagem só aumentava. Em dado momento, estávamos seis buracos à frente. Isso é muito para conseguir depois de apenas nove buracos. Demos um tempo, comemos um lanche rápido e fomos reiniciar a partida rumo ao décimo buraco. O presidente, então, inclinou-se para mim. *Pensei* que ele ia dizer "Ei, vamos dar a eles mais algumas tacadas". *Pensei* que ele ia dizer "Estamos muito na frente, vamos dar uma chance a eles". Eu pensei errado. O que ele disse foi: "Vamos ver se conseguimos impedir que ganhem mais buracos."

Isso é repetição na comunicação e na persuasão. É identificar um erro cometido pelo outro lado e, implacavelmente, fazer com que ele sinta isso.

MUITO ESTÚPIDO

Jonathan Gruber é um economista formado em Harvard e no MIT. Ele tem a reputação de ser o cérebro por trás do plano de assistência médica de Massachusetts e, mais tarde, do que se tornaria o Affordable Care Act ou Obamacare. No MIT não há professores idiotas, então, quando chegou o momento de questioná-lo durante uma audiência na comissão do Congresso, não havia sentido perguntar sobre seguro saúde ou economia. Em vez disso, eu me deteria em algo que nós dois sabíamos igualmente bem, algo que ele havia dito e que fora gravado, e então eu lhe faria uma pergunta a respeito que só ele poderia responder, que era o que ele *quis dizer* com aquilo. Às vezes, até professores superinteligentes do MIT dizem coisas insolentes e impertinentes, e Gruber fez exatamente isso.

Ao falar sobre a lei que regulamenta a assistência à saúde, ou seja, como ela foi aprovada e por que foi necessário ser aprovada daquela forma, Gruber disse, e eu cito: "O povo norte-americano é estúpido demais para entender a diferença." E para aqueles que cresceram com a recomendação de não dizer a palavra "estúpido", bem, deveriam pular para o próximo capítulo, porque ele usou a palavra novamente quando se referiu à "estupidez do eleitor norte-americano".

Ora, ora. Já teria sido suficiente ele haver dito apenas uma vez, mas ele repetiu, então minhas portas se abriram de par em par para o que eu faria a seguir. Embora o público norte-americano tenha ouvido isso diretamente da fonte duas vezes, se seu objetivo é contestar, você quer que o mesmo júri ouça novamente e novamente. E de novo.

Então, se fosse você que estivesse questionando Gruber, quantas vezes incluiria a palavra "estúpido" em sua pergunta? Um monte, se você acredita no poder da repetição.

Você poderia perguntar:

    O que significa "estúpido"?

    Como alguém pode ser "estúpido demais"?

    Existem graus de "estúpido" com alguns estando dentro dos limites aceitáveis, mas outros sendo "demais"?

    Todos os norte-americanos são "estúpidos demais"?

    Como saber quais norte-americanos eram "estúpidos" e quais eram "estúpidos demais"?

    Qual teste de quociente de inteligência você aplicou para determinar quais norte-americanos eram "estúpidos demais"?

    O teste de Stanford-Binet pode mostrar "estúpido"? Ou o teste Wechsler é melhor?

Não empreguei à exaustão a ferramenta de repetição com o professor Gruber. Fiz o suficiente para deixar as coisas claras, mas ele usou parte do tempo para falar de uma falta de transparência legislativa, um assunto que chamaria a atenção do público ouvinte. Não houvesse, porém, um limite de tempo de cinco minutos, como definido nas audiências no Congresso, eu poderia estar, até agora, perguntando ao professor Gruber o que ele quis dizer com "estúpido demais".

A repetição funciona se você tiver uma mão vencedora, e quando no pano verde houver uma palavra mal usada ou mal pensada, você deve jogar espadas até que não tenha mais cartas.

CAPÍTULO 12

UMA PALAVRA VALE MAIS QUE MIL PALAVRAS

ENGULA SUAS PALAVRAS

Poucas pessoas ouviram falar do Conselho de Investigação de Riscos e Segurança Química (CSB, na sigla em inglês) e eu estaria até hoje nesse grupo de felizardos se, para minha infelicidade, o então presidente da Comissão de Supervisão da Câmara e Reforma do Governo, Jason Chaffetz, que tinha ouvido falar desse Conselho, não achasse ser uma boa ideia saber o que se passava por ali. Mas ele achou — e aquilo não seria nada bonito.

E, para meu desgosto, também achou que era importante eu estar presente naquela audiência. Era 2015 e eu estava tocando a vida em meu escritório em DC, quando o presidente Chaffetz ligou e disse: "Preciso de você aqui rapidamente para questionar este depoente."

"Mas, Jason, por que não faz isso você mesmo?"

"Porque você seria melhor nisso", disse ele.

Louve-se a sabedoria de Jason em perceber que a bajulação o levará a quase todos os lugares da vida e por saber que um ex-jogador de futebol americano da Universidade Brigham Young precisava de um promotor para ajudá-lo naquele dia específico.

O problema era o uso de e-mail pessoal pelo então presidente do Conselho de Investigação de Riscos e Segurança Química.

Tudo que eu tinha eram algumas frases dele quando questionado no passado:

> Em junho de 2014, o presidente Chaffetz lhe perguntou: "Você já usou e-mail pessoal para negócios ou comunicações oficiais?" E sua resposta foi: "Bem, sim, por ignorância."

A esta altura você já está ocupando minha tribuna no Congresso. A ação a tomar deve ser uma mistura de contestação da pessoa e contestação dos fatos e, como você já deve saber, a melhor e mais segura maneira de fazer isso seria por meio de perguntas e *não* de acusações ou informações.

Uma pergunta poderia ser: "Qual o motivo de sua ignorância?" A partir daí, você pode lançar mão de uma série de perguntas sobre todas as fontes de informações e materiais destinados a diminuir a "ignorância" dos funcionários, explicando tintim por tintim o que pode ou não ser feito por e-mail pessoal. Você pode perguntar se ele consultou algum manual ou apostila de treinamento para colocar-se a par do que poderia ou não fazer.

Foi ele quem lhe deu a palavra "ignorância".

Essa palavra foi ele quem disse, não você. Faça-o ser dono dessa palavra.

Pois foi o que fiz. Quando lhe perguntei o motivo de sua ignorância, ele respondeu: "Bem, quando entrei na agência isso era normal..."

"E quem lhe disse isso?"

Ele respondeu usando "*todos*", uma palavra que eu não recomendaria na maioria das circunstâncias: "No meu entendimento *todos* usavam o e-mail."

Certas palavras são grandes demais para proporcionar uma comunicação eficaz e precisa. "Todos" é uma delas. Essa palavra pressupõe que você (1) conhece todo mundo e (2) conhece as práticas de e-mail de todo mundo, algo reconhecidamente difícil de fazer. Outro exemplo é a palavra "sempre". Entre as definições e sinônimos de "sempre" estão "infalivelmente", "todas as vezes", "em todos os momentos" e "sem exceção". A palavra "sempre" vincula definitivamente a pessoa a um só estado, anulando quaisquer outras opções, o que é impossível. Requer que se identifique, analise e elimine todas as alternativas — uma quimera.

O depoente, então, tentou minimizar o uso de e-mail pessoal para conduzir negócios oficiais, dizendo que o fez no "início" de seu mandato. Epa, isso não é um "todo mundo" ou um "sempre". É um pouco mais específico, que ótimo!

Mas há um porém, porque essa colocação leva você a solicitar que ele defina "começo", uma vez que você sabe exatamente por quanto tempo ele usou e-mail pessoal, e 18 meses não é uma definição muito defensável de "começo".

Ao ser confrontado com o fato de haver utilizado o e-mail pessoal após o que definira como "início" de seu mandato como presidente do Conselho de Investigação de Riscos e Segurança Química, o depoente admitiu o erro, dizendo: "Provavelmente sim."

Ora, ora! "Provavelmente" e "sim" nem sempre são companheiros de viagem, não é mesmo? Sem mais nada além de fazer perguntas, com toda a segurança que essa linha de ação oferece, você pode manter esse depoente prisioneiro de suas próprias palavras, de suas próprias explicações e do inevitável reconhecimento de que suas ações não correspondem às suas explicações. Tudo isso apenas fazendo perguntas.

Já vimos antes o poder, potencial e armadilhas do "por que". Nenhuma pergunta pode fazer com que alguém perca o controle sobre uma narrativa mais rápido do que a iniciada com um "por que". Mas a força desse procedimento aumenta mais ainda quando associada a um senso de direção. Em outras palavras, o "por que" é mais poderoso quando não há uma boa explicação. Isso se deve à natureza humana, que tentará explicar até mesmo o inexplicável.

A natureza humana está programada para querer saber o porquê das coisas. Essa questão é tremendamente poderosa quando você pode acoplar o desejo humano de ouvir a explicação, com o desejo humano de fornecer uma explicação quando não há nenhuma explicação além do próprio erro ou má conduta de uma pessoa.

No caso do presidente do Conselho de Segurança Química, isso seria mais ou menos assim:

"Por que você disse que interrompeu a prática de usar e-mail privado no início de seu mandato quando, na realidade, continuou por 18 meses?"

"Por que você disse que 'todo mundo fazia' quando todo mundo não fazia?"

"Por que você afirmou que interrompeu a prática quando não o fez, mesmo depois dessa afirmação?"

Há aqui algumas lições importantes que vale a pena observar:

1. Quando você usa as palavras da outra pessoa na forma de perguntas, causa nela profundo embaraço;

2. Não use palavras comprometedoras como "todos", "ninguém", "sempre", "nunca" ou "todas as vezes" quando for um depoente (ou, em geral, para o que for);

3. Fique atento a essas palavras comprometedoras. Elas são sinais de alerta importantes!

4. Esclarecer o significado de termos é uma pergunta clássica para usar em quase todos os argumentos ou conversas persuasivas. ("O que você quer dizer com 'começo'?");

5. "Por que" pode ser um termo mais contundente e poderoso quando usado intencionalmente e com cuidado, em especial ao pedir para explicar o inexplicável.

Ou seja, as palavras importam. Não vou tão longe quanto meu pai, que me fez ler o dicionário, embora haja usos piores do tempo que a gente dispõe, para cultivar o amor pelas palavras e seus significados precisos. No entanto, espero e encorajo você a se apaixonar pela exatidão das palavras, algo essencial para uma comunicação eficaz. Algumas palavras são aceitáveis e modestamente carregam em si aquilo que você está tentando comunicar; algumas palavras são perfeitas para expressar seu ponto de vista, e muitas delas obscurecem, confundem e, assim, comprometem o argumento. Quando você está defendendo seu caso, seja à mesa de jantar, na sala de café do trabalho ou quando estiver no carro debatendo com o cônjuge, esteja atento às palavras que escolher e mantenha as antenas ligadas à procura de aberturas oferecidas por palavras que os outros usam.

PALAVRAS GRANDES, PALAVRAS AMIGÁVEIS

Como aprendemos, certas palavras são muito grandes para proporcionar uma comunicação eficaz e precisa.

Quando alguém lhe diz "Você *sempre* me interrompe quando estou falando", você pode escolher entre abordar o mérito do fato de que acabou de interromper alguém pela enésima vez (não é bom interromper as pessoas, mas também não é bom falar sem parar) ou se fixar na palavra "sempre". Na vida, é certo encontrar alguém, no trabalho ou no lazer, bom o suficiente para agarrar-se a essa palavra e se desviar de qualquer objetivo que você realmente tenha em mente.

Melhor seria ela simplesmente dizer "Você me interrompeu quando eu estava falando". O que se ganha argumentando com hipérboles? Essa figura de linguagem tem seu papel na comunicação em geral e na persuasão em particular. Mas a hipérbole deve ser utilizada de caso pensado, não descuidadamente. E deve-se ficar apenas nisso — intencionalmente hiperbólico — com todo o humor e absurdo pretendidos. O que a palavra "sempre" indica naquela frase? Na verdade, a pessoa que a usou não estava fazendo um levantamento histórico de todas as conversas com você ao longo do relacionamento. O que ela estava tentando comunicar era "Pare de me interromper!". A palavra "sempre" não acrescenta nada, exceto uma via pela qual aquela pessoa pode ser contestada.

Digamos que o comentário fosse "Você *sempre* me interrompe quando *nós* estamos falando". "Sempre" é uma palavra fácil de se agarrar, mas a palavra "nós" também. "Nós" não fala (a menos que você faça parte da família real e esteja usando o plural majestático — algo de que duvido). "Você" fala ou "eles" falam. Mas "nós", não. O "nós" foi uma tentativa nobre de ser inclusivo, mas deixa a descoberto um flanco de contestação que poderia ser facilmente evitado, e que, ademais, não ajuda em nada naquilo que você está tentando comunicar.

Se minha esposa estivesse lendo isto (e eis aí um grande *se*), ela diria: "Não seja tão crítico, deixe as pessoas falarem de uma maneira confortável para elas! As pessoas não analisam tão a fundo assim as palavras". Ela está certa no mundo dela, onde seus amigos são pessoas legais, e não há muitos debates acontecendo. Entretanto, esse não é o mundo em que vivo e, presumivelmente, não é aquele em que você deseja se destacar. Portanto, a precisão é importante.

Quais outras palavras sujeitam o orador à contestação? A palavra "ninguém" às vezes é uma delas. Como em "Ninguém presta atenção em mim" ou "Ninguém pede minha opinião". Qual é a melhor maneira de comunicar seu ponto de vista? Pode ser perguntar: "Por que você não está prestando atenção em mim?" ou "Por que você não pediu minha opinião?"

Existem palavras e métodos mais amigáveis para expressar seu ponto de vista, e usá-los limita sua própria exposição à contestação. "Talvez" é uma boa palavra, mesmo se você estiver absolutamente certo do que diz. Ao utilizar essa palavra você não deixa de se posicionar, ao mesmo tempo que abre uma eventual rota de fuga. "Provavelmente" também é uma palavra amigável. Comunica probabilidades a seu favor sem o risco de dizer "sempre", e cobre todas as contingências. "Normalmente" é uma palavra amigável e com uma rede de segurança integrada também. Palavras mais amigáveis abrem espaço para fugas, reviravoltas e servem de paraquedas.

É importante frisar que frases como "em minha opinião" ou "eu sinto" expõem o orador a uma eventual contestação. Opiniões são ótimas, mas não em um embate envolvendo fatos. Não à toa se diz: "Você tem direito à sua própria opinião, mas não a seus próprios fatos." Na hierarquia da persuasão, fatos estão acima de opiniões e sentimentos. Prefiro usar frases interrogativas como "Você discorda", "Você já considerou" ou "É possível".

Sendo bem objetivo, palavras específicas — grandes ou amigáveis — podem ser exatamente aquilo que o faz cair ou o conduz à vitória. Sempre — e quero dizer sempre! — mantenha-se alerta para quando as usar e as ouvir. Conheço pessoas boas que foram traídas por palavras grandes e vi casos sólidos sendo erodidos. Comunicação e persuasão já são habilidades complexas o suficiente para lidar sem cometer erros, que dirá escolhendo descuidadamente uma palavra quando existe outra de sentido mais preciso, e você perde pouco ou nada caso erre por excesso de cautela.

UMA ESPÉCIE DE SUICÍDIO

Uma comunicação eficaz não é possível se não houver um entendimento comum do que está sendo dito. Quando meus professores de latim falavam latim, não tinha a mínima ideia do que diziam. Posso provar: guardo os exames comigo até hoje. No entanto, ainda que o idioma seja comum, é preciso concordância quanto ao significado das palavras. Isso é essencial se você está realmente tentando compreender e ser compreendido. E também é extremamente eficaz caso queira travar ou quebrar o ritmo da argumentação da outra pessoa. Nunca deixo de me surpreender com a dificuldade que algumas pessoas têm para explicar palavras cuja definição todos pensamos conhecer. Todos os dias usamos palavras que têm vários significados e, às vezes, significados muito diferentes do que pretendemos.

A palavra "dizimar" é um exemplo clássico. A maioria de nós usa essa palavra com o significado de destruir totalmente e exterminar. Na definição histórica, dizimar é eliminar cada décima pessoa (*decimus*, que significa "tomado como um décimo" — veja só, acabei aprendendo latim!). Há uma grande diferença entre deixar 0% e deixar 90% para lutar.

Compreender com precisão o que está sendo dito, e fazer com que o outro lado defina as palavras utilizadas, são armas poderosas nas batalhas da persuasão.

Jonathan Binney invadiu a residência de Allen e Judy Southern na zona rural de Cherokee County. Lá dentro, fez coisas inenarráveis, coisas que somente pessoas depravadas fariam. Seus atos abomináveis, que vão da autogratificação sexual à defecação, tornam Binney possivelmente o indivíduo mais perturbado que já processei — e isso é muito, considerando que já processei algumas pessoas bem doentes, mentalmente falando.

Por que Jonathan Binney invadiu a casa de Allen e Judy Southern? Bem, essa é uma história de depravação e maldade por si mesma. Eu o pouparei dos detalhes específicos, mas basta dizer que Binney agrediu sexualmente uma criança. Porém, Binney sabia que não seria nada bom para ele ir para a prisão como estuprador de crianças, queria ir para a prisão como assassino. Então, invadiu o lar de um casal que ele não conhecia. Essas pessoas nada lhe haviam feito; não tinham sequer ouvido falar dele, contudo, Binney precisava de uma vítima para seu plano de ir para a prisão como assassino dar certo.

Judy Southern trabalhava como carteiro rural, e enquanto estava fora, Binney invadiu a casa e ficou à espera, de prontidão para dar vazão à sua maldade. Quando Judy Southern chegou em casa e entrou, Binney atirou nela. Ela morreu mais tarde, no hospital.

Depois de atirar em Judy Southern, Binney subiu em sua bicicleta a motor, tentou se livrar das evidências do crime e se aplicou vários adesivos de nicotina. Por que ele colocou adesivos de nicotina? Bem, para cometer suicídio, é claro, afirmou ele.

Foi essa a história que, mais tarde, foi passada ao júri por Binney. Por que isso importa? Por duas razões, uma delas óbvia, a outra nem tanto. A razão óbvia era que Binney correria o risco de sofrer pena de morte se seu crime fosse o de invadir a casa dos Southern e ficar à espera para matar um dos dois moradores que chegasse da rua. Ele estaria na mesma situação de ser condenado à morte se entrasse na casa com a intenção de cometer um crime como roubo ou agressão sexual. Mas sua teoria do caso era que invadir a casa dos Southern, durante o dia, para matar *a si mesmo*. Não era um assalto e, portanto, aquele assassinato não se enquadrava nos crimes sujeitos à pena de morte.

A outra razão que faz os réus em julgamentos criminais usarem a tese de "suicídio" como defesa é que eles acreditam, erroneamente, que o júri terá alguma simpatia por réus que, de tão atormentados pela culpa e remorso, tentaram punir a si mesmos tirando a própria vida. A linha de pensamento não lógica é mais ou menos a seguinte: *O réu quer morrer, portanto, vamos realmente puni-lo fazendo-o viver.* Sim, eu também não sou muito partidário dessa linha de raciocínio, mas os réus tentam. No entanto, isso é facilmente despachado.

Bem, em uma situação assim, por onde começar? Pode ser pelo óbvio. Quando chegou a hora de matar Judy Southern, Jonathan Binney usou um método bastante confiável para tal intento: ele usou uma arma. Mas, quando chegou a hora de se matar, ora veja, Binney decidiu empregar um meio do qual ninguém jamais ouviu falar, que consiste em aplicar um punhado de adesivos de nicotina e esperar que seus batimentos cardíacos acelerassem de forma a provocar um colapso fatal. Caso você esteja se perguntando... não funcionou. Era a maneira mais meia boca e covarde possível de acabar com sua vida.

Outra pergunta que pode estar passando pela sua cabeça é por que Binney nunca chegou a se matar com todo o tempo que passou na casa dos Southern esperando alguém chegar em casa. Eis aí uma boa questão. Não lhe faltou tempo para muitos atos de depravação indescritíveis, mas nunca conseguiu encontrar tempo para colocar a arma na boca e puxar o gatilho.

É muito incomum que a definição de suicídio seja relevante ou tenha qualquer significado do ponto de vista legal. "Suicídio" é uma daquelas palavras que todos pensamos saber o significado. Mas neste julgamento em particular, importava.

Ironias à parte, o fato de que um réu que quisesse se matar elaborasse análises jurídicas tortuosas para evitar ser condenado à morte me fez refletir sobre aquelas palavras cuja definição pensamos conhecer até que entender plenamente seu significado é realmente necessário.

Isso me faz recordar um jantar em uma noite amena em Charlotte, Carolina do Norte.

Quem já compartilhou uma refeição comigo sabe que os comentários levemente provocadores que faço nessas ocasiões podem rapidamente se tornar complicados. Estávamos em um restaurante, o senador Tim Scott, duas outras pessoas e eu, esperando chegar os pratos. Na verdade, nem tenho certeza se o garçom já viera anotar nossos pedidos.

Em dado momento, todos emudeceram, sobrevindo uma calmaria mais longa; então, precisávamos de algo para conversar. Minha ideia? *Bem, algo leve! Vamos falar sobre suicídio!*

O que é suicídio? *Você* pode definir isso? Você acha que sim, mas tente. Por si mesmo, como definiria essa palavra se solicitado a fazê-lo?

É tirar a própria vida, certo?

Mas por quais meios, e realizado em que período de tempo?

O bar do restaurante em que estávamos jantando em Charlotte podia estar repleto de pessoas cometendo "suicídio", mas muito lentamente. Talvez lhes tenham recomendado parar de beber, mas não o fizeram. Talvez lhes tenham recomendado alterar sua dieta, mas não o fizeram. Talvez lhes tenham recomendado fazer exercícios, mas o conselho foi ignorado. Talvez lhes tenham prescrito remédios para pressão alta, mas não os estavam tomando. Talvez tenham abandonado a academia ou deixado de ir à consulta com o dentista.

O dicionário define suicídio como "o ato ou instância de alguém tirar a própria vida voluntária e intencionalmente". Isso abrange todas as suas perguntas? É mesmo um único ato ou pode ser uma série de atos menores? O que significa "voluntariamente"? Aliás, o que "intencionalmente" significa?

Se um médico me receitar um medicamento que provavelmente prolongará minha vida e eu não o tomar, que nome dar a isso? E se eu tomar só uma parte, mas não toda, porque não tenho dinheiro para fazer conforme prescrito? Você poderia, então, analisar as outras maneiras como gasto dinheiro e julgar o fato de que eu poderia ter renunciado à televisão a cabo e ao celular e, assim, ter o dinheiro para a dosagem completa? O suicídio seria, então, um debate sobre as prioridades da vida e como eu as classifico?

E se eu simplesmente não suportar os efeitos colaterais e considerar que 6 meses sem náuseas a cada hora é melhor do que 18 meses passando por isso? O que é "a própria vida" para os fins da definição acima e quem pode decidir a respeito?

Às vezes, pensamos que sabemos o que as palavras significam até sermos forçados a defini-las. "Amor" é uma palavra difícil de definir. Lembro-me, quando era criança, de ouvir a velha frase: "Amor é nunca ter que dizer 'me desculpe'." Sim, certo! Experimente uma hora dessas. Por falar em suicídio, experimente passar pela vida, pelo casamento, pelo relacionamento com aqueles de quem você gosta e nunca dizer "me desculpe". Não se esqueça de me dizer como ficou a coisa para seu lado.

Usamos muito a palavra "certo". Usamos muito as palavras "exatamente", "justo" e "igual". Mas o que elas significam? Se você fosse obrigado a esclarecer o significado preciso desses termos, poderia fazê-lo de maneira a evitar se expor, em um interrogatório, a quaisquer perguntas sobre o que você deixou de fora?

O que você quer dizer com *todo mundo*? O que você quer dizer com sempre? O que você quer dizer com *eles*? O que você quer dizer com *suicídio*?

O modo como definimos os termos é importante. E é importante para uma comunicação bem-sucedida porque ambos os lados precisam chegar a algum consenso sobre o que os termos significam. Solicitar esclarecimento sobre uma palavra ou frase pode ser benigno quando simplesmente se deseja ter certeza de estar falando a mesma língua — ou pode ser um movimento defensivo.

ESCLARECIMENTO DO BOM

Bem, vamos continuar a usar o esclarecimento na persuasão, agora de forma menos mórbida.

Há algumas pessoas com quem costumo jogar golfe faz uns 30 anos. Mas, para falar a verdade, talvez não seja bem assim. O golfe é um jogo de cavalheiros. Você impõe infrações a si mesmo. Em alguns esportes, "dê tudo de si" e "a vitória é o que vale" são lemas. No golfe, se sua bola se mover depois de ser direcionada e você estiver pronto para acertá-la — mesmo se estiver na floresta sem ninguém por perto — é uma penalidade. Se o taco tocar a parede de um banco de areia ao dar sua tacada, é uma penalidade. O golfe é um jogo de cavalheiros, então elogiamos as boas tacadas uns dos outros e ignoramos as ruins. Você tira o boné no fim da rodada, aperta as mãos de todos e os cumprimenta por jogar bem. Isso é golfe. Então, o que eu jogo com meus amigos deve ser outra coisa, porque é mais como luta livre. É preciso ser casca grossa, ser meio surdo, ter memória curta e uma total falta de empatia pelos erros dos outros. A maioria dos meus amigos acompanha a política, mas eles são ótimos em não falar sobre isso ou perguntar muito sobre a capital federal enquanto estamos jogando. A maioria. Mas nem todos.

Meus amigos e eu caminhávamos pelo gramado do campo de golfe em Spartanburg, quando um deles me perguntou: "Você concorda que os Estados Unidos são mais respeitados no mundo inteiro agora que o presidente é Obama?"

Eu não tinha feito uma tacada particularmente boa, então meu humor não estava lá essas coisas, mas se tivesse ganhado na loteria minha reação provavelmente teria sido a mesma.

"O mundo inteiro?", perguntei.

"Você sabe o que quero dizer", disse ele.

"Na verdade, não sei não! O que você quer dizer com 'mundo inteiro'? Você consultou as pessoas lá em Madagascar? Chade? Islândia? E o que você quer dizer com 'respeitado'? Como eu quantificaria o respeito? Existe alguma maneira de medir isso?"

"Pare de jogar com as palavras comigo!", ele lamentou. "O que estou perguntando é se você concorda que nossa política externa agora é boa?"

"O que significa 'boa'? Por qual padrão objetivo você julga a política externa? Metade do país provavelmente não acha que é 'boa', então alguma coisa pode ser 'boa' se a opinião pública está meio a meio? Você está argumentando que existe algum padrão objetivo para 'boa' — algum padrão objetivo e identificável? Ou é bom o que 50,1% das pessoas dizem que é? Você está familiarizado com o debate entre H.L.A. Hart e o professor Lon Fuller? Quem decide o que é bom? Correto? Justo?"

Ele não falou comigo pelo resto da rodada, o que, por falar nisso, foi uma 'boa'! Eu não estava com vontade de falar sobre política, como ficou óbvio pelas perguntas que lhe fiz. Mas também ilustra o poder potencial de fazer com que a pessoa que faz as perguntas seja mais afirmativa.

Haverá ocasiões nas quais será realmente necessário saber o que alguém quer dizer com determinado termo. Algumas palavras têm um sentido tão subjetivo que, antes de mais nada, você simplesmente deve estabelecer os parâmetros: palavras como "justo", "bom", "bonito", "poderoso".

Ainda que todos os envolvidos estejam agindo de boa fé, é essencial para você que os termos sejam definidos. Mas não são apenas palavras que devem ser definidas quanto a seu exato sentido. Às vezes, as pessoas querem ter discussões ou argumentos abstratos quando é de seu interesse estabelecer nas conversas o máximo de especificidade.

Em quase todas as perguntas que lhe são feitas há flancos abertos que permitem transformar a pergunta em outra pergunta. Explore uma determinada palavra. Faça com que a pessoa a defina. Aja de modo a responsabilizá-los pelo conteúdo do que acabaram de sugerir. Desafie-os a provar o(s) elemento(s) da premissa sobre a qual assentam o que estão perguntando.

O uso preciso das palavras é parte indissociável de uma comunicação eficaz. As palavras têm vários significados, mesmo assumindo que todos concordamos com cada uma das definições. É comum encontrarmos pessoas que usam as palavras de uma maneira que não estamos acostumados ou não nos é familiar. Portanto, é fundamental obter clareza sobre quaisquer palavras seminais que podem mudar uma conversação.

Devemos ter o cuidado de não utilizar levianamente as palavras, caso contrário, caberá a nós defini-las, e nessa situação corremos o risco de deixar de fora algo significativo.

Se você chegou até aqui, provavelmente pode dizer agora que sou um grande fã de ouvir. Sua próxima grande pergunta provavelmente virá do que a outra pessoa acabou de dizer. Então, ouça! Com cuidado, criticamente e de ouvido bem aberto.

CAPÍTULO 13

COISAS BOAS VÊM EM PEQUENAS EMBALAGENS

EMBALAGENS RELUZENTES

Não tenho a mínima ideia se há alguma lei determinando o número de bolas de golfe que se pode roubar do pai; espero que não existam nem o limite, nem a lei. Meu pai rotineiramente ganhava bolas de golfe de presente de seus pacientes, mas ele não as colocava em jogo porque para ele essas bolas eram "bonitas demais para jogar". Isso não fazia (e não faz) o menor sentido para mim. Como uma bola de golfe pode ser bonita demais para jogar? Ela foi feita para isso. É como dizer que um bolo de chocolate alemão é muito gostoso para comer. Ele foi assado para ser comido!

Seja como for, meu pai escondia as bolas de golfe Titleist em seu escritório de casa e, claro, esse era um lugar inadmissível para minhas três irmãs e eu. Por "inadmissível" eu entendia que éramos proibidos de entrar naquele escritório *quando ele estava em casa.* Mas, se ele estivesse fora (e nesse caso eu não podia pedir permissão para entrar no escritório), a permissão não poderia ser negada porque não foi realmente solicitada. Para ter certeza, ele nos disse que fora dos limites valia sempre, mas ainda havia a chance de ele ter mudado de ideia antes de sair para o trabalho de manhã e apenas ter se esquecido de nos dizer.

Para dizer a verdade, o fato de ele haver trancado a porta do escritório a chave podia ser admitido como uma prova circunstancial de que ele não me queria lá, mas jamais um médico escondeu uma chave onde um advogado de 12 anos não pudesse encontrar. No início foi fácil encontrar a chave. Estava logo acima da porta, pendurada em um pedaço de moldura. (Sério? Quem esconde a chave tão perto da fechadura?) Porém, depois que minhas irmãs me entregaram, ele escondia um pouco melhor. Mas não o suficiente! Eu a encontrei na capa de um álbum de Neil Diamond perto de seu aparelho de som. Veja bem, se ele não quisesse que eu a encontrasse, teria colocado em um de seus álbuns de Perry Como ou Andy Williams. Mas com certeza ele sabia que eu gostava de "Cracklin' Rosie" também, então esconder ali era basicamente um convite para entrar.

E eu abri as portas do céu Titleist. Por fora, todas aquelas caixas de Titleist pareciam muito diferentes — mas era a mesma bola por dentro. A cada ano havia uma ligeira variação na embalagem, projetada para ser mais atraente ou destacar algum aprimoramento tecnológico. Mas, acredite em mim, a bola era a mesma.

Reembalar é importante. Faz algo parecer novo em folha. Torna algo mais agradável esteticamente. Você se sente como se estivesse comprando algo completamente novo e original — algo "bom demais para ser tocado".

É também uma maneira devastadora de reformular as palavras de seu oponente e mudar o ônus da persuasão.

Muitos de nós fazemos isso por instinto e, muitas vezes, por defesa própria:

"Querido, o jantar está pronto!"

"Ok, já vou."

"Você não percebeu que estou fazendo a comida há horas?"

"Humm... Eu disse que já vou!"

"Bem, se está difícil vir agora, vou colocar o prato na geladeira!"

É instintivo, sarcástico e persuasivo. É pegar um "Já vou" e transformá-lo em um "Não estou valorizando o trabalho árduo que ela teve". É reembalar em seu melhor estilo (e pode acreditar: corri para a cozinha na hora).

Renovar a embalagem pode transformar coisas velhas em novas... e, intencionalmente, em coisa pior. É especialmente eficaz quando combinado com hipérboles, absurdos e extremos ilógicos. É pegar uma pequena parte do que foi dito e fazer uma reformulação radical. É pegar referências isoladas ou casuísticas e, de modo intencional, convertê-las em extremismos impossíveis e sem lógica nenhuma.

Anteriormente, mencionamos a audiência no Congresso sobre imigração, um caminho para a cidadania e como proceder com crianças trazidas para os Estados Unidos antes da idade de responsabilidade legal. O argumento apresentado era que havia exemplos de pessoas que, quando crianças, se encontravam nessa situação e que, com o passar do tempo, haviam se destacado graças às suas realizações pessoais e, portanto, trazido benefícios ao país por sua presença contínua e, em última análise, cidadania.

"Mas, certamente, você não está argumentando que todos os 14 milhões foram oradores da turma, não é?"

Isso é reembalar de uma forma intencionalmente hiperbólica. E, claro, a resposta é "não". Com isso, você transfere o foco daqueles que realizaram para aqueles que não realizaram.

Também mencionamos audiências no Congresso sobre questões de controle de armas e chacinas.

"Você está argumentando que não há uma única lei que poderia ser aprovada para reduzir os riscos de futuras chacinas? Você está argumentando que é um destino irrevogável que apenas temos que aceitar como norte-americanos? Você está argumentando que assassinatos em massa estarão sempre presentes e, portanto, não nos resta nada se não nos acostumarmos com elas?"

Verdade seja dita, reembalar é talvez minha ferramenta retórica favorita. Ela o força a ficar atento ao que a outra pessoa está dizendo. Ela o força a usar seu discernimento para identificar o elo mais fraco na cadeia lógica. Ela o força a usar a arte sombria do absurdo, de extremismos logicamente impossíveis e da hipérbole, e enganchar uma delas ao elo mais fraco da cadeia retórica ou lógica do outro lado.

Alguns exemplos comuns?

Frases que começam com "É o que ouço você dizer..." em geral terminam com um comentário reembalado feito por você anteriormente. Frases que começam com "*Certamente* você não está discutindo..." são em geral frases que terminam com uma pequena reformulação de algo que você realmente disse, mas talvez não quisesse dizer.

Esse é um conceito bastante comum em tribunais, e fácil de perceber. Casos de violência doméstica às vezes são muito difíceis para o promotor trabalhar. Isso ocorre por diversos motivos, entre os quais vítimas relutantes, problemas com provas ou quando se prende o casal e, portanto, sua principal testemunha de acusação também é um réu. Creia: esta última situação é desafiadora; não se pode ganhar se a principal testemunha da acusação não prestar depoimento. Os pressupostos e expectativas sociais e culturais são onipresentes. Acontece, vez por outra, de a vítima de um ataque de violência doméstica reatar com o agressor, e com isso pode se repetir o ciclo de violência. Os advogados de defesa sabem fazer melhor do que dizer categoricamente: "A culpa é sua de ter voltado para ele." Essa é uma linha de ataque muito óbvia para a maioria dos advogados de defesa, mas é, nitidamente, uma dica subliminar para o júri. Então, não permita que a defesa jogue com o sutil e o subliminar.

"Você está sugerindo que a culpa é da vítima?"

"É culpa dela ter sido agredida?"

"Você está dizendo que ela de alguma forma causou isso a si mesma?"

"Você está dizendo que ela não tem direito de entrar sem ser atacada?"

Essa tática de defesa de culpar a vítima, de modo implícito, pelo que aconteceu com ela também mostra sua carranca desapiedada nos casos de agressão sexual.

Certa vez processei um homem por sequestro e agressão a uma corretora de imóveis. Ele a havia sequestrado, fingindo estar interessado em alugar ou adquirir um imóvel. O andamento desse sequestro e agressão levou dias e, claro, à medida que a narrativa relativa a esses dias progredia, o advogado de defesa ficava à procura de alguma evidência do consentimento ou aquiescência da vítima. A defesa buscará na cronologia dos acontecimentos alguma abertura, algum ponto fraco que possa ser utilizado para, implicitamente, argumentar que *realmente* não houve nenhum crime. Nesse caso, foi uma parada em um posto de gasolina. O criminoso entrou para pagar, deixando a vítima dentro do carro ao lado da bomba de gasolina.

A defesa atacou. "Então, você teve a chance de fugir? Teve a chance de gritar por socorro? Teve a chance de chamar a atenção de outra pessoa no posto de gasolina, um balconista ou outro cliente?"

No papel de advogado de acusação, é aqui que você precisa reembalar a insinuação e revidar com mais força do que foi atingido.

"Você está dizendo que o pavor que se apoderou dela enquanto era estuprada ao longo de dois dias simplesmente desapareceu?"

"Você está dizendo que ela deixou de sentir o pavor de ser assassinada, ameaça que ele lhe fazia continuamente, e passou a acreditar que poderia escapar sem chance de sofrer ainda mais?"

"Você está sugerindo que é ela a culpada; que a pessoa sequestrada, estuprada e espancada tem alguma responsabilidade por ter sido sequestrada, estuprada e espancada? É isso que você está dizendo ao júri?"

Muitas vezes, aquilo que as pessoas dizem e aquilo que querem dizer são duas coisas distintas. Se a essa verdade você juntar outra, que é a tendência das pessoas para insinuar sem verbalizar diretamente, então há, no mínimo, três coisas para estar constantemente atento: as palavras ditas, a intenção com que são proferidas e a insinuação que está por trás delas. Então, tudo que você precisa fazer é ouvir e estar pronto para usar a estrutura e a forma a seu favor.

AS ARTES SOMBRIAS DO ABSURDO E DA HIPÉRBOLE

Nossa filha, Abigail, é um dos grandes amores da minha vida. Gentil com todos, não é de julgar ninguém e apoia a causa dos desfavorecidos. Ah, sim, e ela adora discutir. Por "discutir", quero dizer no sentido clássico da palavra. Ela adora debater. Adora ser perspicaz e, embora a política seja diferente nessa fase de nossas respectivas vidas, lembro-me de minha versão de 22 anos, que não acreditava na pena de morte e que depois se transformou em um promotor que por sete vezes a solicitou. As pessoas mudam, às vezes. A vida tem um jeito de fazer isso. A chave para a mudança, porém, é a autêntica persuasão, motivada por você ou por outra pessoa.

Não sei o que o futuro reserva para ela, mas sei que os debates com o pai em sua infância e juventude lhe serão muito úteis (especialmente pelo equilíbrio proporcionado por ela ter uma mãe tão gentil e altruísta). De minha parte, sei que, independentemente de quais sejam ou venham a ser suas convicções políticas, ela tem aquele tipo de alma compassiva, atenciosa e defensora que cada um de nós teria a sorte de ter ao lado caso precisássemos de um amigo.

A confirmação do juiz Brett Kavanaugh para a Suprema Corte dos EUA, e suas consequências, forneceram farto material para nossas sessões noturnas de debate entre pai e filha. Isso também é prova viva de como nosso tão apreciado método de fazer perguntas permite mostrar seu ponto de vista enquanto evita contenciosos e dá margem a conversas mais produtivas.

Uma dessas conversas durante tais ocasiões teria sido mais ou menos assim:

ABIGAIL: Não posso acreditar que seu amigo Lindsey Graham apoia Kavanaugh!

PAI: Você quer dizer o mesmo Lindsey Graham que apoiou as juízas Sonia Sotomayor e Elena Kagan? Esse Lindsey Graham? Você não pode acreditar que ele apoiou a indicação de um presidente republicano, como um senador republicano, mas você pode acreditar que ele apoiou dois dos indicados do presidente Obama?

ABIGAIL: Não é isso que quero dizer. Veja, você foi um promotor. Você não acredita na vítima?

PAI: A palavra "vítima" pressupõe que um crime ou erro foi cometido. Não vamos supor nada por enquanto. Vamos deixar os fatos acontecerem. Vamos esperar o depoimento das testemunhas. Temos uma ferramenta para elucidar a verdade. Sabe qual é?

ABIGAIL: Não sei, mas tenho certeza que você vai me contar.

PAI: Pense! É o confronto de testemunhas e o direito de interrogar, certo?

ABIGAIL: Ela não deveria fazer um depoimento na frente de todos aqueles homens em público. Aquelas eram questões intensamente pessoais.

PAI: As crianças não precisam testemunhar na frente de seus agressores em um tribunal? As vítimas de violência doméstica não precisam testemunhar diante de 12 estranhos sobre os detalhes mais íntimos de suas vidas e relacionamentos? Esta testemunha seria de alguma forma diferente? A alegação aqui não é tão séria quanto a alegação em uma matéria criminal?

ABIGAIL: Achei que você tivesse dito: "Não use a palavra 'vítima'." (Ela me pegou aqui!) E isso não é um julgamento.

PAI: Como alguém pode acreditar em qualquer testemunha, seja qual for o cenário, antes dela depor?

ABIGAIL: Ela já havia testemunhado na ocasião em que seu amigo Lindsey fez seu discurso.

PAI: Sim, ela tinha. Você não fica satisfeita por Lindsey pelo menos ter esperado as testemunhas falarem antes de fazer qualquer avaliação de credibilidade? Não é isso que as pessoas justas fazem? Esperar até que alguém fale antes de avaliar a credibilidade? Não havia senadores do outro lado fazendo declarações de credibilidade antes mesmo de ela pronunciar uma única palavra? Não foi um dos senadores democratas que disse: "Deve-se dar crédito a todas as mulheres"? Como alguém pode determinar a credibilidade antes de uma testemunha falar?

ABIGAIL: Então, você está dizendo que ela está mentindo?

PAI: O que é mentira?

ABIGAIL: Todo mundo sabe o que é mentira.

PAI: Bom. Então você não terá nenhum problema em me dizer o que é se todo mundo sabe, certo?

ABIGAIL: É alguém que não diz a verdade.

PAI: As pessoas cometem erros honestos, não é? As pessoas se lembram do evento certo, mas do nome errado, não é? Você já viu a pesquisa sobre depoimentos de testemunhas oculares? Elas não estão mentindo deliberadamente. Elas realmente acreditam no que dizem. No entanto, estão equivocadas.

ABIGAIL: Ela não se esqueceria de ser agredida por um indicado à Suprema Corte.

PAI: Talvez não, mas também não se esqueceria de ter sido agredida por um indicado ao Tribunal de Apelações de Washington, certo? Não se esqueceria de ter sido agredida por um funcionário do escritório do Conselho da Casa Branca, certo? O Tribunal de Apelações de Washington não é o segundo tribunal mais alto do país? Ninguém estaria apto para aquele tribunal se cometesse uma agressão sexual, não é?

ABIGAIL: É preciso uma coragem incrível para se apresentar e falar sobre essas memórias dolorosas, e ninguém se sujeitaria aos ataques e ao escrutínio sem motivo algum.

PAI: Com isso nós concordamos. A chave é explorar, testar e sondar a "razão", e o interrogatório e a corroboração são as ferramentas para isso.

Nada de desqualificar o oponente nesse diálogo. Nada de vozes elevadas. Nada de ataques pessoais. Nada de mágoas.

No mundo real, longe da política e do crime, as pessoas reformulam o tempo inteiro o que dissemos e queremos dizer. Quando pedimos a nossos filhos que simplesmente arrumem seus quartos, ou estejam em casa na hora certa, ou tenham consideração por um irmão, eles costumam reembalar esses comentários em uma hipérbole que não tem nada a ver.

"Você está certo, eu nunca faço nada do jeito que você quer! Não presto para coisa nenhuma. Acho que você gostaria de eu nunca ter nascido." A maioria dos pais ouviu alguma variação dessa temática de seus filhos. Isso é reembalar no absurdo.

Não caia nessa! Eles, na verdade, querem que você recue e comece a listar todas as coisas maravilhosas que eles fazem. Resista a essa tentação. É difícil. Eu sei. Lembre-se, eu também tenho filhos. Mas fique firme.

A maneira como lido com isso é, calmamente, fazer a seguinte observação: "Reservei o dia inteiro amanhã para falar de todas as suas qualidades maravilhosas e as coisas incríveis que já fez. Quero incluir a limpeza do seu quarto nessa relação." A isca parece irresistível, mas você deve resistir a ela. Seu foco deve ser pequeno — *por favor, arrume seu quarto* — em vez de uma análise sem fim de todas as outras coisas que seu filho deseja discutir.

Tenha sempre em mente que você não está discutindo conceitos amplos e esotéricos. Não está colocando em discussão todos os 14 milhões de imigrantes sem documentação que vivem no país. Você está discutindo sobre aquela pessoa que aspira se alistar nas forças armadas e servir a um país do qual não tem cidadania, ou aquela que demonstrou desrespeito contínuo ao país e às leis ao ferir um norte-americano inocente. Você não está discutindo o que a Segunda Emenda significa. Está falando sobre as 14 crianças que acabaram de morrer. Não está discutindo os benefícios psicológicos e sociais de ter uma sala limpa. Você está discutindo uma sala limpa antes da chegada dos avós deles. Lembre-se de que quanto mais específico for o comentário, mais fácil será evitar os esforços dos outros para reembalar o que você disse.

Dito isso, reembalar pode fazer maravilhas ante o uso intencional de hipérboles e absurdos, e quando usada de forma eficaz pode transformar a pessoa com quem você está conversando em uma testemunha a favor de sua própria causa.

Nos casos em que cabe a pena de morte, a defensoria quase sempre contrata um especialista em psicologia e/ou psiquiatria. Essa tática pode ser usada na fase de estabelecimento da culpa, na de condenação ou ambas, mas normalmente é utilizada na fase de condenação, quando a defesa está tentando convencer o júri a não condenar o réu à morte.

Em quase todas as vezes, o psiquiatra encontra alguma doença mental que, em sua opinião de especialista, serve de atenuante para o crime ou ao menos dá a entender ao júri que essa pessoa não é, de fato, responsável por seu ato. A alegação de insanidade em casos criminais pela defesa significa que o réu não é capaz de distinguir o certo do errado e, portanto, não pode ser culpado de um crime. Mas, se estivermos na etapa de estabelecimento da sentença, esse argumento já foi julgado e perdido, e a defesa tenta, então, mitigar a pena.

Em um de meus julgamentos capitais, o psiquiatra forense diagnosticou a ré com síndrome alcoólica fetal. Não é de bom alvitre atacar a testemunha: naquele caso, tratava-se de uma médica muito capaz, apresentável e bem relacionada. Nem se quer minimizar a condição porque é real e talvez alguém no júri tenha um amigo ou parente diagnosticado com algo semelhante. Seu objetivo é reembalar a conclusão do especialista mostrando-a como hiperbólica e absurda.

Você pega os fatos que o júri já conhece e reembala o testemunho do especialista. (Aviso: tratam-se de fatos que chocam por sua crueza, mas eram os do caso que processei.)

Então, que parte do diagnóstico alcoólico fetal a leva a invadir uma casa para roubar?

Que parte desse diagnóstico a faz se masturbar na casa de um estranho?

Que parte desse diagnóstico faz você defecar tomando uma ducha?

Quantas pessoas com diagnóstico de síndrome alcoólica fetal estupram crianças?

De todas as pessoas com diagnóstico de síndrome alcoólica fetal nos últimos cinco anos, quantas atiraram em estranhos porque queriam ir para a prisão como assassinos?

E depois mentir sobre isso?

Reembalar é minha habilidade retórica favorita. Você tem que ouvir, e ela facilita seu caminho, mas para seu adversário pode ser devastador.

CONVERSAS EM FAMÍLIA

Na maioria das famílias, de um jeito ou de outro, as posições políticas são divergentes. E, por mais que tentemos evitar discutir política nos almoços de domingo com parentes, alguém sempre decide aborrecer a mamãe e jogar uma bomba na mesa.

"Não vejo como alguém poderia votar em Hillary Clinton para presidente."

"Não vejo como alguém poderia votar em Donald Trump para presidente."

Como você reembalaria esse comentário caso estivesse tentando retrucar, atacar ou defender alguém ou a si mesmo?

Que aberturas lhe foram dadas nessa saraivada de palavras?

Eu estive lá quando essas duas perguntas foram feitas, e como tenho grande interesse em tirar essas perguntas menores do caminho para passar logo para a parte prazerosa da ocasião, não me fiz de rogado.

"Sua pergunta é como alguém poderia votar em uma pessoa que foi senadora dos Estados Unidos, serviu ao país como Secretária de Estado e primeira-dama e criou uma filha impressionante? Essa é sua pergunta?"

"Sua pergunta é como um empresário de sucesso, com uma forma única de interagir com o povo norte-americano, que nas primárias enfrentou um punhado de bons políticos e uma oposição da mídia ainda mais difícil e que criou filhos trabalhadores e bem-sucedidos poderia conquistar o colégio eleitoral? Essa é sua pergunta?"

"Você está se esforçando para entender como um eleitor qualquer pode votar em alguém com essas credenciais ou está se esforçando para entender como eu especificamente poderia fazê-lo?"

"Você já perguntou a qualquer um dos milhões de pessoas que votaram naquela pessoa por que o fez, ou restringiu seu campo de investigação apenas às pessoas míopes com as quais costuma andar?"

Há nas pessoas uma tentação para extrapolar. Se um policial não atende às nossas expectativas, isso não significa que todos os outros nos decepcionarão. Um político não corresponder à confiança da população não implica que todos farão o mesmo. O fato de eu não atender às suas expectativas hoje não significa que elas não eram razoáveis ou que não vou atendê-las amanhã. Tenha cuidado ao fazer declarações amplas ao discutir qualquer coisa. Alguém pode reembalar essas declarações e expor você a todos os fatos que não considerou.

Quando for reembalar, não exagere na hipérbole ou no absurdo, caso contrário você corre o risco de ser considerado maluco e perder totalmente a credibilidade, mesmo que a teatralidade de sua indignação seja evidente. Aproveite uma palavra errada de seu oponente verbal. Utilize a seu favor um fato considerado verdadeiro por ele, mas que ainda carece de aprovação. E, por último, faça o que eu faço, que é dar a si mesmo algumas saídas e pontos de fuga.

Ao reembalar, prefiro começar com "Certamente você não está sugerindo…" ou "Certamente você não está discutindo…" ou "Certamente essa não é sua posição…" ou ainda "Certamente você considerou…"

Reembalar é minha ação de retórica favorita por ser uma arma poderosa, tanto ofensiva quanto defensivamente. É melhor utilizada para expor as ilogicidades extremas do que a outra pessoa está dizendo, e é ainda melhor quando você pode se permitir perguntar a ela: "Certamente você não está sugerindo…" mesmo, e especialmente, quando você sabe muito bem que é exatamente o que ela está sugerindo.

CAPÍTULO 14

CUIDADO, HOUVE UMA VIRADA DE MESA

PARE DE ESCAVAR

Existem por aí várias frases e provérbios que ouço constantemente, e que valem a pena ser repetidos (e alguns que vale a pena alterar).

"É incrível a sorte que alguns atacantes têm para fazer gols." (O talento faz as coisas parecerem tão fáceis que confundimos com sorte.)

"Bons fatos fazem bons advogados." (Não se pode ter muitos argumentos fortes estando toda hora do lado errado dos fatos.)

Alguns deles eu complementei para você usar caso necessite de ajuda retórica em sua vida. "Um amigo necessitado é uma praga" (essa peguei emprestado do personagem de Vince Vaughn em *Penetras Bons de Bico*), "Um centavo economizado é apenas um centavo" e "Uma casa dividida é uma casa geminada".

Mas o ditado que lhe recomendo seguir neste capítulo é: "Quando você estiver em um buraco, pare de cavar." Quando você se encontrar acuado, vítima de uma ação persuasiva, comece a procurar uma corda, uma escada ou uma mão amiga, e se isso não funcionar mude completamente de assunto ou comece a chorar histericamente.

Na vida, fatalmente nos encontraremos no lado mais frágil de alguma discussão. Haverá fatos ruins, ou defenderemos algo em que realmente não acreditamos, ou talvez aquele seja um dia em que não nos sentimos especialmente persuasivos. Isso vale para todos nós. Jogadores de golfe profissionais erram uma jogada simples. Atores esquecem as falas. Ginastas escorregam e caem da trave. Alguns dias são assim, e precisamos de um plano para eles também. Precisamos de um plano para os dias em que brigar pelo empate é uma vitória, ou simplesmente viver para lutar outro dia é o melhor que podemos esperar.

Ao finalizarmos a segunda parte deste livro, você já deve ter um bom entendimento das manhas do ofício, e já conhece algumas de minhas ferramentas favoritas para praticar a sublime arte da persuasão. Neste capítulo, voltaremos a elas, mas agora usando-as como instrumentos de defesa — escudos em vez de espadas, maneiras de sobreviver (em ao menos um caso, literalmente) em vez de maneiras de vencer.

EVITAR OU DESVIAR

O Dr. Kevin Gilliland e eu estudamos na Baylor University. Moramos juntos na faculdade, estávamos no casamento um do outro e ele continua a ser a pessoa mais engraçada que já conheci na vida. Ele é a razão de eu ter feito mais cursos de psicologia do que qualquer outra disciplina na faculdade, e será um dos que carregarão meu caixão — que espero ainda demore muito. E também é responsável por uma das experiências mais miseráveis da minha vida.

A maioria de nós se lembra de onde estava quando eventos significativos aconteceram. E com isso quero dizer eventos do futebol americano, como Leon Lett fracassando em sua tentativa de recuperar a bola em um chute bloqueado, em um campo coberto de gelo no Texas Stadium no Dia de Ação de Graças de

1993. Minha esposa e eu estávamos em Dallas para celebrar o Dia de Ação de Graças com Kevin e Ann Gilliland e os pais de Ann, Sr. e Sra. Jim Bolton. Estávamos acomodados em uma casa linda e aconchegante – lá fora, o frio era de rachar.

"Ok, vamos caçar", disse Kevin, já todo equipado.

"Como é? Caçar? Sou um jogador de golfe, não um caçador, e não jogo golfe com um clima gelado desses, com granizo caindo."

Kevin me garantiu que ficaríamos bem. Embora ele afirme que nunca declarou taxativamente que havia um pavilhão de caça onde estaríamos todos quentinhos e aquecidos, ele certamente deixou implícito. E por implícito quero dizer que ele disse *literalmente* que havia um pavilhão de caça interno com camas, eletricidade e demais serviços.

E lá fomos nós, sob um clima terrível e neve escurecida por todo canto, rumo a Jack County, Texas, para ir caçar na noite em que Leon Lett quebrou meu coração e arruinou meu feriado.

Continuamos dirigindo cada vez mais para lugar nenhum.

Conosco estavam Robert Bolton, cunhado de Kevin, e Ralph Ramsey, outro contemporâneo da faculdade.

Robert enveredou para o que se supunha ser uma estrada de terra, mas, na verdade, era uma estrada de terra *congelada* e continuamos — e então ele parou. Granizo e chuva enregelante caíam sobre o carro.

"Ok, chegamos", disse Kevin.

Eu perguntei: "Onde fica o pavilhão de caça?"

"Está na caçamba da caminhonete. Nós as chamamos de barracas."

Eu teria matado Kevin se pudesse. Teria passado alegremente o resto da vida em uma penitenciária estadual do Texas, porque pelo menos lá eu não morreria de hipotermia. Provavelmente.

Montamos as barracas no campo de "caça", que pelo visto fora construído em cima de um depósito de lixo nuclear, pois não havia um animal de qualquer espécie em um raio de 100km. Nem um cervo. Nem um porco. Nem um pássaro. Nada.

Então, lá estávamos nós dentro da barraca, tão miseráveis como jamais estivemos na vida, com granizo, gelo e chuva gelada caindo sobre nós, sem aquecedores e não sentindo qualquer uma de nossas extremidades, quando Ralph decide ser uma boa hora para nos contar uma história. Digamos que senso de oportunidade era uma qualidade da qual ele carecia absoluta e completamente.

Gilliland e eu somos muito parecidos e, como passamos muito tempo juntos, sabíamos exatamente o que o outro estava pensando, sem precisar trocar uma única palavra.

RALPH: Vocês querem ouvir uma história engraçada?

KEVIN: Não.

EU: Ralph, claro que você pode nos contar uma história; estamos em uma barraca no meio do deserto, sem nenhum lugar para ir, então não podemos impedi-lo de contar uma história. Mas nos damos o direito de julgar se é engraçada ou não.

RALPH: Um rapaz e uma moça estão começando a namorar...

KEVIN: Quantos anos eles tinham?

RALPH: ...não importa quantos anos eles tinham...

EU: Para nós interessa sim, Ralph! A gente quer saber! Eles eram adolescentes? Ambos eram da mesma idade? Quem era mais velho?

RALPH: Realmente, pessoal, é uma história engraçada e não importa quantos anos eles tinham.

KEVIN: Eles estão namorando faz tempo?

RALPH:	Sei lá, mais ou menos um ano.
EU:	Isso é bastante tempo, Ralph. Eles estavam namorando mesmo ou só saindo? Eles já tinham visto outras pessoas? Já haviam se comprometido um com o outro?
RALPH:	Gente, nada disso importa para minha história.
KEVIN:	Sabe de uma coisa, Ralph, os detalhes podem não importar para você. Será que você suprimiu alguns detalhes por causa de alguma experiência ruim quando era adolescente? Mas Gowdy e eu queremos saber tudo sobre esse casal para que possamos participar plenamente do que você chama de uma história engraçada.
RALPH:	Eles estavam em um parque com um balanço.
KEVIN:	Que tipo de parque?
EU:	Era um balanço ou uma gangorra?
RALPH:	Tanto faz, pessoal. Parem de me interromper!
KEVIN:	Isso é importante para nós. Era ou não uma gangorra? Se era um balanço, quantas cadeiras havia? E o parque, tinha nome?
EU:	Ralph, essas coisas são importantes para nós. Onde ficava o parque? É que Kevin e eu podemos ter estado lá e, nesse caso, não precisamos que você o descreva. Ou talvez a gente pretenda levar a família para conhecer e estamos tentando ver o que ele oferece. Dá para fazer um piquenique? É público ou particular? A que horas abre?

E seguiu assim por cerca de uma hora. Ou Ralph sabia o que estávamos fazendo e não se importava, ou talvez ele não pudesse imaginar dois amigos — prestes a morrer congelados — interrompendo o que ele esperava ser um momento de leveza em uma experiência miserável.

De qualquer forma, o Dr. Kevin Gilliland e eu conseguimos evitar que o que já era a pior noite de nossas vidas se tornasse a pior noite já registrada na história da humanidade: impedimos Ralph de terminar sua história.

Talvez fôssemos um pouco óbvios (e desagradáveis), mas há maneiras mais sutis de atrapalhar a exposição de alguém, exigindo atenção aos detalhes e aos fatos. Quando as pessoas se comunicam ou contam uma história, fazem-no naturalmente com certo ritmo, e alterar esse ritmo prejudica a eficácia da comunicação.

E embora as pessoas não gostem de ser interrompidas, elas gostam *ainda menos* de ser interrompidas por alguém que faça declarações assertivas. Ser interrompido com perguntas força o orador a avaliar: "Essa é uma solicitação legítima de mais detalhes e esclarecimentos ou é uma tática de retardamento?" Gilliland e eu éramos muito óbvios, revelando claramente que estávamos procurando retardá-lo. (Eu digo que éramos muito óbvios, mas levou um tempo assustadoramente longo para Ralph descobrir o que estávamos fazendo.) Você pode se comportar com mais sutileza, mas o resultado será idêntico. Perguntas interrompem o ritmo e a cadência de um orador, e ser (um pouco que seja) genuíno em suas perguntas lhe permite reduzir a velocidade da fala do orador a ponto de uma parada brusca sem que ele perceba.

DESCONSTRUÇÃO

Gosto do meu cunhado Chad Abramson (bem, tanto quanto se pode gostar de qualquer sujeito que se casa com sua irmã mais nova). Bom marido, bom pai, bom advogado — e torcedor fanático dos Clemson Tigers. O time dele tem se dado muito bem ultimamente, o que torna a vida miserável para mim nos feriados. Tão miserável, na verdade, que perguntei a minha mãe se ela toparia comemorar o Dia de Ação de Graças quatro dias seguidos, um dia com cada um de seus filhos, para que eu pudesse evitar ter que falar sobre futebol americano com ele. Lógico que ela não concordaria em fazer isso. E ainda me disse algo ridículo sobre "aprender a conviver com as pessoas", ou "a importância da família", ou "deixar outra pessoa ter um pouco de alegria na vida" ou qualquer outra coisa que não fazia sentido para mim. Então, deixei entrar por um ouvido e sair pelo outro.

Se Chad somente se limitasse aos fatos, venceria a maioria dos debates envolvendo o Clemson Tigers e o Gamecocks da Carolina do Sul. Mas ele não fica por aí. Ele não consegue. Não basta que Clemson tenha vencido alguns campeonatos nacionais. Não. Ele vai mais longe e afirma que Clemson não só vence o campeonato nacional como seu calendário é o mais difícil do país. Ao ouvir isso, não pude deixar de, imediatamente, desafiá-lo para um duelo. No interesse do bem-estar e tranquilidade das relações familiares, eu deixaria de lado questões menores como justiça, democracia ou equidade. Sim, essas pequenas coisas eu poderia relevar. Mas Clemson ter o calendário mais difícil do país?! Isso é demais.

Então, vamos pegar nossos celulares, Chad, e desconstruir essa afirmação no nascedouro. Vamos examinar jogo a jogo e cada um dos adversários para verificar a classificação deles e, em seguida, o peso dos fatores campo e condições climáticas. Você quer fazer uma afirmação ousada? Vamos então começar do zero e checar ponto a ponto.

Pense em todos os pressupostos por trás de nossas comunicações cotidianas. Há no mínimo a suposição tácita de que a pessoa com quem estamos falando está nos dizendo a verdade, que ela tem algum acesso às informações que estão sendo comunicadas e que houve algum processo de avaliação crítica ao longo do caminho. E se você desafiasse esses pressupostos?

Esse é o cerne da desconstrução. Desconstruir significa impedir seu adversário de consolidar blocos retóricos fundamentais em sua tentativa de construir um sólido arcabouço argumentativo. Uma maneira de fazer isso é exigir uma prova antes que qualquer bloco seja robustecido.

O que aconteceria se cada um desses blocos fundamentais tivesse que ser legitimado por uma determinada quantidade de evidências e, em seguida, cada bloco de evidências similarmente desafiado um após o outro? E se suspendêssemos o benefício da dúvida? Pense em como é difícil provar qualquer coisa! É frequente permitirmos que os outros desenvolvam seu raciocínio retórico até, às vezes, a conclusão, quando deveríamos ter intervindo antes.

E se adotássemos uma abordagem de "matar o argumento no nascedouro" e realmente questionássemos os pontos de apoio de cada afirmação? O que aconteceria se estivéssemos sendo exigentes em nossas expectativas de que as evidências foram estabelecidas em bases adequadas?

A pergunta a ser feita é: *Como você sabe disso?* Não como você *pensa*, *sente* ou *acredita* nisso, mas como você *sabe* disso? Exigir conhecimento em cada etapa do processo de construção do argumento pode causar danos retóricos naqueles com quem se está comunicando. Trata-se de uma tática clássica para tirar o outro de um poço de pressupostos tácitos. Lembre-se de quantas vezes permitimos que as pessoas façam afirmações factuais questionáveis conforme avançam em direção ao ponto principal pretendido. Da próxima vez, desafie o predicado factual (talvez não no Dia de Ação de Graças, quando seu cunhado está apenas tentando aproveitar o feriado).

MENTALIDADE DE VÍTIMA

É legal ser a vítima. As vítimas recebem grande consideração em nossa cultura (merecidamente, aliás), porque a maioria das pessoas é gentil e não quer aumentar o sofrimento dos outros. Quando um ponto sensível é atingido, as pessoas se retraem, não querem machucar ainda mais. Sem parecer grosseiro, com exceção das vítimas de assuntos graves pelas quais todos sentimos simpatia e tristeza, ser vítima é uma estratégia eficaz nos dias em que as coisas não vão bem para nós.

Durante o auge do debate sobre a lei Affordable Care Act, o presidente Obama cometeu um erro, na minha opinião. Ele criticou Paul Ryan e sugeriu que Paul estava menos preocupado com o bem-estar das crianças do que ele. Na política, é bom haver diferenças. Não é bom (mas aparentemente aceitável em nossa cultura política) presumir que você ama certas pessoas mais do que outras. Acho que o presidente Obama é melhor do que isso, e sei que Paul Ryan é melhor do que aquilo que foi dito sobre ele.

Contra esse pano de fundo, um grupo grande do Partido Republicano foi convidado a ir à Casa Branca para conversar com o presidente. Nós, republicanos, lotamos grandes ônibus e fomos em peso para a Casa Branca. Na ocasião, os comentários do presidente sobre Paul vieram à tona, e o presidente teve uma resposta incomum, pelo que me lembro:

> "Como você acha que me sinto quando você desvirtua minha fé e minhas crenças espirituais? Quão justo é ao dizer que acredito em algo, quando não acredito? Como você acha que me sinto quando você contesta minha religião e no que acredito?"

Essa foi uma boa resposta em vários modos de ver. Ele desviou. Ele deslocou. E ele se tornou vítima de injustiça. Não atenua o erro que cometera contra a outra pessoa, mas realmente não acho que era essa a intenção dele. Concluí que a fala de Obama demonstrava que havia alguma desinformação intensamente pessoal fluindo dos dois lados. Respeito isso.

Tenho observado que outros políticos perdem a oportunidade de ser a vítima. É difícil ser a vítima e o agressor. Às vezes, é preciso escolher. No melhor dos mundos, uma outra pessoa ataca em seu nome e você desfruta do elevado status de ser uma vítima. Quando os outros percebem que você foi maltratado de alguma forma, isso afeta o júri. O júri quase faz um ajuste em suas próprias mentes e minimiza os erros que você cometeu porque alguém já o puniu.

Se você estiver mantendo uma conversa, e uma fala ou posição sua for deturpada, a natureza humana às vezes perdoa rapidamente e segue em frente. A natureza humana é avessa a conflitos prolongados. Resista a essa tendência. Pergunte à pessoa que errou factualmente como chegou a isso. Aprecie o status de ser vítima de declarações falsas. Mas lembre-se: você não pode ser a vítima e o atacante ao mesmo tempo. Pegue a carta de vítima primeiro e jogue-a até que perca a eficácia.

INSISTIR OU DESISTIR

Há outro velho ditado mais ou menos assim: "Não faz sentido bater em cachorro morto —, mas não causa dor." Isso pode ser verdade em teoria. Na realidade, as pessoas não gostam de exageros. Quando você ganhou ou está ganhando, não precisa tripudiar. Mais uma vez — e basta que você confie em mim e em minha experiência nisso — quando se trata da arte da persuasão, o júri e seus companheiros de espécie têm um senso inato tanto de quando é o momento em que já basta quanto da diferença entre ser duro e ser violento.

Vou dar um exemplo em que um membro do Congresso não seguiu esse conselho.

Já mencionei que houve dois depoimentos do ex-agente do FBI Peter Strzok. Um deles foi a portas fechadas na presença apenas de membros do Congresso e alguns funcionários, e que durou horas, mas fora da vista do público. O outro foi uma audiência pública transmitida ao país inteiro pela televisão antes de uma sessão conjunta de duas comissões do Congresso, que foi um completo desastre.

Foi um desastre porque não poderia ser outra coisa: muitos parlamentares fazendo muitas perguntas espremidas em intervalos de cinco minutos, logo após ele ter sido questionado a respeito de tudo que poderia ser feito a portas fechadas.

Todos nós estamos cientes da ironia de um agente da lei falando sobre confiança enquanto estava tendo um caso com uma colega de trabalho, assim como saberíamos da ironia de um congressista criticando Strzok por ter um caso se ele ou ela estivesse fazendo o mesmo. Nem sempre as coisas precisam ser verbalizadas para que o júri saiba o que está acontecendo. Não é necessário dizer expressamente ao júri que as mães mentirão para proteger seus filhos. Quem não sabe disso? Não é necessário dizer expressamente ao júri que os réus não querem ir para a prisão. Os jurados já sabem disso. Não é necessário dizer ao júri que, se você mandar o pai de uma criança para a prisão, o pai dela ficará na prisão. Os jurados também sabem disso. Nem tudo precisa ser verbalizado para ser compreendido.

É provável que você também não precise confrontar publicamente uma testemunha que estava tendo um caso extraconjugal sobre todo o engano, decepção, mentiras e dissimulação que normalmente acompanham os casos extraconjugais. Nós sabemos disso! A testemunha provavelmente mentiu para a esposa durante o caso fora do casamento. Se ela mentia para sua esposa, provavelmente mentiria para outras pessoas? Podemos fazer essa conta simples e o júri também. Mas, ao insistir nesse único fato repetidas vezes, você corre o risco de permitir que a pessoa tenha a oportunidade de alegar ser uma vítima de seus excessos e exageros.

Há uma tênue linha que separa a forma de justiça que a maioria das pessoas razoáveis adota, do tipo de retribuição típica de justiceiros que a maioria das pessoas rejeita. Saber onde um termina e o outro começa requer que você esteja em sincronia com o júri e se conheça bem o suficiente para pisar no freio. Deixe-me ser claro: não estou sugerindo que você sinta pena da pessoa que está a ponto de ser destruída, ressuscitada e destruída novamente. Não o estou encorajando a recuar porque a pessoa merece alguma misericórdia ou graça. Estou encorajando você a recuar porque continuar prejudica seu próprio caso.

Se você tem fatos, use-os para bater; se você tem a lei, use-a para bater; se você não tiver nem uma coisa nem outra, bata na mesa. Quando você deixa de lado perguntas ou afirmações baseadas em fatos e dispensa perguntas e declarações fundamentadas na lei, e cai na armadilha de atacar diretamente a pessoa a fim de desqualificá-la, você corre o risco de o júri acreditar que isso — ataques pessoais — é tudo que você tem.

Peter Strzok não era uma figura simpática aos olhos de muita gente. Para mudar essa percepção seria preciso que os congressistas fizessem perguntas ruins de uma maneira ruim. Alguns deles conseguiram fazer ambas as coisas, e com isso, senhoras e senhores, as coisas deram errado demais.

Há um conjunto de pesos e medidas instalado dentro de cada um de nós. Quando você percebe que a mesa de jogo não está a seu favor, use esse bom senso inato para insistir ou desistir. Podemos sentir essa balança funcionando quando assistimos, por exemplo, a um jogo de basquete e o treinador do time que vence por 30 pontos de diferença e faltando 2 minutos ainda está pedindo aos atletas para arremessarem bolas de 3 pontos. Ou quando um boxeador claramente já venceu e mentalmente jogamos a toalha no ringue antes mesmo que isso ocorra de fato. Se temos essa balança interna, os outros também têm. Não transforme vilões em vítimas ignorando esse conjunto interno de balanças e não renuncie à sua condição de vítima desferindo seus próprios e contundentes golpes. A coisa mais difícil do mundo é seguir as regras quando os outros não o fazem, mas o júri mais amplo o recompensará por isso.

PLANEJE E SE PREPARE PARA SEUS PONTOS FORTES E FRACOS

Em todos os casos criminais que processei, houve algum fato ou afirmação de um fato que me trouxe problemas.

Nas audiências do congresso de que participei, houve, sem exceção, algo que eu realmente esperava que não fosse mencionado. O que você menos gostaria que lhe perguntassem? O que você espera que não surja durante a conversa que está se preparando para ter? Qual é aquele determinado tópico que você não deseja discutir? Onde está o elo mais fraco de sua própria corrente retórica? Dedique mais tempo para repassar essas questões.

Acredito ser de bom alvitre ter um plano, e acredito ainda mais em ter um plano para o pior cenário possível. Qual é o seu plano?

A maioria das pessoas tende a se concentrar nos pontos fortes de seus próprios casos. Isso faz com que nos sintamos bem. Mas a persuasão não tem a ver com se sentir bem, e sim com um plano de comunicação vencedor. Qual é a coisa que você mais teme e qual é seu plano para não apenas não sucumbir a ela, mas transformá-la em algo favorável a seus interesses? O plano não pode ser simplesmente "Puxa, espero que ninguém descubra as fraquezas do meu argumento". Seja o primeiro a reconhecer seus próprios pontos fracos e tenha um plano para combatê-los e torná-los menos danosos, ou leve-os em conta para obter uma posição mais sólida.

Costumo dizer aos amigos e colegas de trabalho: "Deus não dá tudo a ninguém." Raras são as pessoas que Ele tornou inteligente, engraçada *e* encantadora. O melhor que se pode esperar é dois em três. A maioria de nós tem um em cada três. Da mesma forma, provavelmente você não terá todas as armas do arsenal de persuasão. Mas você deve ter aquela que se sentir mais confortável para usar, aprimorar, expandir e refinar.

A minha é fazer perguntas incomuns que desviam e rearticulam. Quando a situação não é favorável em um julgamento, uma audiência ou em apenas uma conversa do dia a dia, tentarei encontrar alguma pergunta incomum para fazer que force a outra pessoa a pensar em outra coisa rapidamente, enquanto eu mesmo vou raciocinando. A pergunta tem que ser relevante, mas não demais. A pergunta deve parecer razoável, mas um pouco afastada do centro da questão em pauta. A pergunta deve ser boa, mas perturbadora.

Por exemplo, no que se refere à questão às vezes conflituosa da imigração, gosto de perguntar aos outros que tipo de crimes desqualificariam as pessoas para legalizar sua permanência nos Estados Unidos. Isso força a pessoa que está argumentando contra a deportação, ou defendendo um caminho amplo e generoso para se legalizar ou obter a cidadania, a percorrer rapidamente todo o código penal. Invariavelmente, algum crime significativo não será citado, sobre o qual você poderá perguntar. Encontrar uma pergunta que force a outra pessoa a pensar rápido vale também para outras situações.

Caso você esteja falando para um grupo de pessoas e as coisas não estiverem indo bem, há dois truques que eu emprego. Ambos são radicais. O primeiro é o *silêncio*. Se existe algo que chama a atenção no mundo, é o silêncio. Quando o tique-taque de nosso relógio interno se prolonga sem que o orador diga sequer uma palavra, começamos a ficar apreensivos. Ele perdeu suas anotações? Deu um branco nele? Será que ele está passando mal? Por que ele fica calado? Faço muitos discursos nesta fase da vida, e em quase todos marco uma série de pausas desconfortáveis destinadas a obrigar todos na sala a parar o que estão fazendo e assistir ao desastre que parece iminente. E então volto como se nada tivesse acontecido. O silêncio é o único grande objeto de chamar a atenção acessível a você. O segredo está na duração do silêncio — mais do que uma respiração, mas nem tanto que os outros pensem que é um cochilo.

O segundo recurso, utilizado em situações extremas, é o da obstrução. Nossa educação manda não interromper. Somos ensinados a ouvir. Não gostamos de pular no meio da frase da pessoa que está com a palavra. Aproveite esses ensinamentos quando se encontrar no final de um debate. As testemunhas mais difíceis de interrogar no Congresso e nos tribunais são aquelas que... simplesmente... não... param de falar. Os jurados não gostam de pessoas rudes que interrompem, e certamente não gostam de ser interrompidos.

É fundamental identificar sua melhor qualidade em termos de comunicação, e o mesmo se pode dizer quanto à sua ferramenta de persuasão favorita. Em qual das ferramentas que discutimos você gostaria de ser altamente qualificado? Qual delas preferiria dominar?

Haverá dias ruins quando estiver lidando com a arte da persuasão. A chave é minimizar o número deles com preparação e antecipação. Quando um desses dias chegar, encurte-lhe a duração desviando, segurando as pontas até o último minuto, levando a conversa em outra direção ou fazendo uso do silêncio ou da obstrução.

Afinal de contas, se você puder entrar em uma discussão como um ouvinte ativo e orador comprometido, e souber com quem está falando e do que deseja convencê-los, aposto que você se sairá bem.

PARTE 3

PARA FRENTE E PARA O ALTO

CAPÍTULO 15

EXPECTATIVAS NÃO TÃO GRANDES ASSIM

PONTOS EM COMUM, NÃO CONSENSO

Passei a maior parte da minha vida na Carolina do Sul antes de ir para a faculdade no Texas. Esses dois estados são muito diferentes, mas as semelhanças em termos de crenças religiosas, políticas e fundamentais provavelmente superam quaisquer diferenças. Claro, havia algumas coisas para se ajustar: George Strait em vez de Elvis Presley. Dançar country em vez de dançar rock. Jeans da Wranglers em vez da Levi's. Mas, nas grandes coisas, as semelhanças superaram as diferenças.

Viajei algumas vezes para o exterior quando jovem, para a África, Israel e Europa, mas de certa forma essas culturas eram muito diferentes, sem termo de comparação com pessoas diferentes coexistindo dentro da mesma cultura geral e estrutura política.

Minha ida à Washington como congressista me possibilitou um novo olhar sobre essa questão. A pessoa mais liberal que conheci na Carolina do Sul seria moderada em Washington. Na Carolina do Sul havia diversidade racial e religiosa, mas nada que se compare à Washington. Lá na capital federal convivi com pessoas cujas crenças profundamente arraigadas iam de encontro às minhas próprias crenças arraigadas. Portanto, havia uma escolha a ser feita antes de mais nada: evitar essas diferenças e tentar persuadir para alcançar um consenso ou aceitar e apreciar essas diferenças.

Se eu tivesse chegado com minhas reluzentes armas persuasivas em punho, esperando chegar a um consenso com todos que encontrei e evangelizando minhas crenças particulares vindas de minhas experiências na Carolina do Sul, sem dúvida teria incorrido em retumbante fracasso. Buscar uma absoluta uniformidade de pensamento vai além de ser uma expectativa tola, é desrespeitosa. Washington me mostrou que, embora o consenso não seja uma expectativa tão grande assim, estabelecer pontos em comum é admirável e razoável.

Programei o anúncio de que deixaria a política e voltaria para a Carolina do Sul de forma a coincidir com minha partida da cidade. Eu não queria encontrar repórteres ou ter longas conversas com meus colegas. Os mais próximos de mim já tinham conhecimento da decisão e sabiam de meus planos, e isso era bom o bastante para mim. Então, fiz o anúncio e fui ao aeroporto com o objetivo de voltar para casa no fim da semana.

Olhando para o celular, vi que pipocavam mensagens de texto. A primeira foi a da agora senadora Kyrsten Sinema. A segunda, da deputada Tulsi Gabbard. Seguiram-se outras e muitas vinham de meus amigos e colegas do lado republicano. Mas as duas primeiras mensagens que recebi eram de duas colegas que você nem pensaria que eu necessariamente conhecia.

À primeira vista, você se perguntaria o que um republicano da Carolina do Sul teria em comum com uma democrata do Arizona e uma democrata do Havaí. Acontece que há, sim, muito em comum, mas não necessariamente relacionado à política. Verdade, votamos de forma diferente. É o que deveríamos fazer. Nossos distritos e aqueles que temos o privilégio de representar pensam, acreditam e votam de maneira diferente. Mas a vida é mais do que apenas política. Ela trata de virtude, de família e da celebração das coisas que temos em comum.

De vez em quando caímos na armadilha de pensar que a persuasão é o ato derradeiro do processo de fazer alguém mudar totalmente de ideia. Isso é uma coisa muito difícil de realizar. Mudar a opinião de alguém sobre quando a vida começa, ou os limites da Segunda Emenda, ou se devemos manter ou descartar o colégio eleitoral é algo difícil e não ocorre com frequência. E se a persuasão for mais sutil do que isso?

E se você convencer uma pessoa que acredita que a vida começa no ponto da viabilidade, a acreditar que a vida começa um pouco antes daquele ponto? E se você levasse alguém que acredita que a Segunda Emenda não tem limitações a acreditar que, de fato, houve restrições sobre quem pode possuir certas armas e onde adquirir determinados tipos de armas?

Não seja ganancioso. Tenha expectativas justas e realistas sobre o quanto você espera realizar. Não presuma que suas crenças são poderosas a ponto de derrubar por completo as crenças e experiências pessoais de alguém. Às vezes, a maior conquista persuasiva que se pode fazer é que está na hora de parar de ficar lutando o tempo todo. Às vezes, o máximo de persuasão a que se pode chegar é dizer a alguém de quem você discorda que está se esforçando para entender melhor os motivos pelos quais a pessoa pensa daquele jeito.

Não se esqueça de que persuasão é movimento. Priorize estabelecer um terreno comum a um consenso — algo mais viável e, em muitos aspectos, bem mais digno de louvor. Pensar em buscar uma mudança total é uma maneira segura de seu grandioso objetivo ir por água abaixo.

A DIFERENÇA ENTRE VENCER E SER BEM-SUCEDIDO

Não há decepção na vida que se compare a expectativas não harmônicas. Se acho que no Natal vou ganhar uma bicicleta nova e ganho um relógio bonito, com certeza vou me decepcionar. Não se trata da bicicleta ou do relógio. Nem significa que meus pais não me amavam de verdade. Significa que houve uma desconexão entre expectativas, e que essa falta de vínculo levou a algum tipo de falha temporária ou duradoura.

A maioria dos meus fracassos resultou de expectativas não correlacionadas ou de ser muito ganancioso em minha persuasão, isto é, de querer mais em uma conversa do que necessariamente cabe a mim ou é razoavelmente alcançável. Quando não há simetria entre as expectativas da pessoa que está tentando se comunicar e as daqueles que estão recebendo a comunicação, haverá uma dolorosa desconexão.

De uma perspectiva política, o aumento do populismo em ambos os partidos é, em minha opinião, um sintoma de expectativas não correlacionadas. Estou mais familiarizado com o lado republicano da equação, então aqueles de vocês com outras visões políticas podem julgar se isso é verdadeiro nesse outro lado.

Quando cheguei à Washington em 2011, os republicanos tinham a maioria da Câmara, mas não do Senado, e a Casa Branca não era ocupada por um representante seu. Assim, esta era a mensagem: "Não podemos fazer as coisas que você quer que façamos porque não controlamos o Senado ou a Casa Branca. Não podemos reduzir o deficit e, em última análise, a dívida. Não podemos modificar o Medicare ou a Previdência Social. Não podemos reduzir o tamanho e o escopo do governo. Não podemos proceder as reformas no sistema de assistência médica com base nas leis de mercado, a menos e até que tenhamos mais representatividade."

Os republicanos queriam começar pelo Senado. Era o que precisávamos! Precisávamos do Senado para que uma Câmara liderada por republicanos pudesse aprovar projetos de lei e enviá-los a um Senado liderado por republicanos e, com isso, esses projetos seriam aprovados e enviados ao presidente Obama para serem sancionados. Ele vetaria os projetos de lei e isso proporcionaria o contraste ideológico do qual a política tanto depende. Esse era o plano. Esse era o objetivo. E foi isso que os republicanos comunicaram. E, em 2012, o povo norte-americano foi sensível a essa comunicação e deu aos republicanos o controle do Senado.

Mas nada mudou.

Portanto, os republicanos tinham escolhas a fazer: poderíamos marcar posição junto à população norte-americana, ter uma conversa muito franca dentro do próprio Partido Republicano ou encontrar algo novo de que "precisávamos". Optamos pelo último.

O novo esforço para comunicar e persuadir visava alcançar o que realmente precisávamos: não apenas o Senado, mas o Senado e a Casa Branca. Isso mudaria tudo.

E em 2016 o povo norte-americano deu aos republicanos a Câmara, o Senado *e* a Casa Branca.

Essa era a chance de fazer tudo o que havia sido prometido! Essa era a chance de atender a todas as expectativas tão eficazmente comunicadas! Essa era a chance de fazer todas as coisas que os republicanos durante anos falaram que iam fazer! E... isso não aconteceu.

Outra pessoa pode escrever o livro sobre os motivos pelos quais os republicanos não governaram com eficácia. Outra pessoa pode escrever o livro sobre as batalhas dentro do Partido Republicano, a falta de um programa de governo, a falta de uma estratégia coesa. Eu estava lá. Certamente tenho uma opinião, mas este não é o momento nem o local para essa discussão.

O aspecto que me interessa realçar aqui é que a mensagem, a comunicação e a persuasão eram eficazes se o objetivo fosse simplesmente vencer. Os republicanos tinham a Câmara, o Senado e a Casa Branca. Haviam vencido. Era o que desejavam e foi o que conseguiram. O erro não estava na mensagem. Estava na total falta de sincronicidade entre o que estava sendo comunicado e o que estava sendo produzido. É a isso que se chama comunicação não correlacionada. Isso é fracasso.

O fracasso acontece quando há algo errado, seja ele o júri, o ônus da prova, os fatos ou as expectativas. Houve vários momentos na vida em que entendi tudo errado, mas parece que a dor foi maior quando a falha se deveu a expectativas não atendidas e em não saber quem o júri realmente era ou deveria ter sido.

ENTENDENDO BENGASI

Aprender com os erros dos outros tem seu valor. Digo isso a meus filhos o tempo todo: vocês não precisam aprender por si mesmos as coisas que aprendi para nós da maneira mais difícil. Se eu disser que a grelha do fogão está quente e ainda está com um vermelho brilhante, por que tocar nela? Se eu disser que agora não é o momento certo para pedir algo à mamãe, porque ela está no meio de sua maratona de filmes de Natal, acredite em mim. Aprendi lições sobre comunicação, persuasão e mudança de posição em vários níveis enquanto estava no Congresso, mas as lições mais difíceis aconteceram durante a investigação sobre o que aconteceu em Bengasi, Líbia, em 2012.

Repito, porque é importante reiterar, que este não é um livro sobre política. Não escrevi e não quero escrever um livro sobre política. Este é um livro sobre comunicação eficaz e como persuadir ou sensibilizar outras pessoas. Portanto, não escrevo esta seção para revisitar a Comissão Especial a respeito de Bengasi ou a secretária Hillary Clinton, a não ser para apontar minhas próprias falhas e as lições que aprendi com elas. E talvez, apenas talvez, você possa aprender com meus erros e evitá-los ao enfrentar suas próprias provações e tribulações.

Eis as lições que coloco neste livro: conheça seu júri, mostre-se sincero, domine seus fatos, compatibilize o que você está tentando provar com aquilo que o júri ou o público esperam e, o mais importante, tenha um objetivo claro e preciso em mente antes de começar. Eu deveria ter dedicado mais tempo a elas quando o presidente da Câmara, John Boehner, me ligou dizendo que estava propondo uma comissão especial para escrever o capítulo final sobre o que aconteceu com quatro bravos norte-americanos que perderam suas vidas a serviço do país.

Em um ambiente politizado ao extremo é quase impossível conduzir uma investigação séria e centrada em fatos. Ambos os polos certamente se sentem ultrajados. Os democratas, que desejam que o presidente Trump seja investigado por todas as coisas pelas quais desejam que ele seja investigado. E os republicanos, que investigaram questões relacionadas ao Departamento de Justiça, à Lei de Vigilância de Inteligência Estrangeira (FISA, na sigla em inglês) ou à Receita Federal e sua manipulação de grupos conservadores. De uma forma ou de outra, participei de todas essas investigações e minha posição permanece inalterada: *é quase impossível conduzir investigações sérias e centradas em fatos no atual ambiente político norte-americano.*

O primeiro obstáculo é que o júri, pelo menos aquele relacionado a questões políticas altamente contenciosas, não está sujeito à persuasão, pois uma persuasão eficaz requer que ao menos alguém tenha uma mente aberta. Outro aspecto indispensável para uma comunicação eficaz é saber, com precisão e clareza, quem é exatamente seu júri. No que se refere à Comissão Especial para Bengasi, o júri começou a encolher cada vez mais à medida que a investigação avançava. Os ativistas republicanos não ficaram felizes com minhas demonstrações de impaciência e falta de interesse em teorias de conspiração infundadas, e com minha disposição de não aceitar comparecer a reuniões de grupos que defendiam essas teorias. Ainda há advogados republicanos aborrecidos comigo porque eu não quis me encontrar com seus clientes. Tudo bem.

Às vezes, a identidade de seus críticos é tão importante quanto a de seus apoiadores.

Os democratas, por sua vez, não ficaram felizes simplesmente porque havia mais uma investigação e ponto final. É verdade que foi instalado um Conselho de Revisão de Responsabilidade. É verdade que outras comissões do Congresso debruçaram-se sobre vários aspectos do que aconteceu em Bengasi. A Comissão de Inteligência da Câmara, presidida por um republicano, divulgou um relatório. A Comissão de Serviços Armados da Câmara, presidida por um republicano, divulgou um relatório. A Comissão de Supervisão e Reforma do Governo, presidida por um republicano, também divulgou um relatório. Com isso, os democratas e a mídia poderiam ter feito uma de duas coisas: (1) reclamar de outra investigação ou (2) perguntar por que as investigações anteriores haviam deixado tantas perguntas sem resposta. Os democratas e a mídia escolheram a primeira alternativa.

Eu acreditava então, como acredito agora, que havia perguntas legítimas cujas respostas valia a pena obter.

Por que nenhum recurso militar dos EUA foi deslocado rumo à Bengasi, Líbia, entre o primeiro ataque à embaixada norte-americana e o momento em que, horas depois, o Anexo [um outro endereço diplomático do país], próximo dali, foi atacado e Ty Woods e Glen Doherty foram mortos? Essa é uma pergunta legítima, não importa qual seja o lado político. No entanto, ela não obteve resposta em nenhuma das investigações das comissões acima citadas.

Quem, em última instância, resgatou o pessoal do Anexo após o ataque a bomba que matou Ty Woods e Glen Doherty? Esta também é uma pergunta legítima. Era extremamente importante para muitos dos homens resgatados que o crédito fosse dado a quem de direito e não a um grupo errado. Entretanto, aquelas comissões não identificaram o grupo responsável por salvar ainda mais vidas norte-americanas.

Era de conhecimento geral, entre nós, que o ataque não fora uma reação espontânea a um curta-metragem antimuçulmano lançado anteriormente e que causou alguns protestos em outras partes do Oriente Médio. Isso foi plenamente confirmado. O que não sabíamos era como esse assunto passou a fazer parte da narrativa do governo. As consequências foram significativas. Foi algo deliberado? Teria relação com a próxima eleição presidencial de 2012? Ou teria sido simples negligência quando um analista incluiu o título errado, a partir da data errada, em um relatório de inteligência do qual se dependia? A pergunta merecia ser respondida, e ainda assim passou em branco por aquelas comissões parlamentares.

Imagine que você está tentando descobrir o que aconteceu durante um incidente qualquer. Você gostaria de falar com as testemunhas oculares, certo? Você gostaria de falar com todas as testemunhas oculares? Existe algum limite para quantas testemunhas oculares você gostaria de falar?

Recentemente, um ex-colega democrata declarou, relativamente à investigação ucraniana, que é evidente que ele não faria audiências públicas nas quais um depoente pudesse ouvir outro depoente e moldar suas declarações de acordo. Faz sentido, não é? Não se interroga testemunhas em grupos e, na medida do possível, não se permite que as testemunhas saibam o que outras testemunhas disseram. Em um ambiente de tribunal chama-se a isso de sequestro, e se trata de algo rotineiramente solicitado para evitar que as testemunhas ajustem suas histórias ouvindo umas às outras.

Então, se entrevistar testemunhas oculares uma por uma é bom o suficiente para a investigação ucraniana e bom o suficiente para tribunais em todo o país, não seria também bom o suficiente para uma investigação sobre o assassinato de um embaixador dos EUA e três outros bravos funcionários públicos?

Por que nem todas as testemunhas oculares foram entrevistadas pelas comissões já citadas que investigaram o que aconteceu em Bengasi? E por que algumas das testemunhas oculares foram entrevistadas por aquelas comissões em grupos e não individualmente? Se é bom para um lado, deve ser bom para o outro, não é mesmo?

Foi solicitado um aumento de segurança para Trípoli ou Bengasi nas semanas e meses que antecederam os ataques? Do que o Departamento de Estado sabia e a quem eram feitas as solicitações? Essas eram questões de fundamental importância para aquele que, em última análise, se tornou o único "júri" com o qual eu me importava: os sobreviventes dos ataques e os familiares dos mortos. Uma pergunta dessas só pode ser respondida tendo acesso a documentos. Esses documentos estavam sob custódia e controle do Departamento de Estado, e poderiam incluir e-mails enviados ou recebidos pela própria secretária de Estado.

A verdadeira razão pela qual os democratas e a mídia deram atenção à última investigação sobre o que aconteceu em Bengasi estava no fato de que a secretária de Estado era candidata à indicação democrata. Eu entendo que o senador Bernie Sanders, rival dela na indicação, tenha dito que não se importava com os "malditos e-mails" de Hillary. Também entendo que existiam outras pessoas, apartadas do debate e que não concorriam a nada, cujo interesse era saber se havia necessidade de mais segurança, garantida por quem e para quem. E na medida em que qualquer informação a respeito pudesse estar em documentos e e-mails do Departamento de Estado, aqueles familiares e sobreviventes se importavam com aqueles "malditos e-mails".

A investigação de Bengasi tornou-se irremediavelmente interligada com a história dos e-mails da secretária Clinton. Isso acabou levando ao servidor e a uma série de outras histórias depois disso. Solicitar e-mails da secretária de Estado sobre requisitos de segurança após a morte de um embaixador constitui-se em algo eminentemente razoável. Como avaliar o que se sabia, e quando, a não ser examinando os documentos?

Acredite ou não, os republicanos da Câmara na Comissão Especial de Bengasi não foram os autores da história do e-mail. A autoria coube a um repórter do *New York Times* chamado Michael Schmidt. Foram dele também as reportagens sobre o escândalo do futebol da FIFA e a respeito do FBI e do Departamento de Justiça. Se para um repórter ser considerado bom significa ter boas fontes, então é esse o caso de Schmidt. Ele não é republicano e não fez parte da Comissão Especial. O *New York Times* publicou muito mais histórias sobre a questão dos e-mails da secretária Clinton a partir dela mesma do que nossa comissão teve de audiências sobre o mesmo assunto.

Houve apenas uma audiência pública que, mesmo *remotamente*, abordou seus e-mails. Uma. Uma audiência pública contra mais de cem entrevistas privadas com testemunhas sobre o que aconteceu antes, durante e depois dos ataques.

Em muitos aspectos, Bengasi era uma investigação de assassinato e eu tinha muita experiência nisso. Fico envergonhado de mim mesmo por não ter sido sagaz o bastante para perceber que as coisas não se passavam como se estivéssemos em um tribunal: era política, e sou culpado por não ter me dado conta antes.

Não alinhei corretamente as expectativas com o que era razoavelmente provável ou mesmo com o que era razoavelmente possível. Minha expectativa, ou seja, minha noção de êxito, era simplesmente obter algumas novas respostas. Era descobrir novos fatos que as investigações anteriores, por algum motivo, deixaram passar. Não eram essas as expectativas da maioria dos outros observadores do trabalho da nossa comissão. Na condição de presidente, era minha responsabilidade definir as expectativas certas e ir ao encontro delas. Quando suas expectativas estão desalinhadas com as dos outros, essa é uma receita para o fracasso.

O júri com o qual eu estava tentando me comunicar não era o júri para quem alguém mais estava tentando se comunicar. Seria normal que a família e os amigos das pessoas mortas em um ataque terrorista fossem um júri mais do que suficiente. Considere-se ainda os sobreviventes dos ataques nas instalações diplomáticas e no Anexo e você terá os ingredientes de um júri que vale a pena servir. Entretanto, foi ingenuidade de minha parte não intuir que outros concluiriam que o júri era mais amplo e menos personalizado, especialmente no ambiente político moderno e à beira de uma corrida presidencial.

O depoimento público da secretária Clinton foi em grande parte uma falha do meu julgamento. Uma falha no sentido de processamento e reconhecimento tácito de limitações de tempo que tolhiam de forma consistente as tentativas de uma investigação construtiva. Uma falha em não entender que a mídia, na condição de júri, exigiria que "novas" informações viessem dessa audiência. Sim, estou ciente da ironia: a mídia exigir "novas" informações de uma investigação que a maioria da mídia, para início de conversa, não considerou necessária. Uma falha porque a investigação se arrastou por muito tempo. E uma falha em perceber que mesmo aqueles dispostos a apoiar a Comissão Especial estavam principalmente interessados em perguntas sobre os e-mails, em vez de perguntas sobre perfis de segurança na Líbia.

Uma das minhas memórias mais vívidas da audiência pública da secretária Clinton foi percorrer com o olhar a sala da comissão, inteiramente lotada, e ver a viúva de Ty Woods. Ela deu um apoio incrível à investigação. Seu interesse específico ali era simplesmente saber o que, quando e por que aquilo tudo acontecera, além de todas as informações possíveis sobre as horas finais de Ty.

Mais de sete anos depois que Ty Woods foi morto tentando proteger seu país e seus amigos, sua viúva, Dorothy, me enviou uma foto do filho. Sete anos depois que Ty foi morto. Três anos após o término da Comissão Especial. Um ano depois que deixei o Congresso. Para ela, nunca se tratou de política. Atender às expectativas dela basta para mim agora e essa deveria ter sido minha expectativa desde o início.

Mas aquele não era um caso de homicídio, e por mais que os nomes dos quatro homens mortos a serviço do país fossem mencionados, aquela audiência seria sobre a secretária de Estado. A comissão poderia ter chegado a um bom termo? Quais eram as expectativas — razoáveis, mas ainda assim admiráveis? Depende de qual era o objetivo. Tenho dificuldade em identificar quaisquer audiências no Congresso que possam ser descritas com segurança como bem-sucedidas. Mas me vem à mente outro famoso caso que incorpora falhas semelhantes às minhas.

COMO MUELLER FICOU AQUÉM DAS EXPECTATIVAS

Robert Mueller foi fuzileiro naval, diretor do FBI e um advogado que representava o governo federal em casos em que a União estava envolvida. Segundo a maioria dos norte-americanos, era dono de sólida reputação quanto à sua integridade pessoal. Ainda assim, não conseguiu escapar ileso das vicissitudes inerentes ao atual ambiente político. Leia o relatório que ele elaborou e decida por si mesmo. Trata-se da audiência que quero colocar como outro exemplo de expectativas incompatíveis. Recordando: Mueller passou dois anos investigando a influência da Rússia nas eleições de 2016 nos Estados Unidos e com quem a Rússia conspirou. Após concluir a investigação, ele divulgou um relatório. Isso deveria ter sido o suficiente. Dois anos. Dois volumes de material. Leia você mesmo e tire suas próprias conclusões. Não é pedir muito de nós em uma democracia participativa, não é?

Mas não foi o suficiente para alguns, então Mueller foi levado ao Capitólio para depor. Pense em qual seria a expectativa com relação a esse depoimento. Em alguns círculos, pelo que me lembro, as expectativas eram muito altas. Houve quem argumentasse que Mueller daria "nova vida" a uma investigação que já vinha acontecendo há mais de dois anos. Isso seria difícil de acontecer. Outros argumentaram que Mueller daria mais vigor a seu relatório. Pense nisso por um segundo. Ele passou dois anos entrevistando centenas de testemunhas e examinando milhares de evidências. Seu escritório fez indiciações, obteve confissões de culpa e promoveu julgamentos com júri de pleno direito. E a expectativa era que um parlamentar, dispondo de cinco minutos, pudesse dar um novo alento a essa investigação? Sério?

E quanto a Mueller e suas expectativas? Pode-se começar com o fato de que ele não queria aparecer. Ele deixou isso bem claro. Às vezes, depoentes relutantes podem se constituir em testemunhas eficazes, mas não quando todo o conteúdo de seu trabalho já está aberto ao conhecimento público. E quanto às características da própria testemunha? Iriam ao encontro das expectativas? Se você já conhecia ou acompanhou Bob Mueller depor antes, não. Ele é exatamente o que se espera de um ex-fuzileiro naval, ex-procurador dos Estados Unidos e ex-diretor do FBI: centrado nos fatos, ponderado e não emocional.

Então, havia ali um depoente relutante que já havia escrito resmas, e mais resmas, sobre o que investigara, estava sujeito a limitações impostas pelas restrições do processo do grande júri e quanto à classificação de certas evidências, tinha a merecida reputação de ser cauteloso e ponderado, e *isso* deveria estar adequado à dramaticidade televisiva?

Os republicanos são frequentemente culpados por estabelecer expectativas excessivamente altas para as audiências públicas do Congresso, mas parte dessa falta de realismo está vinculada aos ventos contrários cada dia mais fortes que a mídia de Washington cria para os republicanos.

O que aprendemos hoje que já não sabíamos?

O que há de novo?

Já não vimos isso antes?

Essas são as perguntas que frequentemente recebemos do pessoal do *Politico*, *The Hill*, *The New York Times* e *The Washington Post*. E quando digo "frequentemente", quero dizer, a toda hora.

O vento contrário é diferente para os democratas, ou ao menos era quando eu estava lá. Por "diferente" quero dizer que inexiste vento contrário. E, não obstante, a audiência de Mueller foi um fiasco. Um fiasco como a audiência de Clinton. Um fiasco como a audiência pública de Strzok. Um fiasco como quase todas as audiências do Congresso que se possa lembrar.

Não poderia dar outra coisa quando se define expectativas que nunca podem ser atendidas, e se tenta atendê-las em uma estrutura investigativa tão fundamentalmente falha quanto a existente hoje em dia no Congresso.

As audiências de Mueller provaram tais pontos mais uma vez. Os promotores, como Mueller, em geral não se tornam testemunhas convincentes, especialmente em intervalos incrementais de cinco minutos. Pense nisso em termos lógicos: o relatório escrito demorou dois anos para ser compilado. Como seria possível concatenar seu conteúdo em incrementos de cinco minutos simplesmente respondendo às perguntas de outras pessoas? Realmente não dá para idealizar um esquema com menos possibilidade de êxito do que esse. Se algo novo *surgisse* na audiência, qual teria sido sua provável resposta? *Ora, como é possível você ter deixado isso escapar durante os dois anos que passou investigando? Você deve ser um péssimo investigador se não conseguiu encontrar um fato significativo em dois anos, com um orçamento multimilionário e uma equipe de agentes do FBI, se um congressista o descobrisse em cinco minutos!* Nunca seria encontrada uma nova informação pelo Congresso que uma investigação longa como aquela já não tivesse encontrado.

Portanto, as audiências — tanto na Comissão Judiciária quanto na Comissão de Inteligência — foram falhas persuasivas. Eu ousaria dizer, que você teria dificuldade em encontrar uma única pessoa que tenha mudado de ideia com base no depoimento público de Mueller.

Se o júri já está de cabeça feita, os mecanismos de persuasão disponíveis limitam-se a responder perguntas em incrementos de cinco minutos e as expectativas para o depoimento são ridiculamente elevadas, eis aí uma receita para o fracasso.

Isso não quer dizer que o próprio Mueller seja um fracasso. Ele não é, nem aquilo necessariamente afeta o trabalho investigativo realizado. Ouso dizer que muitos dos que expressaram opiniões sobre a investigação de Bengasi e a investigação de Mueller não leram completamente nenhum dos relatórios divulgados. As mentes eram principalmente informadas por reportagens da mídia e audiências públicas.

E ainda há o fato de que a lembrança das pessoas costuma estar em como as coisas terminam, ao contrário de como se iniciaram, ou de ficarem fartas da investigação em si, e o final foi uma dupla torturada de audiências nas quais a persuasão deu lugar à pura ratificação e validação de crenças anteriormente sustentadas. Em minha opinião, mesmo por esse padrão, ambas as audiências foram um fracasso.

Persuasão requer simetria. Deve haver simetria entre as expectativas dos envolvidos. Deve haver simetria na maneira de se comunicar. Deve haver disposição para sensibilizar e ser sensibilizado pelas convicções dos outros, desde que, é claro, fundamentadas nos fatos e na autenticidade.

Minhas falhas de persuasão como promotor, congressista, parente ou amigo decorreram em grande parte de expectativas desalinhadas. Essas falhas também ocorreram porque rejeitei categoricamente ou deixei de reconhecer o júri óbvio, não defini com cuidado um objetivo realista ou deixei de avaliar o ônus da prova necessário para alcançar o objetivo.

Aprenda comigo e com meus erros. Lembre-se dessas coisas. Não seja ganancioso. Estabeleça expectativas realistas e assegure-se de alinhá-las com seus propósitos e objetivos maiores. E o mais importante: tome para si as pequenas vitórias. É muito melhor definir expectativas baixas e superá-las do que deixar de atender às expectativas mais altas. Ainda me retraio quando vejo policiais, promotores ou membros da Câmara ou do Senado criarem altas expectativas. "Alguém será indiciado!" "Alguém vai para a prisão!" "Vamos chocar o mundo!" "Isso é traição!" Todas essas são expectativas muito elevadas. Se você pretende se superar, faça isso com os resultados, não com expectativas. Prometa menos e realize mais.

Existem poucos momentos Perry Mason na vida, aqueles em que você consegue que um réu confesse no banco das testemunhas, ou que um oponente político admita que seu plano de saúde é melhor que o dele, ou que seu filho adolescente grite: "Sim! A partir de agora começarei a estudar mais porque quero atingir meu potencial máximo e subir ao topo da classificação em minha classe do ensino médio!" Na vida, não é assim. E, se você pensa que ter sucesso ao se comunicar acontece dessa forma, ficará extremamente desapontado.

A persuasão é incremental. É sutil. Às vezes, nem é possível discernir. Não está na natureza humana admitir um erro. Somos melhores na racionalização do que na confissão. Fazer com que alguém reconsidere uma posição é um sucesso persuasivo. Fazer alguém ouvir sua posição sem preconceito é um sucesso persuasivo. Fazer com que alguém entenda a origem das convicções que você tem é um sucesso persuasivo.

A melhor maneira de evitar o fracasso — externo ou interno — é estabelecer expectativas corretas. Considerando que momentos de transformação completa são raros, o que é uma meta realista? Pense em pontos em comum. Pense em movimento adiante. Pense em progresso. Pense em mudanças sutis ao longo do tempo.

Moisés nunca pisou na Terra Prometida. Ele a viu, mas nunca esteve lá. Martin Luther King Jr. foi assassinado antes de ter a chance de ver Barack Obama empossado como presidente; Tim Scott ocupar uma cadeira no Senado dos EUA ou Condoleezza Rice servir nos mais altos escalões do governo. Talvez você nunca veja os resultados completos de sua persuasão. Talvez você venha a ser a primeira de uma série de pessoas que mudam alguém de uma posição para outra. Vendo as coisas sob esse ângulo, a persuasão requer uma certa dose de humildade, uma disposição de começar o trabalho sem vir a terminá-lo. Talvez você nunca venha a ouvir as palavras "Você venceu! Você me pegou! Finalmente vejo a luz!" Mas nos lembramos mais de Moisés do que de Aarão. Levar alguém à beira do novo às vezes pode ser mais histórico do que ser o primeiro a colocar o pé nele.

CAPÍTULO 16

COMO VOCÊ SABE SE ENTENDE DO RISCADO?

ALÍVIO

Meu pai dirige devagar. *Dolorosamente* devagar. Quando ele está no banco do motorista, parece que você não está se movendo.

No entanto, em um determinado dia de maio de 2000, enquanto ele levava minha esposa e eu para um debate, ele não conseguia dirigir devagar o bastante para mim. Meu desejo era de pegar todos os semáforos fechados. Rezei para que o trem viesse e quebrasse, bloqueando a rua que cruzava a linha de ferro perto de casa. Rezei por um pneu furado. Um motor fundido. Um meteorito. A Segunda Vinda de Cristo.

Em fevereiro daquele ano, eu havia deixado o Gabinete da Procuradoria dos EUA para concorrer a procurador de circuito em minha cidade natal, Spartanburg. A desincompatibilização é uma exigência, pois você não pode se candidatar a um cargo político-partidário sendo um procurador federal, então não tive escolha a não ser renunciar. Um procurador de circuito é o que o resto do país chama de promotor público. Ele ou ela é o promotor-chefe de crimes ocorridos no âmbito estadual em uma certa região ou jurisdição. Os estados têm diferentes maneiras de determinar quem é o promotor e como é feita a seleção. Na Carolina do Sul, elegemos nossos procuradores de circuito para mandatos de quatro anos; no Sétimo Circuito Judicial, a jurisdição compreende os condados de Spartanburg e Cherokee.

O procurador de circuito em exercício era um conceituado advogado, no cargo por mais de duas décadas. Eu concorria contra ele nas primárias republicanas. Em retrospectiva, não foi uma atitude muito inteligente de várias maneiras: (1) tentar um cargo eletivo com uma eleição em junho e começar a campanha em fevereiro não é muito tempo para se preparar ou fazer campanha; (2) eu tinha experiência como promotor federal, mas nunca exercera antes um cargo na promotoria estadual; e (3) concorrer contra qualquer titular é péssimo.

O Condado de Cherokee é o lar de muitas pessoas maravilhosas e tem como atrativo um reservatório de água em formato de pêssego. Se você é um fã de *House of Cards*, Frank Underwood era o congressista do Condado de Cherokee, e há uma cena famosa envolvendo esse reservatório. Eu e minha esposa moramos no condado de Spartanburg, um lugar cuja comunidade é incrível, com faculdades e universidades de primeira e pessoas gentis. Eu estava animado com a possibilidade de poder servir a esses dois condados, mas *não* estava nada animado para enfrentar o querido titular do condado naquele dia do debate. (A bem da verdade, devo dar algum crédito a meu pai, pois cheguei ao debate a tempo, com minutos de sobra, apesar de minha desesperada súplica aos céus.)

Eu *não* era um mestre na arte da comunicação e da persuasão. Não era uma pessoa que "entendia do riscado".

Duas décadas se passaram depois disso, e hoje as coisas são muito diferentes. Odeio apresentações pessoais quando estou diante de um público, não por modéstia, mas porque tais momentos retardam meu desejo de me comunicar e persuadir os presentes. Anseio por luzes verdes, nenhuma amarra e uma vaga ao lado da porta da frente. Mal posso esperar para o debate ou discurso começar.

Algo aconteceu ao longo do caminho, e o jovem com medo de um debate público descobriu como amar a arte da persuasão.

Aconteceu também no tribunal. Em um julgamento nos EUA, quando a sessão é aberta, os jurados são reunidos e lhes são transmitidas algumas instruções sobre a importância de prestar muita atenção, a necessidade de manter a mente aberta, não consultar nenhuma fonte externa, além da exigência absoluta de que nenhuma deliberação ou discussão do caso ocorra antes da última testemunha depor e da última exposição ser apresentada. Esses comentários introdutórios levam cerca de 20 minutos. Durante meus primeiros dez julgamentos com júri, eu queria que esses comentários iniciais durassem para sempre. Queria que o juiz começasse recitando a "Carta Magna". Queria a narrativa completa sobre o direito a julgamento por júri, o porquê de termos 12 jurados e não 9 ou 15, as razões pelas quais quem faz parte do tribunal exerce tal ou qual função. Conforme o juiz se aproximava do fim de suas instruções pré-julgamento, eu sentia aumentar o ritmo das batidas do coração, minha respiração ficar mais rápida e uma sensação geral de ansiedade tomar conta de mim. Eu ficava nervoso. Tinha receio do que viria a acontecer.

E, então, algo acontecia.

Em algum lugar entre o julgamento de número 10 e o de número 15, eu podia sentir não meu coração batendo mais rápido, mas minhas pernas prestes a se flexionarem para que eu me levantasse da cadeira. Eu estava pronto para o fim dessas instruções iniciais porque o juiz era a única coisa entre mim e o júri. Não consigo precisar o momento ou a causa da mudança, mas o jovem promotor nervoso já não podia esperar até que fosse sua vez de falar.

Lembro-me de minha primeira entrevista ao vivo para a televisão quando cheguei ao Congresso. Estava sendo entrevistado por Megyn Kelly, no Cannon House Office Building. Fiquei olhando para a parte de cima dos meus sapatos durante toda a entrevista. Literalmente. Foi constrangedor, e é um milagre que não tenham me dito para deixar para outra hora. Mas eu estava nervoso. Era televisão ao vivo, não havia rede de segurança, e tenho certeza de que a Sra. Kelly se perguntou quem contratara aquele idiota para aparecer em seu programa.

Advogados bem-sucedidos, oradores públicos, convidados da televisão e comunicadores em geral não nascem prontos. Eles passam por um processo de crescimento doloroso. Por fim, a dor vai embora dando lugar à paz. Uma paz vinda da sensação de estar preparado e de saber qual o objetivo a alcançar. Aquela frase de Pasteur que causa em meus filhos um olhar de desdém é verdadeira: O acaso *favorece* a mente preparada. O sucesso sempre recompensa um saudável senso de autoconfiança e conscientização. Se você não é uma pessoa engraçada, não faz muito sentido começar suas interações com uma piada. Caso sua natureza seja a de uma pessoa séria, encontre algo sério para alavancar o que você está comunicando. Conhecer os fatos é essencial para uma comunicação eficaz. Como também é essencial conhecer a si mesmo, dando-se uma chance de crescer e se tornar o comunicador que deseja ser.

A PRÁTICA CONDUZ À PERSUASÃO

Quando contratei jovens advogados para o escritório da promotoria, queria deles duas coisas: confiança e prática. Não começamos no tribunal, mas na sala de reuniões. Lá, solicitava a eles que se levantassem e me convencessem a ir ver seu filme favorito. Esse era o desafio — me convencer de que seu filme favorito valia meu tempo.

O júri é fácil: apenas uma pessoa que gosta de um bom filme.

O objetivo é fácil: me convencer a ir ver um filme.

O ônus da prova é baixo: ele não está tentando me fazer emprestar-lhe US$10 mil apenas para ir ver um filme.

Não é combativo: eu convidei a me persuadir; estou disposto a ouvir.

Muitos não se saíram bem. Outros, sim. Estes eram advogados que passaram três anos na faculdade de direito. Mais do que isso, demonstraram interesse em ficar na frente de 12 pessoas, não uma, e convencê-las a fazer algo muito mais significativo do que recomendar um filme.

A boa notícia é que quase todos eles melhoraram com o tempo, com a prática e com a compreensão dos mecanismos e do propósito de uma persuasão eficaz.

Os erros que cometi no início de minha carreira foram numerosos e, em grande parte, centralizados em dois aspectos: não entender a dinâmica da persuasão e não entender a natureza e as características daqueles que eu procurava persuadir.

TENHA A COMPREENSÃO TOTAL DO QUE ESTÁ FAZENDO

Um dos tópicos mais polêmicos em nossa cultura é a questão da vida — quando ela começa, quem decide quando começa e qual o papel do governo na definição, implementação ou restrição dessas crenças. É uma daquelas questões sobre as quais quase todos têm uma opinião, mas a maioria não quer discuti-la.

Por essas razões e muito mais, inicialmente relutei em falar sobre essas questões quando solicitado a me dirigir a grupos ou fazer discursos.

Passei uma tarde chuvosa de domingo em Spartanburg, em meu escritório de casa, tendo uma longa discussão comigo mesmo sobre quais eram exatamente minhas crenças a respeito, em que as baseava e como poderia comunicar isso a um público mais amplo.

O que resultou disso foi um discurso sobre a vida que não menciona a palavra "aborto" uma única vez.

O que resultou disso foi um discurso sobre a vida que não menciona a palavra "trimestre" uma única vez.

O que resultou disso foi um discurso sobre a vida que enfoca as vivências na sala. Como as pessoas ali presentes valoravam sua própria vida? De que forma elas atribuíam valor à sua própria existência?

O que resultou disso foi uma maneira lateral de se comunicar que esperançosamente compele o ouvinte a pensar sobre a questão de um jeito diferente e resolver ambiguidades ou decisões fechadas em favor das posições assumidas.

Você pode ser sutil e poderoso. Pode ser ponderado e cumprir seu objetivo. Pode viver à margem e, ainda assim, ao persuadir, atingir o cerne da questão. Na verdade, acredito que é aí que se encontra a melhor chance de uma persuasão mais duradoura. A mudança real e significativa ocorrerá quando o ouvinte se decidir, traçando ele mesmo a linha lógica final.

Raramente pedi a alguém para votar a meu favor em qualquer disputa. Claro, eu queria que votassem assim. Os "especialistas" políticos que administraram campanhas insistiam que isso era necessário, e tenho certeza de que cedi a seus conselhos em anúncios ou material de campanha. Mas aquilo era muito óbvio para mim. Quem se candidata sem querer que as pessoas votem nele? Apresente seu caso e deixe o eleitor cumprir a etapa restante, que é o voto.

Não me lembro de alguma vez ter pedido a um júri para condenar um réu na sustentação inicial. Como você poderia pedir a eles? O júri ainda não ouvira o depoimento de uma única testemunha ou examinara uma única prova. Por que você colocaria em risco sua credibilidade pedindo a um jurado para "condenar" alguém antes mesmo, literalmente, de o julgamento começar oficialmente? Em que eles baseariam essa convicção? No fato de uma pessoa ter sido acusada? Indiciada? Por que estava no lado oposto da sala do tribunal?

Uma análise desse tipo contraria totalmente o que o juiz acabara de adverti-los, ou seja, a presunção de inocência do réu até provar-se o contrário. E, falando francamente, você corre o risco de alienar o júri ao fazer a única coisa que eles haviam combinado não fazer: decidir-se antes que o julgamento acabasse.

Veja só: sou um promotor que não gostava de pedir condenações e um político que não gostava de pedir votos, mas tive bastante sucesso em ambas as funções. Confie em mim e na experiência que adquiri — há outra maneira de agir. Na persuasão, a sutileza tem um papel relevante. Ela deixa um espaço para que o júri complete o último passo a ser dado. Existe uma maneira de convencer o júri a fazer o que você acha que é certo, justo e condizente com as evidências e testemunhos, e na fase certa do julgamento.

ENTENDA A NATUREZA HUMANA

Você deve se lembrar que o Dr. Kevin Gilliland é a razão de eu ter tido mais aulas de psicologia do que qualquer outra disciplina na faculdade, e que o juiz Ross Anderson foi quem me enviou em viagens de campo para apreciar a natureza humana em plena ação. Em última análise, é o desejo de ter sucesso como comunicador que me leva a convergir o acadêmico com o prático. Essa convergência, por fim, resultou em uma obsessão total por saber como júri e público pensam.

Para começar: as pessoas não ouvem em grupo, ouvem individualmente. Tanto faz falar para 15 mil pessoas ou 5 pessoas. Quem pode o menos, pode o mais, e o processo é exatamente o mesmo. É assustador olhar para um mar de pessoas lá, no pódio, com o microfone à sua frente. As pessoas têm verdadeiro medo de falar em público e, muitas vezes, esse medo é proporcional ao tamanho da multidão. Eu entendo. Mas simplesmente não entendo o *porquê*. Quando você estiver falando para um grupo grande, lembre-se de que eles não estão ouvindo como um grupo grande.

(Claro, há a questão da mentalidade de rebanho em jogo: por exemplo, as pessoas serem mais propensas a bater palmas se outras estiverem aplaudindo, rir se outras estiverem rindo, vaiar se outras estiverem vaiando.) Mas, fundamentalmente, as pessoas ouvem em um nível individual.

Não há isso de "falar em público" porque não há um "ouvir em público". As pessoas processam informações individualmente, ouvem coisas diferentes, ainda que as palavras sejam exatamente as mesmas, e chegam a conclusões baseadas em sua própria experiência, educação e conceitos preexistentes. Então, se não ficamos nervosos ao falar com uma pessoa, por que ficaríamos nervosos ao falar com centenas de versões dessa mesma pessoa?

Até congressistas bons e talentosos, como é o caso da deputada Elise Stefanik, ficam receosos quando se trata de falar em transmissões de televisão ao vivo. Elise é uma das minhas pessoas favoritas no mundo e, para mim, ela reúne todos os bons motivos para se entrar no serviço público. Passei a conhecê-la bem depois que o presidente da Câmara, Ryan, me informou de que eu faria parte da Comissão de Inteligência da Câmara, e acrescentou: "Elise se tornará uma de suas colegas favoritas." Kevin McCarthy me disse a mesma coisa. Ambos estavam certos. Trabalhamos juntos naquela comissão por dois anos, e sentei-me com ela no plenário da Câmara durante as votações.

Pouco antes de uma de nossas audiências, que seria televisionada nacionalmente, ela comentou estar um tanto apreensiva por estar em frente a um mar de câmeras de televisão. "Imagine que se trata de uma só câmera, Elise", sugeri. "É uma câmera para uma entrevista normal para a televisão." Cada uma delas vai capturar a mesma imagem, então que diferença pode fazer se são muitas, quando têm precisamente a mesma função?

Ela disse que o conselho a ajudou. Quase dois anos depois, ela voltou à televisão nacional durante as audiências da Comissão de Inteligência da Câmara sobre o impeachment. Enviei a ela uma mensagem de texto de encorajamento. "É apenas uma câmera", foi a sorridente resposta dela! As pessoas processam as informações individualmente, assim como a câmera captura você individualmente. Não se assuste com tamanho ou volume.

Além disso, a maioria das pessoas tende a desculpar, deixar passar (ou esquecer completamente) os erros. Após cada discurso ou entrevista que faço, conto os erros que cometi — vocabulário incorreto, gramática ruim, oportunidade perdida, deixar de usar o ritmo ideal, o que for. Fico consistentemente, embora agradavelmente, surpreso como bem poucos desses erros foram percebidos pelo público. Isso, é claro, a menos que seja um fato importante e eles acreditem que você errou de forma intencional. Tal coisa eles não vão ignorar ou minimizar! Mas essa é a exceção à regra.

A dinâmica da persuasão inclui aqueles elementos que você já conhece: júri, objetivo, ônus da prova e o alinhamento desse ônus com o objetivo. Você conhece seu objetivo, conhece seu público e tem as ferramentas. Mas e quanto à mensuração do sucesso? Como avaliar e medir o sucesso quando a questão é o quanto se ama e é proficiente na arte da persuasão? Como saber até que ponto se chegou? Como saber se você "entende do riscado"?

Você saberá que está no rumo certo para se tornar um comunicador melhor quando não torcer por trens, sinais vermelhos e emergências médicas porque está apavorado demais para fazer um discurso em público.

Você saberá que está evoluindo em sua busca da comunicação e persuasão eficazes quando a respiração difícil e os batimentos cardíacos acelerados forem substituídos por aquela sensação de estar prestes a se levantar da cadeira porque é quase sua vez de falar e você simplesmente não consegue ficar esperando.

Você saberá que está bem perto de alcançar seu objetivo de ser um grande comunicador e ter poder de persuasão quando puder obter o resultado que deseja mesmo sem pedir por ele. Saberá que fez um ótimo trabalho usando fatos, expressando autenticidade, alinhando seu ônus da prova e empregando a força das perguntas de forma que seu objetivo não fique claro apenas para você, mas também para todos que o estão ouvindo.

Você saberá que chegou lá quando as posições ou crenças contrárias dos outros não mais o ameaçarem ou irritarem. Eles representam uma oportunidade, não um desafio. Eles representam uma abertura, e não um convite para discutir.

Não é nada incomum que, durante minha visita semanal ao supermercado nas manhãs de sábado, eu encontre pessoas bem-intencionadas que me façam alguma derivação desta pergunta: "Como você consegue não enlouquecer ouvindo todas essas coisas em DC? Como consegue não arrancar os cabelos"?

A segunda pergunta é fácil: porque não quero ficar careca. Mas a primeira também é muito fácil: porque posições, crenças ou convicções contrárias não me ofendem. Elas se constituem em uma oportunidade de aprender e de persuadir. "Persuadir" quem já concorda com você não é, francamente, grande coisa. Isso não é persuasão, é ratificação e validação. Persuadir aqueles que não concordam com você — até mesmo a persuasão marginal — é onde estão a empolgação e o desafio. E a forma de persuasão mais eficaz e duradoura acontece quando você conduz a outra pessoa à beira de uma mudança, incremental ou não, e observa enquanto ela dá o passo final.

Você pode fazer isso?

Você pode finalmente *usufruir* do desafio que a persuasão oferece? Pode chegar a seu destino permitindo que o outro dê o derradeiro passo?

NEM MESMO PERGUNTE

Ruby Nell Lindsey foi uma mãe, filha, amiga e colega de trabalho maravilhosa e amorosa. Seu marido, Marion, não era amoroso nem maravilhoso. Ele agredia Nell fisicamente na frente dos filhos. Ele a atacou durante as férias da família. Ele a socou no rosto no estacionamento de um restaurante Applebee's. Marion Lindsey colocou álcool na mamadeira de seu filho mais novo. Ele se referiu ao filho mais velho usando um epíteto de orientação sexual. Tinha um histórico de abuso e violência contra outras pessoas. Ele era abusivo, física e verbalmente, com Nell. E demonstrou total desrespeito e desprezo pelas ordens judiciais e condições da união conjugal.

Portanto, não foi surpresa para ninguém quando Nell tomou a difícil e corajosa decisão de deixar Marion Lindsey — a não ser para Marion Lindsey. Muitas vezes uma mulher traz para si ainda mais perigos quando decide deixar um relacionamento abusivo. Parece contraintuitivo que deixar o perigo seja perigoso, mas é verdade. O período imediatamente após a saída de uma mulher de um relacionamento abusivo pode ser o mais perigoso.

Marion Lindsey deixou o carro de Nell sem condições de uso para impedi-la de ir e voltar do trabalho em um hospital local, mas Nell tinha uma alternativa: uma amiga querida, Celeste Nesbitt, disposta a ajudá-la.

Em 18 de setembro de 2002, Celeste Nesbitt buscou Nell após o trabalho para levá-la de volta para casa em Inman, Carolina do Sul. Celeste estava dirigindo e mãe de Celeste estava no banco do passageiro da frente. Na parte traseira do carro estavam Nell, sentada atrás da motorista, e ao lado dela estavam as duas filhas de Celeste. Elas voltavam para casa após um árduo dia de trabalho. Era noite. Tinha sido um longo dia. Tinha sido um longo mês.

Nell e Celeste reconheceram o carro instantaneamente. Era Marion Lindsey seguindo-as. Havia uma ordem judicial em vigor ordenando a Marion Lindsey que ficasse longe de sua esposa, Nell, mas Marion a ignorou. Determinações da justiça eram apenas letras em um pedaço de papel para Marion Lindsey, e um simples papel não poderia detê-lo.

Quando Celeste Nesbitt reconheceu o carro de Marion Lindsey, reagiu com inteligência. Em vez de ir para casa, foi direto para o departamento de polícia em Inman, Carolina do Sul.

Ela ultrapassou semáforos vermelhos, ignorou os sinais de parada e cruzou os trilhos da ferrovia no triplo da velocidade recomendada. Ela colocaria Nell Lindsey sob a guarda protetora dos agentes da lei, na delegacia. Deixaria a polícia lidar com Marion Lindsey para que ela e Nell não precisassem. E ela quase o fez. Quase.

Nell Lindsey, que ligara para o número de telefone de emergência, detalhava o passado violento de Marion Lindsey e a ameaça real acontecendo naquele momento quando Celeste parou o carro no estacionamento dos fundos da Delegacia de Polícia de Inman. Ao fazer isso, os policiais saíram da delegacia, e Marion Lindsey entrou no estacionamento também.

Marion saiu do carro, foi direto para o banco traseiro do motorista com a arma em punho e disparou quatro tiros pela janela de vidro. Nell Lindsey morreu com o celular na mão, o atendente do 190 na linha e os policiais a poucos metros de distância. As crianças no banco de trás com Nell se jogaram no assoalho do carro. Isso salvou suas vidas, pois pelo menos uma das balas da arma de Marion Lindsey atingiu o banco de passageiros de onde uma criança tinha acabado de sair.

Marion Lindsey afirma que depois disso apontou a arma para si mesmo tentando tirar a própria vida. Novamente, é estranho como os assassinos são certeiros quando se trata de atirar nos outros, mas não conseguem essa precisão quando os alvos são eles mesmos. As balas de Marion Lindsey atingiram Nell Lindsey. As balas de Marion Lindsey se desviaram de Marion Lindsey.

Marion Lindsey foi preso e acusado do assassinato de Nell Lindsey. No julgamento estaria em questão sua própria vida, pois além do assassinato, o tiroteio ocorrera em local público e colocara outras pessoas em perigo.

Faça sua sustentação final.

A fase em que se julgava a culpabilidade terminou e Marion Lindsey foi considerado culpado. A fase de condenação aproxima-se do fim. Falta apenas você se dirigir aos jurados uma última vez antes que eles se retirem para deliberar e decidir se o condenam ou não à morte.

O júri não poderia ser mais evidente, são as 12 pessoas sentadas bem à sua frente.

O ônus da prova é o mais alto que a lei reconhece, além de qualquer dúvida razoável.

O objetivo, bem, isso é um pouco mais complicado. O objetivo é condená-lo à morte? O objetivo é ser justo? Estou em paz com os objetivos que identifico e busco nos casos de pena capital, no entanto, o promotor agora é você. Então, qual é seu objetivo?

O alinhamento entre o objetivo e o ônus da prova? Mas isso depende de qual objetivo você identifica, não é?

Como você ordenaria sua sustentação final? Qual seria a sequência: começaria indo diretamente ao ponto, com ousadia, ou retiraria aos poucos as questões superficiais do caminho e, lentamente, aumentaria o tom colocando as questões mais relevantes?

Saí rumo ao tribunal ao amanhecer, horas antes de o júri se apresentar para a sustentação final. Parei no estacionamento de uma igreja e fiquei sentado em minha caminhonete por quase duas horas em conversa comigo mesmo sobre proporcionalidade, segundas chances, misericórdia e retribuição, mas principalmente sobre justiça: *Qual é o resultado justo?* Já se passaram quase 20 anos, mas a lembrança da conversa comigo mesmo naquela ocasião é mais nítida do que as que tive na semana passada. *No que realmente acredito? Por que eu acredito nisso? Posso estruturar a sustentação final de forma eficaz? Posso fazer uma sustentação final em um caso de pena de morte sem nunca pedir ao júri para condenar o réu à morte?*

Foi isso o que fiz quando entrei no tribunal. Fiz uma sustentação final em um caso de pena de morte sem aquela grande e final recomendação ao júri. Meu coração estava tranquilo porque eu sabia no que acreditava. Minhas pernas estavam prontas para me levantar porque entendi o que queria realizar, e entendi, ainda que por um momento, a natureza humana: a humanidade de Nell, a desumanidade de Marion e a humanidade do júri.

O crime é evidente. As consequências do que Marion Lindsey fez ecoarão por toda a eternidade para Nell, sua mãe, seus filhos e todos aqueles que a amavam. As consequências do que Marion Lindsey fez ficarão para sempre inscritas na memória daquelas duas meninas deitadas no chão do carro de sua mãe, ouvindo uma mulher implorar por sua vida, esperando e rezando para que as balas não acabassem também com suas vidas. E agora é o momento de determinar qual é a punição adequada para este homem, para este crime.

Em uma extremidade do espectro está a misericórdia. Todos nós precisamos dela. Todos nós somos beneficiados por ela em algum momento de nossas vidas. A misericórdia se apresenta de muitas formas. Pode vir na forma de uma segunda chance, que esse réu teve. Pode vir na forma de um novo começo, que esse réu teve. Pode vir na forma de uma esposa que o amou, que esse réu teve. Pode vir na forma de filhos e das bênçãos que vêm junto com eles, que este réu teve. O réu experimentou a doce misericórdia em vida e isso não o impediu de matar uma mulher inocente. Não o impediu de colocar em risco a vida de crianças inocentes. Não quero, não posso, não lhes pedirei para mostrar misericórdia por este homem novamente. E, para qualquer um que se apresentar diante de vocês e pedir misericórdia — repito — para este réu, quero que perguntem a si mesmos: Por que aqueles que pedem misericórdia com mais frequência são tão incapazes de mostrar tê-la com os outros? Por que aqueles que imploram por misericórdia nunca a mostram aos outros?

No outro extremo está a vingança. Retaliação. Olho por olho, dente por dente. Não estou diante de vocês hoje para pedir sua vingança. Não estou lhes pedindo para tirar a vida deste homem como ele tirou a de Nell. Não estou lhes pedindo para negar a ele as despedidas da vida, a capacidade de colocar seus negócios em ordem antes que ele enfrente seu julgamento. Não lhes estou pedindo para deixá-lo jogado no banco de trás de um carro, sem adeuses, sem a oportunidade de uma oração final. Não estou lhes pedindo para alvejá-lo nos fundos de um prédio dedicado à justiça, paz e segurança. Não estou lhes pedindo que façam com ele o que ele fez com Nell.

Todos nós vamos morrer. Não é a morte que nos assusta. É a maneira pela qual essa morte vem nos buscar. Às vezes, a morte entra lentamente pela porta da frente de nossas vidas, podemos vê-la chegando, podemos nos acertar com aqueles que ofendemos, podemos consertar quaisquer erros acumulados ao longo do caminho, podemos amar aqueles que negligenciamos, podemos ter junto a nós aqueles de quem mais sentiremos falta, podemos colocar nossos negócios em ordem, dizer adeus, preparar nossas almas e, diante daquela batida suave na porta da frente de nossas vidas, estaremos prontos. Essa é a morte que aspiramos.

Nell Lindsey não morreu assim. Sem aviso, a morte veio chutando a porta da frente de sua vida. Em um momento você está no trabalho, sonhando em ver seus filhos, no momento seguinte está em um carro correndo por sua vida para o santuário de uma delegacia de polícia, implorando por sua vida em uma ligação para o 190 com um estranho. Não foi a voz de sua mãe que você ouviu pela última vez. Não era o coro angelical de seus filhos; era um estranho em uma chamada para o 190.

O que Nell Lindsey teria dado para ter um júri como vocês decidindo o destino dela? O que Nell Lindsey teria dado para que fossem vocês que decidissem se ela viveria ou morreria? O que Nell Lindsey teria dado para ter a chance de implorar por sua vida a pessoas razoáveis e responsáveis? Não, não estou lhes pedindo que façam com ele o que ele fez com ela.

Não quero, não posso, não lhes pedirei para mostrar misericórdia por alguém que nunca a mostrou pelos outros. Mas também não lhes peço para caminhar para o outro lado do espectro dando a ele a mesma sentença, da mesma forma, com a mesma depravação que ele deu a Nell.

Eu me posiciono no meio, entre a misericórdia e a vingança. Em uma rocha chamada Justiça. Do alto dessa rocha vocês podem ver toda a coleção de ignomínias desse crime. Eu estou em uma rocha chamada Justiça e do alto dela vocês podem constatar a devastação que ele causou em tantas vidas inocentes. Eu estou em uma rocha chamada Justiça e digo que tirar a vida de outra pessoa nem sempre significa que você desiste da sua, mas às vezes sim. Às vezes, sim. Às vezes, sim.

Há ocasiões em que as circunstâncias do crime cometido por alguém, o caráter do réu e o impacto de seus atos clamam pela forma mais severa de punição legal que temos. Vocês são a consciência coletiva desta comunidade. É de vocês a decisão sobre qual é a punição adequada. E respeitaremos qualquer que seja ela. Que Deus lhes dê sabedoria para chegar a um veredito que expresse a verdade.

Às vezes, o júri não pode lhe responder, ao menos não em voz alta. Mas eles o farão. A resposta virá na quietude de sua própria consciência e, então, ainda mais diretamente na hora do veredicto.

CAPÍTULO 17

MINHA SUSTENTAÇÃO FINAL

PERSUASÃO INTERIOR

Minha família e eu frequentamos uma igreja batista na Carolina do Sul. Em certas ocasiões, o patriotismo se mistura à pregação. Aqui nos EUA, quer seja o 4 de Julho, o Memorial Day, o fim de semana antes do Dia da Eleição ou o Dia dos Veteranos, pode-se esperar uma mistura de forças armadas, amor ao país e amor a Deus.

Não sou inteligente o bastante para descobrir como o amor a Deus e o amor ao país se encaixam nos ensinamentos de Cristo. No entanto, esta não é uma exegese teológica. Esta é minha sustentação final para você, caro leitor. Minha última tentativa de convencê-lo de que a abordagem questionadora da vida pode funcionar, e de que o melhor parceiro no que se refere à comunicação e à persuasão eficazes não é outro senão você mesmo, desde que seja honesto e franco consigo e faça as perguntas certas.

Certa vez, por volta do 4 de Julho, minha esposa e eu estávamos participando de um culto quando a pregação começou a se voltar para os Pais Fundadores dos EUA e como eles foram "inspirados por Deus". Eu me vi exatamente como naquela pequena casa no lado leste de Spartanburg muitos anos atrás. É incrível como um bem iluminado banco de igreja pode se tornar um armário escuro para as grandes questões tomarem forma.

Se eu fosse uma pessoa negra, o que ouviria em um sermão sobre a fundação dos EUA? Se eu fosse uma mulher, o que ouviria sobre a fundação dos EUA segundo princípios "bíblicos"? O que ouço como pessoa branca sobre a fundação dos EUA? E de que modo esses pontos poderiam ser explorados com perguntas, ainda que fossem feitas para consumo próprio?

Você acredita que a Bíblia contém verdades? Essas verdades são atemporais ou evoluíram ao longo da própria evolução da condição humana? Deus mudou de ideia sobre questões morais? Deus pode mudar de ideia ou, justamente por ser Deus, percebeu para onde sua mente iria e, portanto, não há de fato nenhuma "mudança"?

Se Deus é a verdade e essas verdades são atemporais, isso significa que o que é certo hoje sempre foi certo? Se isso for verdade, segue-se que o que está errado hoje sempre foi errado? Sim, sei que a humanidade pode evoluir, mas o que não estava posto era o argumento de que o país foi inspirado pela humanidade em seu início. O argumento que estava posto era de que a fundação foi inspirada por Deus, não é? Achei que isso havia dado início a toda esta troca de ideias.

Não é errado um homem ser dono de outro? Um homem pode consentir em ser propriedade de outro ou essa é uma liberdade que você não está "livre" para renunciar? Como alguém poderia sequer começar a consentir com tal coisa? Ou é intrinsecamente nocivo até mesmo permitir que um povo livre, em teoria, consinta com certas coisas contrárias à liberdade?

Não é verdade que em Cristo não há judeu ou gentio, rico ou pobre, homem ou mulher? Também não seria verdade que não existe preto, pardo ou branco? Nem escravos, nem donos? Como pode um fiel não ser igual a outro fiel?

Já foi "certo" um ser humano ser considerado — legalmente ou não — menos do que um ser humano por inteiro? Eu entendo que certos "compromissos" foram incluídos no documento fundacional dos EUA? Sim, mas não ouvi o argumento de que esse documento foi inspirado por "compromisso". Achei que o argumento era que ele foi "inspirado por Deus". Você acha que Deus aprovou o acordo de 3/5?*

Se em Cristo não há homem ou mulher, poderia haver homem e mulher em um documento inspirado por Ele?

Tenho minhas próprias crenças e tenho certeza de que você também. Com que frequência você examina suas próprias crenças? Com que frequência você analisa sua estrutura de crenças utilizando sua própria série de exercícios lógicos, factuais, espirituais ou morais?

Faço isso o tempo todo, infelizmente. (O "infelizmente" vai por conta de que pode ser muito cansativo!) Alguns diriam ser um sinal de fraqueza estar em constante estado de avaliação. Obviamente, eu discordo. Penso que uma pessoa gostaria de ter convicções fortes o suficiente para ter certeza de saber exatamente no que acredita, por que acredita e o que, se houver, poderia alterar, mesmo que minimamente, essa estrutura de crenças.

Eu acredito que você pode e deve ter essas conversas consigo mesmo.

Quanto à questão do que mulheres e homens negros poderiam ouvir em um culto religioso de 4 de Julho, minha motivação não era ser mais capaz de argumentar, mas sim ser mais capaz de entender. Minha motivação foram os dois amigos que me vieram à mente durante aquele serviço religioso: Tim Scott e Sheria Clarke.

---

* NT: Acordo entre os estados do sul e do norte dos EUA, datado de 1786, no qual considerava-se parte dos escravos como integrantes da base populacional, mas sem direito a voto, que determinava a repartição de impostos para cada estado e o número de representantes políticos.

Para poder compreender o envolvimento de Tim com a aplicação da lei ou os desafios de ser um conservador negro na política norte-americana, o mínimo que posso fazer é antecipar quais perguntas ele poderia ter. Nunca fui negro um dia sequer em minha vida, mas isso não deve me impedir de tentar entender as perguntas que ele faria. Certamente nunca fui uma mulher negra como Sheria Clarke. Eu não teria, em dose dupla, nenhuma ideia de como é ser uma jovem tentando viver uma vida centrada na fé em Washington. E não teria absolutamente nenhuma ideia de quais pensamentos passariam pela mente de uma jovem negra conservadora. Contudo, posso tentar. Farei o melhor que puder para antecipar e até, de acordo com o que permitem minhas limitações, tentar fazer as perguntas que ela faria. Tal feito, caso você seja bem-sucedido, é como ser duplamente abençoado: além de expandir sua mente, você desenvolverá compaixão e compreensão por pessoas que passaram por coisas que jamais ocorrerão em sua vida.

O desejo de ouvir, aprender e antecipar também o levará a escolher suas palavras com cuidado quando estiver interagindo em áreas sensíveis, nas quais emoções e experiências conduzem a diferentes pontos de vista.

Ao discutir questões com outras pessoas, não raramente basta apenas dizer: "Estou aberto a ser persuadido." Eu, de fato, encerro muitos dos comentários com minha família, amigos e colegas de trabalho declarando: "Mas estou aberto a ser convencido de que estou errado."

Não se trata somente de algo persuasivo, capaz de desarmar os espíritos em virtude de sua autenticidade. Na verdade, é um presente que damos a nós mesmos: deixar a mente aberta, susceptível à persuasão.

Eu estava fazendo uma sessão de perguntas e respostas com alguns participantes de uma reunião de trabalho no Texas recentemente e, em resposta a uma das perguntas, complementei: "Isso é o que acredito, mas estou aberto a ser convencido de que estou errado." Um dos participantes entendeu errado. Para ele, mente aberta a ser persuadido significava falta de convicção. "Certamente, há algumas coisas pelas quais você nunca mudaria de ideia, não?"

Existem inúmeras questões que analisei da melhor forma que sei analisar, assumi tudo o que para mim se podia assumir, segui o caminho que todo um conjunto de evidências apontava, e estou firmemente convencido de uma posição. Isso é fato. A questão é: Você está aberto a algo em que ainda não pensou? Está aberto para a possibilidade de surgir um novo fato? Está aberto à descoberta de fatos e evidências até então encobertos?

Eu penso que temos que ser, não é? Não devemos estar dispostos a fazer o que pedimos aos outros, que é ser persuasível?

Devemos também manter um diálogo constante conosco. É de bom alvitre, para evitar assustar os outros, que esse diálogo interno seja feito em silêncio. Se você não consegue fazer isso (o que antes acontecia comigo), coloque seus fones de ouvido e vá dar uma volta por aí para que ao menos as pessoas suponham que você está no telefone com alguém em vez de estar em uma conversa aberta e em voz alta consigo mesmo.

O LADO QUE CAUSA MAIS IMPRESSÃO

Bill Barnet se tornou o prefeito da cidade de Spartanburg porque foi intimado pelos eleitores da cidade. Você leu certo! Ele não se candidatou. Ele foi convocado, venceu a eleição, e após dois mandatos deixou o cargo no auge de sua popularidade.

Ele era alguém em quem eu confiava e cuja opinião valorizava muito. Isso vale até hoje, embora nenhum de nós esteja mais em cargos públicos. Quando me candidatei ao Congresso em 2010, a posição dele a respeito não era das mais encorajadoras. Não tinha nada a ver com as perspectivas de sucesso eleitoral. Tinha tudo a ver com a maneira como você gasta o mais fugaz de todos os recursos: seu tempo.

"Você passará metade de sua vida em aviões e a outra metade em aeroportos", foi sua avaliação bastante precisa do Congresso. "Tudo para ser apenas 1 de 435 membros."

Ele estava certo sobre como meu tempo seria gasto. A maioria dos parlamentares não mora em Washington, e isso acontece por uma série de razões, da economia à política local. (Não, se todos morassem em Washington isso não resolveria por si só a divisão política do país.)

Durantes oito anos voei semanalmente para Washington, DC, mas não posso me queixar. Imagine a viagem do deputado do Havaí, Tulsi Gabbard, ou a do senador Steve Daines, de Montana, ou a do líder da minoria Kevin McCarthy, da Califórnia.

Agradeço ao Senhor pelo wi-fi nos aviões. E pelos assentos no corredor. E pelos fones de ouvido. E pelos upgrades ocasionais quando ninguém estava olhando.

Mas, ao chegar a Washington, o wi-fi deixa de funcionar na aterrissagem e você fica sozinho com seus pensamentos. Na maioria das vezes, o plano de voo nos levava rio acima, e em um dos lados do avião tinha-se uma vista completa da cidade.

A sensação de inadequação é avassaladora. Você está voando para um aeroporto com o nome de Ronald Reagan e para uma cidade com o nome de George Washington. Cada edifício tem o nome de alguém famoso. Existem monumentos ou memoriais a George Washington, Thomas Jefferson, James Madison, Abraham Lincoln e Martin Luther King Jr. Cada rua tem um nome significativo. Você se sente pequeno e irrelevante. E isso antes mesmo de pousar e seguir em direção ao Capitólio.

Muita história. Muito passado. A sensação é de que você não pode fazer grande coisa, então deve pressionar, lisonjear e esperar que outros o façam. Deixe por conta dos famosos, era o que eu pensava. Deixe o presidente John Boehner fazer isso ou, depois dele, o presidente Paul Ryan. Deixe para o líder da maioria no Senado fazer isso. Deixe a Suprema Corte fazer isso. Que aquelas almas corajosas, dispostas a agir no nível mais alto, façam isso. Certamente, 1 em 435 membros do Congresso não pode realizar muito, se é que dá para fazer alguma coisa.

O Congresso é alvo de muitas piadas e objeto de muito desapreço. Se a maioria mudasse de mãos. Se ao menos fulano se tornasse presidente desta ou daquela comissão. Se este ou aquele partido fizesse isto ou aquilo, o mundo seria um lugar melhor.

Se ao menos o Presidente da República, seja lá quem for, fizesse algo por decreto executivo ou desse uma coletiva de imprensa e exaltasse as virtudes desta ou daquela política; se outra pessoa fizesse outra coisa, o mundo seria um lugar melhor.

Se ao menos a Suprema Corte decidisse assim ou assado, a cultura norte-americana seria melhor. Se ao menos a Suprema Corte desemaranhasse alguma questão enredada que tem deixado perplexo esse experimento de autogovernança, o país emergiria desse mal-estar e prosperaria novamente.

Passamos um bocado de tempo esperando que outras pessoas façam o que achamos que deveria ser feito. Passamos muito tempo esperando que outra pessoa faça a persuasão, a comunicação, a mudança que queremos ver acontecer.

Parte desse comportamento — transferir a responsabilidade de comunicar a mudança — é uma questão de posição, não é? Esperamos que os líderes políticos liderem. Esperamos que os juízes da Suprema Corte tratem de aspectos relacionados a mudanças sociais ou culturais. Esperamos que os outros façam o que esperamos que façam. A responsabilidade tem de recair sobre outra pessoa, afinal de contas são elas que concorrem, são elas que levantam a mão e dizem "Me escolha". Tem que ser responsabilidade deles. Tem que ser com eles. É universal: esperamos que eles façam isso.

Mas não para mim.

Não tenho expectativas para esses "líderes" que sejam maiores do que tenho para você, e isso é verdade por muitos motivos.

A política é um indicador defasado. Ela reflete mais do que conduz. Isso não é uma acusação aos funcionários públicos, é simplesmente uma verdade. De fato, é fácil argumentar que espelhar uma situação é precisamente o que os fundadores dos EUA realmente queriam naquele 4 de Julho séculos atrás, ou seja, que o corpo político refletisse a população. Nas campanhas políticas, o que não mais se vê são tentativas de persuasão. Quando foi a última vez, durante um debate político nas eleições presidenciais norte-americanas, que você realmente teve a sensação de que um candidato estava tentando usar as ferramentas de persuasão para provar que existe um caminho melhor? A política, hoje, é mais sobre ratificação e validação do que persuasão.

Esperar pela mudança que você deseja ver refletida nos corredores do Congresso significa que outra pessoa, em algum lugar fora de Washington, já fez o trabalho pesado de persuadir e seu efeito está finalmente começando a se fazer sentir.

Não compactuo com a ideia de que o trabalho de outra pessoa seja o de fazer aquilo que me compete. Se acredito forte, apaixonada e logicamente em uma determinada questão, por que também não seria minha a responsabilidade de defender a mudança que quero que os outros façam? Por que eu esperaria que outro fizesse isso?

É por esse motivo que a pessoa que devemos começar a persuadir, antes de outra qualquer, somos nós mesmos. Esse talvez venha a ser o melhor trabalho de comunicação que você já realizou. Convença a si mesmo de que lhe cabe também a obrigação de contribuir com o debate e participar da discussão e das conversações. Faça isso depois de organizar os fatos e de considerar todos os ângulos que seja capaz de discernir. Faça isso de acordo com os princípios de defesa eficaz que estudamos neste livro. Mas, finalmente, faça isso.

EM PALAVRAS E ATOS

Pense em sua caminhada na vida. Quando você mudou? Quando se viu impelido a agir? Quem o inspirou? Por que lhe veio a inspiração? Quais são esses divisores de águas nos quais você se sente apaixonado por algo e decide ir atrás dele, mesmo sem qualquer garantia de vitória? Qual é sua Termópilas — a batalha que vale a pena travar mesmo sem qualquer garantia de vitória? Onde está a batalha pela qual você se sente tão fortemente disposto a lutar mesmo com a certeza da derrota? Pelo que você morreria? Pelo que você viveria? Qual é seu diálogo interno — aquela conversa dentro de você sobre as coisas que existem para fazer e ser?

Sócrates talvez tenha sido o maior questionador que já existiu. Ele perdeu a vida devido, em parte, à sua natureza questionadora. É mais famoso por fazer perguntas para as quais não houve, e continua não havendo, respostas fáceis. Não foi o destino que o consumiu. Foi o processo. Ele acreditava tanto na liberdade de fazer perguntas, que morreu por isso.

Jesus sabia de antemão a resposta para cada pergunta que fazia, exceto, talvez, uma. Ele também perdeu a vida em busca de algo com o qual estava comprometido. Fez perguntas a Deus, aos líderes religiosos e aos políticos de Sua época, mas as que Ele fez a nós são as que resistiram ao teste do tempo e da história, e se constituem até hoje em um guia de conduta entre as pessoas.

Martin Luther King Jr. mudou o mundo sem ter acesso à internet ou a bibliotecas, preso em uma cela e munido apenas de um lápis e alguns pedaços de papel. Mudou o mundo ali, sozinho, com suas perguntas, sua busca constante para nos tornar individual e coletivamente melhores, e sem pedir mais de nós do que dele mesmo. Ele também morreu pelo que ele acreditava.

Dietrich Bonhoeffer foi um teólogo brilhante, que arriscou a vida e acabou perdendo-a na defesa do direito de outros grupos religiosos de simplesmente existir, viver e evitar serem exterminados.

Há os que argumentariam que a democracia foi mantida viva naquele lugar chamado Termópilas, em uma batalha na qual morreram todos os soldados que preservavam a democracia.

Os heróis morrem, como o restante de nós. Eles apenas não vivem como o restante de nós. Eles encontram um propósito maior do que eles próprios, o perseguem sem ligar para as consequências e, portanto, fazem o que todos nós nos esforçamos para fazer: viver uma vida que seja persuasiva o suficiente para resistir ao teste do tempo e ao escrutínio da história.

Não me importa quais são suas crenças sobre qualquer assunto em particular. Se um dia nos encontrarmos no mesmo lugar e ocasião em decorrência das circunstâncias da vida, e nos dispusermos a discutir uma questão, talvez possamos tentar persuadir um ao outro usando perguntas e nossa habilidade retórica. Até então, não espere por mim e eu não esperarei por você. Equipe-se, muna-se de fatos e conhecimento, permita-se ser persuadido por fatos e argumentos melhores e, então, faça você a mudança que deseja que alguém efetue.

Saiba no que acredita e por que acredita; seja capaz de defender sua posição e entender por que os outros têm posições diferentes, e então — em palavras e atos — tente persuadi-los.

O LADO PERSUASIVO

O prefeito Barnet estava certo sobre o que esperar no Congresso, em especial a desconfortável sensação de tempo perdido tentando ir e voltar de um lugar para o outro. Não há muito o que mostrar nesses oito anos, com exceção de um renovado senso de maior entendimento sobre como viver o que resta desta vida.

Em cada questão há, pelo menos, dois lados. Há o lado que eu, na inadequação e falta de mérito, observava atentamente — o lado dos famosos, os nomes que aprendemos (ou deveríamos ter aprendido) na aula de história. Esse é o lado que somos tentados a olhar e esperar que outra pessoa faça nosso próprio trabalho de persuasão. É o lado fácil do avião.

E há o outro lado — o lado que faz você se sentir ainda menor, mas apenas porque demorou demais para se virar naquela direção. Aquele lado do avião que o faz ver aquelas colinas verdes sempre tão suavemente onduladas, pontuadas aqui e ali por elegantes cruzes brancas. O lado do avião que descortina o belo e trágico cemitério de Arlington.

Um lugar em que mulheres e homens com tantas esperanças, sonhos e imenso potencial deixaram tudo em suspenso, até a vida, para servir a algo maior do que eles. A maioria de nós teria dificuldade para nomear alguém que repousa em Arlington. A maioria de nós também concordaria que foi esse lado do avião que realmente fundou este país — o lado que lutou para aprimorar, defender e promover os ideais que norteiam os EUA.

Homens e mulheres comuns, jovens que encontraram algo pelo qual vale a pena servir e se sacrificar. Esse é o lado mais persuasivo do avião. Esse é o lado do avião que mais se comunica comigo.

Você tem as ferramentas agora. Conhece a mecânica da persuasão. Sabe como usar as perguntas tanto para atacar quanto para defender. Conhece o poder da lógica e dos fatos. Tem ciência de como é vital identificar o verdadeiro júri e adaptar seus argumentos a ele. Sabe que não existem comunicadores natos, que mesmo os melhores eram ruins em algum aspecto. Eles simplesmente se recusaram a não se aprimorar.

Agora, só lhe falta impor a si mesmo um senso de obrigação para seguir com suas novas habilidades e seu plano. Você precisa de um motivo para dizer: *Por que não eu? Por que não deveria ser eu?*

Vá ser o que deseja que os outros sejam. Vá comunicar o que acredita e por que acredita, da maneira mais persuasiva que puder. Seja algo digno de ser refletido. Persuadir é difícil. Aliás, como tudo na vida que vale a pena fazer. Mas você também pode fazer sua parte para garantir que esse experimento de autogovernança — o maior que o mundo já conheceu — continue a se qualificar cada vez mais para continuar sendo digno do sacrifício e do serviço que outros fizeram para nos trazer até aqui.

AGRADECIMENTOS

Terri, você é a pessoa mais gentil, doce, bonita, humilde e cristã que já conheci. Você dominou a arte da persuasão ao fazer a coisa mais persuasiva que alguém pode fazer, que é ser autêntica na vida, totalmente dedicada aos princípios e preceitos nos quais acredita. Nunca ganhei uma discussão ou tive êxito interrogando uma vida autenticamente vivida. Portanto, obrigado, Terri, por garantir que meu cinismo sempre seja derrotado por sua esperança.

Watson e Abigail, não é fácil crescer sendo filhos de um promotor ou de um político (ou com uma mãe perfeita). Mas vocês dois traçaram seu próprio caminho na vida, foram academicamente bem-sucedidos de uma maneira que seu pai nunca foi, e são jovens adultos atenciosos e carinhosos. Eu não poderia estar mais orgulhoso de vocês.

Mamãe e papai, sou grato por valorizarem a educação e o trabalho árduo e proporcionarem mais para seus filhos do que qualquer um de vocês tiveram durante o crescimento. Obrigado, papai, por me fazer ler o dicionário e a enciclopédia, e por limitar o tempo de assistir à televisão de modo que eu não pudesse participar de nenhuma conversa na escola sobre nenhum programa popular. Mãe, obrigado por me amar ser se importar com o que eu fiz ou deixei de fazer.

Escrever um livro sobre persuasão, comunicação e a arte de fazer as perguntas certas requer uma vida completa, tanto pelas perguntas feitas quanto pelas respostas das outras pessoas. Ao longo da vida fui agraciado com muitos familiares, amigos e colegas de trabalho incríveis.

Sou grato às minhas três irmãs: Laura, Caroline e Elizabeth. Achei que queria um irmão, até ter três irmãs. Eu não mudaria nada.

Agradeço também a Cindy Crick, Missy House, Mary-Langston Willis e Sheria Clarke (e seus maridos e famílias) por permanecerem comigo por tantos anos. Vocês poderiam e provavelmente deveriam ter procurado companhias mais agradáveis. Mas não o fizeram. Ficaram ao lado de um colega de trabalho que personifica as duas qualidades mais difíceis de suportar: um introvertido total viciado em golfe. Deus é bom quando você consegue viver com Terri e trabalhar com todos vocês.

Meu muito obrigado às mulheres e aos homens do Gabinete do Procurador dos EUA, em especial à Beattie B. Ashmore, ao pessoal da Procuradoria do Sétimo Circuito, e ao atual advogado do Circuito, Barry J. Barnette. Obrigado a todas as mulheres e homens que processaram casos no escritório do procurador dos Estados Unidos e no escritório do advogado. Aquela mulher de olhos vendados é uma chefe exigente, mas você nunca terá alguém de quem possa se orgulhar mais.

Como você verá ao ler este livro, a maioria dos membros do Congresso relaciona-se cortesmente uns com os outros na maior parte do tempo. Alguns de meus colegas favoritos, de ambos os lados do balcão, estão espalhados entre as páginas deste livro, mas quero agradecer especialmente a Tim Scott (que persistentemente me incentivou a escrever este livro), Johnny Ratcliffe e Kevin McCarthy. Quando as pessoas me perguntam se eu sinto falta do Congresso, vocês são a razão pela qual a resposta é "sim". Sinto falta de nossos jantares e das belas lembranças de nosso tempo de companheirismo.

Obrigado às famílias que confiaram em mim para processar casos envolvendo seus entes queridos. Existem laços forjados na dor e na perda que transcendem a época e o mandato do cargo.

Obrigado às mulheres e homens a quem cabe a aplicação da lei por me darem o que eu sempre quis: um trabalho do qual poderia me orgulhar no fim da vida.

Obrigado às mulheres e homens que trabalharam em nossos escritórios do Congresso na Carolina do Sul e em Washington. O serviço público pode ser nobre e vocês exemplificam isso. Como já disse inúmeras vezes, nunca personalizem em vocês o desdém público pelo Congresso. Em todos os lugares que fui na Carolina do Sul ouvi histórias de como vocês ajudaram alguém e essas histórias nada têm a ver com ortodoxias políticas. Meus agradecimentos aos atuais colegas de trabalho na Nelson Mullins.

Obrigado a meus amigos, muitos dos quais de décadas e décadas, pela profundidade, alcance e tessitura com que vocês enriqueceram a vida. Ben, Ed, Kevin, Robert, Keith e tantos outros por serem os irmãos que eu não tive.

Obrigado a Esther Fedorkevich por me obrigar a fazer isto.

Obrigado a Lauren Hall por segurar minha mão e não me deixar desistir ou mudar para o roteiro de *True Detective Parte IV* — e por não me matar: eu sei que você considerou fazê-lo.

Por último, agradeço a Mary Reynics e a toda a equipe do Crown Forum por me dar a oportunidade de escrever sobre o que eu realmente queria escrever e não sobre o que os outros poderiam esperar que eu escrevesse.

SOBRE O AUTOR

Trey Gowdy é um ex-promotor estadual e federal que atuou no sistema de justiça criminal dos Estados Unidos da América por quase duas décadas. Em 2010, foi eleito para o Congresso onde presidiu a Comissão da Câmara para Supervisão e Reforma Governamental. Presidiu também a Comissão Especial em Bengasi. Participou da Comissão de Seleção Permanente de Inteligência da Câmara, bem como de comissões do Judiciário, de Ética, e de Educação e Força de Trabalho. Após quatro mandatos, decidiu não se candidatar à reeleição, encerrando assim sua carreira com um histórico exemplar no tribunal e invicto nas disputas políticas. Ele foi amplamente reconhecido pela aplicação da lei e pelas vítimas de crimes por seu serviço diligente como promotor. Foi presidente da Comissão Sul de Coordenação de Promotoria, e é coautor de *Unified,* best-seller do *New York Times.*

treygowdy.com
Facebook: @RepTreyGowdy
Twitter: @TGowdySC
Instagram: @tgowdysc

Projetos corporativos e edições personalizadas
dentro da sua estratégia de negócio. Já pensou nisso?

Coordenação de Eventos
Viviane Paiva
viviane@altabooks.com.br

Assistente Comercial
Fillipe Amorim
vendas.corporativas@altabooks.com.br

A Alta Books tem criado experiências incríveis no meio corporativo. Com a crescente implementação da educação corporativa nas empresas, o livro entra como uma importante fonte de conhecimento. Com atendimento personalizado, conseguimos identificar as principais necessidades, e criar uma seleção de livros que podem ser utilizados de diversas maneiras, como por exemplo, para fortalecer relacionamento com suas equipes/ seus clientes. Você já utilizou o livro para alguma ação estratégica na sua empresa?

Entre em contato com nosso time para entender melhor as possibilidades de personalização e incentivo ao desenvolvimento pessoal e profissional.

PUBLIQUE SEU LIVRO

Publique seu livro com a Alta Books. Para mais informações envie um e-mail para: autoria@altabooks.com.br

CONHEÇA OUTROS LIVROS DA ALTA BOOKS

Todas as imagens são meramente ilustrativas.

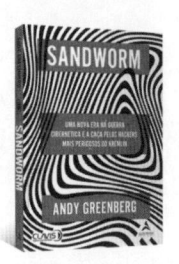

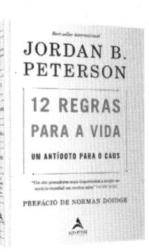

/altabooks /alta-books /altabooks /altabooks

Este livro foi impresso nas oficinas gráficas da Editora Vozes Ltda.,
Rua Frei Luís, 100 – Petrópolis, RJ.